母亲课堂

一位优秀的母亲怎样培养了一位优秀的女儿

【美】M·S·斯特娜◎著　　杭　可◎译

中國婦女出版社

图书在版编目(CIP)数据

母亲课堂：一位优秀的母亲怎样培养了一位优秀的女儿 / (美) 斯特娜著；杭可译. —北京：中国妇女出版社，2015.1
ISBN 978-7-5127-1011-5

Ⅰ. ①母… Ⅱ. ①斯… ②杭… Ⅲ. ①儿童教育-家庭教育 Ⅳ. ①G78

中国版本图书馆 CIP 数据核字(2014)第 292968 号

母亲课堂——一位优秀的母亲怎样培养了一位优秀的女儿

作　　者：〔美〕M · S · 斯特娜　著
译　　者：杭　可　译
责任编辑：朱　婷
出版发行：中国妇女出版社
地　　址：北京市东城区史家胡同甲 24 号 邮政编码：100010
电　　话：(010)65133160(发行部) 65133161(邮购)
网　　址：www.womenbooks.com.cn
经　　销：各地新华书店
印　　刷：北京凯达印务有限公司
开　　本：170×230　1/16
印　　张：17.5
字　　数：288 千字
版　　次：2015 年 1 月第 1 版
印　　次：2015 年 1 月第 1 次
书　　号：ISBN　978-7-5127-1011-5
定　　价：29.80 元

出版者序

当地球已经变成一个村落的时候，每个人，尤其是那些身为父母的人们和那些正在以教育为职业的人们——我们必须明白两点：第一，一个孩子的成长，绝对不只是关乎一个人和一个家庭的事情，而是关乎每一个人、关乎整个社会的事情；第二，一个孩子的成长，绝对不是只关乎一个民族、一个国家，或者只是关乎人类自己的事情，而是关乎整个世界，包括人、动物、植物，包括河流、山川和海洋的事情，关乎整个生命家园的事情。

在孩子幼小的时候，一切看起来并不明了，但是，当他们长大以后我们就会发现，一个人是否优秀，是否正直善良，他们的身心是否健康健全，就再也不是他们个人的问题了。他们的品性和做人的方式，他们创建或从事的事业，他们制造或创作的产品，将会直接影响他们身边的每一个人，会影响到你，影响到我，影响到很多原来和他们毫无关系的人们。

难道事实不是这样吗？如果他们长大之后成了林肯，成了甘地，许多曾经受难的、没有尊严的人们，就会因此而获得自由和幸福；倘若他们长大之后成了爱因斯坦或者霍金，世界就会因此亮开一个新的窗口；假如他们长大之后成了柏拉图、莎士比亚或者莫扎特，世界就会因此变得美丽而快乐；可是，如果他们长大之后成了希特勒，成了东条英机，或者成了墨索里尼，那么千百万人的命运就会因他们而陷入黑暗的深渊……

我们每天都能看到，就在离我们不远的很多地方，战争仍在继续，各种灾难仍在发生；我们每天都能看到，地球环境正在变得越来越恶劣，很多动物和植物正在渐次灭绝；我们每天都可以看到，许多美德正在被一些人肆意践踏，许多规则正在被一些人漠然扭曲……这一切不幸，不都是一个个的人亲手制造的吗？

是谁将炮弹投放在贫民的房顶？是谁用锋利的尖刀插入无辜者的胸膛？是谁把公众的财富藏入个人的私囊？是谁将清澈的河流变得污浊？是谁用斧头把一片片绿林变成荒漠？是谁手持猎枪把珍稀的动物残忍击倒……做这一切的那个人，或者是命令别人做这一切的那个人，曾经也是可爱的孩子，曾经善良纯洁，曾经希望世界充满美好和幸福。可是，当他长大成人，当他有力量做一些事情的时候，为什么却做出了这样的事情？虽然他不是你的孩子，不是你的学生，不是你的亲人，可是现在呢？他所做的这一切却都与你息息相关！

今天的人类为了一寸土地，为了一桶石油，为了一件武器，不惜让众多无辜的人流血，不惜让他们颠沛飘零无家可归；为了满足那些奢侈无聊的物质享受，为了实现那些毫无意义的奇思异想，人们不惜让大自然成为自己随心所欲的奴婢，不惜让水土改变结构，让动植物转变基因；我们建起了高楼大厦，我们成功登上了月球，我们拥有了前所未有的可以摧毁一切的核设施……与此同时，我们每天在下一代人的身上却做了些什么呢？

两千多年前，苏格拉底曾经讲过一句话："雅典人啊！你们刮尽希腊土地中每一寸黄金，却失去你们的儿童，这有什么意义呢？”这是一句振聋发聩的警告！苏格拉底的警告，难道不是对今天的我们发出的警告吗？

在这个科技和商业飞速发展的时代，我们愿意花费很多的时间和精力探讨一部手机的性能和用法，却不愿意花费同样的时间和精力来关注一个人的教育；我们不惜花费很多时间和精力来比较一款电脑或者一款轿车的外型和颜色，却不愿意花费同样的时间和精力来关注孩子的成长；我们宁可花费很多时间和精力研究一种菜肴或者一种化妆品，为什么就不愿意花费同样的时间和精力用于满足我们孩子的心灵需求？

我们应该把生活的价值观重新定位，把人类所做的一切和世界的未来联系起来，和一切生命的未来联系起来。可是，我们能怎样改变世界？只有教育！在家庭，在学校，在社会的任何一个领域，在世界的任何一个地方，愿每个人都肩负起对青少年进行教育的职责，把所有的孩子当成自己的孩子，用广博的胸怀，用智慧的理念，用善意的知识，将人类共同弘扬的品质传递给他们，将生命最美好的期待传递给他们，将良知、悲悯和大爱传递给她们，让这个世界充满公平、理性和正义，让所有的生命都拥有尊严和快乐！

上帝把天真烂漫的生命赐赏给我们，我们将怎样把他们交还给世界？

作 者 序

1907 年 8 月，在纽约召开了全美世界语大会。在这次大会的日程安排中，有一项特别的节目让我感到骄傲：我的女儿维尼夫雷特，用世界语和著名语言学家马库罗斯基教授进行会话。由于她当时只有 5 岁，这场精彩的表演引起了人们的极大关注。维尼夫雷特的语言能力让与会者赞赏有加，更让马库罗斯基教授大为惊叹。他当即向我表示，希望我写一本书，介绍我的教育理念，介绍女儿的成长经历，使更多的父母了解这一方法，让更多的孩子得到接受良好家庭教育的机会。

其实，此前我也有过这样的想法。我知道，在现实生活中，很多的家庭，很多的父母，都不知道怎样教育自己的孩子，他们甚至根本没有想过教育孩子还需要学习。所以，很多天真可爱的儿童长大之后变成了平庸无能之辈，不少人还因为家教不良走向人生的歧途。每每看到这些，我都万分痛心，我希望天下所有的母亲都能分享教子的智慧，分享子女成才的喜悦。

但是，我的女儿才刚刚 5 岁，她现在所表现的一切还不能充分证明我的教育方法的正确性，我觉得，要把这些方法传给别人，还需要经受更长时间的检验。

随着岁月的推移，维尼夫雷特渐渐长大，她在各方面取得的进步也越来越突出。这时我已经敢肯定，自己的教法不仅正确，而且富于独特性。1914 年，在威斯康辛大学教育学教授奥谢博士的鼓励下，我开始了这

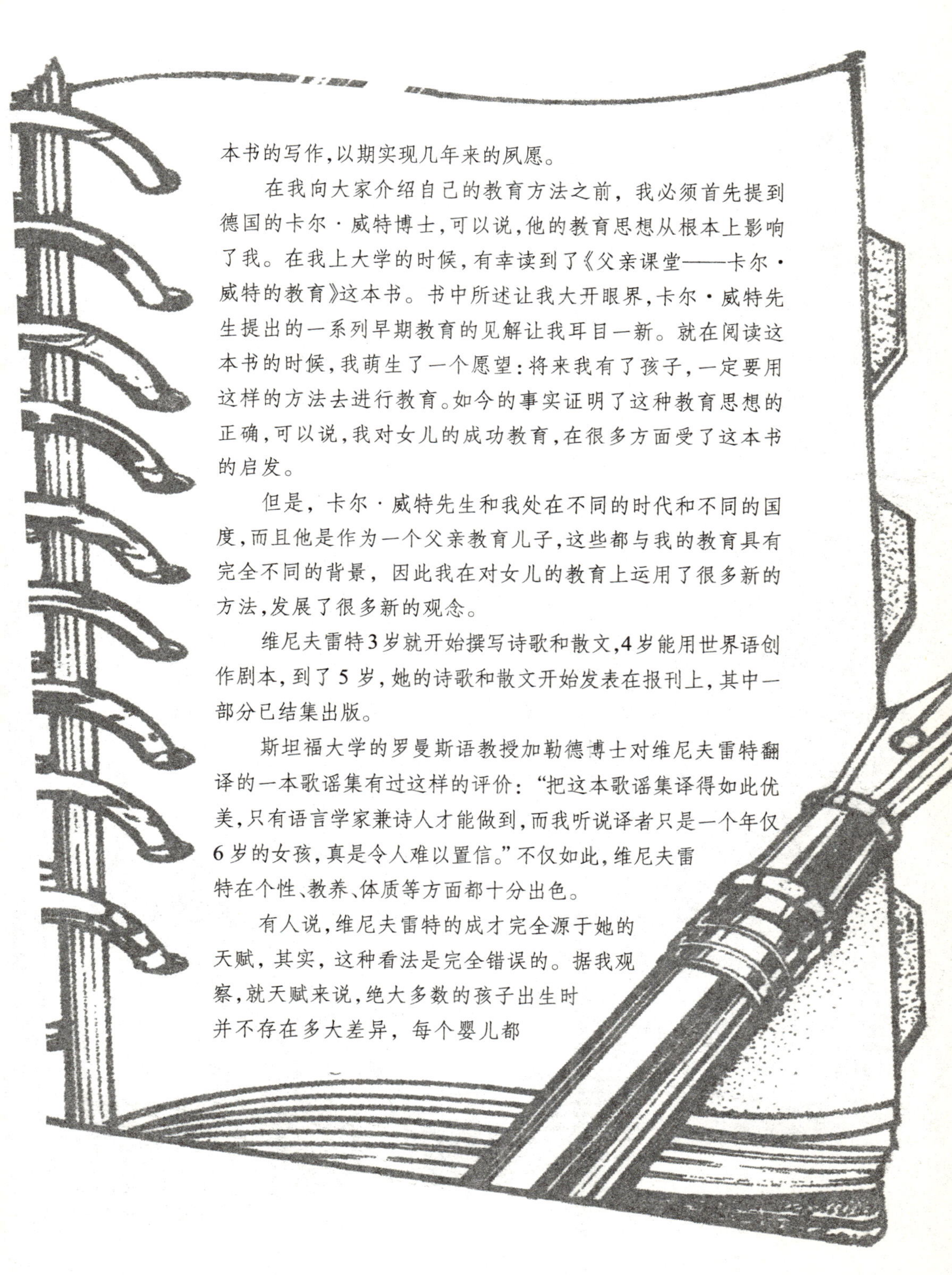

本书的写作，以期实现几年来的夙愿。

在我向大家介绍自己的教育方法之前，我必须首先提到德国的卡尔·威特博士，可以说，他的教育思想从根本上影响了我。在我上大学的时候，有幸读到了《父亲课堂——卡尔·威特的教育》这本书。书中所述让我大开眼界，卡尔·威特先生提出的一系列早期教育的见解让我耳目一新。就在阅读这本书的时候，我萌生了一个愿望：将来我有了孩子，一定要用这样的方法去进行教育。如今的事实证明了这种教育思想的正确，可以说，我对女儿的成功教育，在很多方面受了这本书的启发。

但是，卡尔·威特先生和我处在不同的时代和不同的国度，而且他是作为一个父亲教育儿子，这些都与我的教育具有完全不同的背景，因此我在对女儿的教育上运用了很多新的方法，发展了很多新的观念。

维尼夫雷特3岁就开始撰写诗歌和散文，4岁能用世界语创作剧本，到了5岁，她的诗歌和散文开始发表在报刊上，其中一部分已结集出版。

斯坦福大学的罗曼斯语教授加勒德博士对维尼夫雷特翻译的一本歌谣集有过这样的评价："把这本歌谣集译得如此优美，只有语言学家兼诗人才能做到，而我听说译者只是一个年仅6岁的女孩，真是令人难以置信。"不仅如此，维尼夫雷特在个性、教养、体质等方面都十分出色。

有人说，维尼夫雷特的成才完全源于她的天赋，其实，这种看法是完全错误的。据我观察，就天赋来说，绝大多数的孩子出生时并不存在多大差异，每个婴儿都

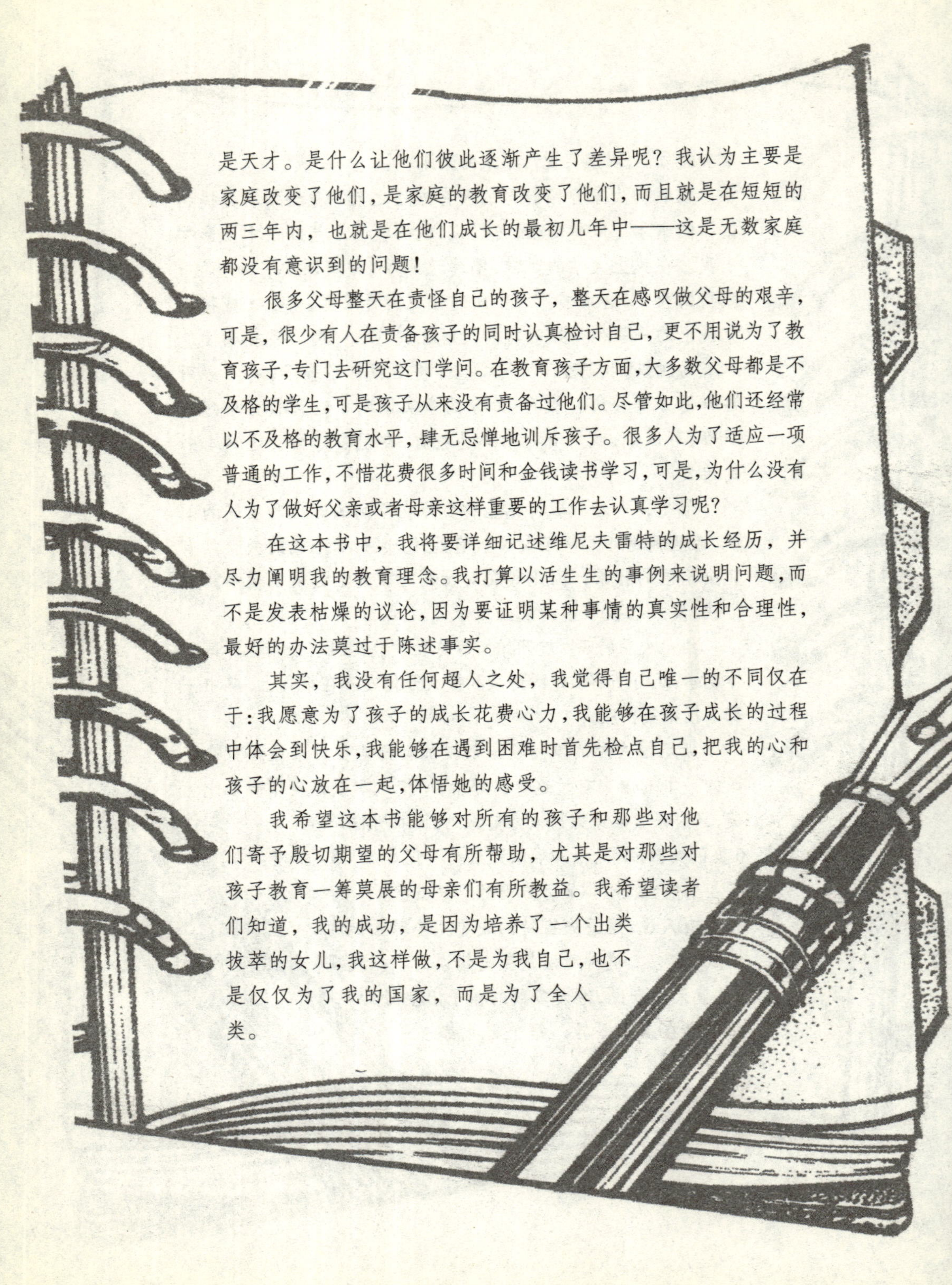

是天才。是什么让他们彼此逐渐产生了差异呢？我认为主要是家庭改变了他们，是家庭的教育改变了他们，而且就是在短短的两三年内，也就是在他们成长的最初几年中——这是无数家庭都没有意识到的问题！

很多父母整天在责怪自己的孩子，整天在感叹做父母的艰辛，可是，很少有人在责备孩子的同时认真检讨自己，更不用说为了教育孩子，专门去研究这门学问。在教育孩子方面，大多数父母都是不及格的学生，可是孩子从来没有责备过他们。尽管如此，他们还经常以不及格的教育水平，肆无忌惮地训斥孩子。很多人为了适应一项普通的工作，不惜花费很多时间和金钱读书学习，可是，为什么没有人为了做好父亲或者母亲这样重要的工作去认真学习呢？

在这本书中，我将要详细记述维尼夫雷特的成长经历，并尽力阐明我的教育理念。我打算以活生生的事例来说明问题，而不是发表枯燥的议论，因为要证明某种事情的真实性和合理性，最好的办法莫过于陈述事实。

其实，我没有任何超人之处，我觉得自己唯一的不同仅在于：我愿意为了孩子的成长花费心力，我能够在孩子成长的过程中体会到快乐，我能够在遇到困难时首先检点自己，把我的心和孩子的心放在一起，体悟她的感受。

我希望这本书能够对所有的孩子和那些对他们寄予殷切期望的父母有所帮助，尤其是对那些对孩子教育一筹莫展的母亲们有所教益。我希望读者们知道，我的成功，是因为培养了一个出类拔萃的女儿，我这样做，不是为我自己，也不是仅仅为了我的国家，而是为了全人类。

目
录
Harvard Family Instruction

目
录
Harvard Family Instruction

目录
Harvard Family Instruction

目
录
Harvard Family Instruction

母亲课堂
MOTHER CLASS

第一课

怎样做母亲

在女儿维尼夫雷特还没出生时，我就开始考虑将来怎样教育她了。每当感觉到她在我的腹中躁动，每当她用小小的脚丫踢我的时候，我就情不自禁地想象她出生后的样子，同时我也开始感到一种责任和重担。从那时起，我就下决心，一定要做一个合格的母亲。

很多女性以为，孩子是自己所生，无论自己如何对待，都是无可厚非的。其实不然，上帝把鲜活的生命交给我们，如果我们没有用心教导好，没有尽力使他们成为德才俱佳的有用之人，这无疑是一种无法饶恕的罪过。

对于一个母亲来说，生育只是一种自然责任，是对孩子完成的一小部分工作，更重要的是后天的教育和培养。教育不应在学校由教师开始，而应在家庭里由母亲开始。现代的学校教育，让很多母亲自然放弃了对孩子的教育，而把责任寄托在将来的老师身上，这是大错特错的事情。

同一个灵魂支配着两个躯体，母亲的愿望和情绪不仅在孕育期对腹中的胎儿产生影响，而且在后天依然对孩子的成长产生影响。母亲的意志、希望、品行以及喜怒哀乐，对孩子的一生都会产生潜移默化的影响！很多母亲不理解：为什么孩子会变成这样？其实，孩子变成什么样子，都可以从母亲的所作所为找到原型，甚至可以从母亲的所思所想中找到根源，因为，母亲的精神力量同样对孩子产生影响。

所以，很多专家都得出同样的结论：孩子的成长取决于母亲。如果想教育好孩子，首先要从母亲开始，从母亲自身的教育开始，而不是从孩子开始。

PART 1

母亲是孩子的未来

作为一个母亲，我时时刻刻都感到责任的艰巨，因为我明白，一个孩子能否成为优秀的人，首先取决于家庭，取决于母亲的引导，取决于他们从小受到了什么样的影响和熏陶。

母亲掌握着人类的命运，这是过去的先哲们早已经认识到的事情。尽管如此，我们现在的很多人还是没有重视这个论断，有的甚至还不以为然。

大多数女孩出于一种本能，也许天生都知道怎样让容貌如花似玉，怎样使自己富有魅力。但是，对于女性来说，这只能算成功了一小半，因为这充其量只能勉强让她可以成为一个可爱的女人。

女性还有另一个重要角色，那就是母亲。要想成为一个合格的可敬的母亲，女孩必须还要从心灵上对自己进行修炼，仁慈、宽厚、温柔、贤淑、勤劳……这些素质缺一不可，否则，就无法担当教育子女的大任。

许多母亲缺乏正确教育孩子的技能。因此，社会有必要利用各种手段对母亲们普及育儿知识，使她们在养育孩子方面成为专业的人才，而不仅仅是靠一点代代相传的经验。

我认为，女性从少女时开始，就应该努力使自己身体健康、精神纯洁、举止优雅，从这时起就准备着成为一名合格的母亲。因为，母亲的健康、品行及做人准则，比数学、音乐或文学的知识更为重要。诚然，研究文学、音乐或者大众科学是有趣的，但是，对于一个母亲来说，如何培育优秀的后代更为重要。女人是一所学校，她们将承担着为人类养育下一代的艰巨任务。

许多母亲对胎教的重要性缺乏认识。在孩子出生之前，她们认为最好让一切顺其自然，其实，这也是一种错误的观点。

生理学家们认为，胎儿的健康在很大程度上取决于母亲的食物，因此，为了生出一个健康的婴儿，母亲应当加强自己的营养学知识。任何一个母亲都不会让婴儿饮酒、抽烟、吃难以消化的东西，但许多母亲却给胎儿吃这些有害的东西。因为不少母亲在妊娠期间会这样做，那不等于是在给孩子喂这些东西吗？

胎儿的成长还与母亲的心理状态有关。在我怀孕期间，为了让未出生的小宝宝将来具有爱美、爱正义、爱真理、爱善行的精神，我特别注意看内容健康的好书，聆听那些让心灵平静的音乐，并经常和丈夫一起欣赏大自然的美景与古老的艺术作品。除此之外，我比以前更加乐善好施，每每看见可怜的乞丐，或者衣衫褴褛的穷人，我都要给予一些施舍。我这样做不是为了回报，而是想让我的孩子受到一种善心的感染，因为一切美德都源于善良。

在那段时光里，我一直处于良好的情绪之中，我相信这样一定能养育一个健康、优秀的孩子。

当然，单纯生下一个身体健康的孩子是毫无价值的，还应当把这种健康变成孩子精神的财富，使之在身心两个方面都完美健全。

在我的小天使降生之前，我就尽我所能把居住环境布置得温馨漂亮。一方面，这可以使我生活在欢快、清新的气氛之中；另一方面，我希望小宝宝一出生就能见到世界美好的一面。我想，孩子在优美的环境中成长，就会受到美的滋养，那么她心中就会有更多的向往和期待。

在怀孕期间，我还常常坐在花园里独自冥想，想象世上的一切美好事物，这几乎成了我的一种习惯。我认为这种情绪能在不知不觉中影响到未出生的孩子，因为想象所带来的美好感觉能使人心情愉悦，从而使人变得更加美丽，更加自信。我精心所做的这一切，都是为了尽早开发孩子对美的感受力。现在，每当有人向我请教养育孩子的秘诀时，我首先就会对她们介绍这个经验。

我为维尼夫雷特挑选了家中最好的房间，这里空气清新，阳光充足，墙上贴着漂亮的壁纸，床单和被子上都有可爱的动物图案。我还在房间的四周悬挂了各种临摹的名画，甚至连壁炉和桌子上都摆放着那些著名雕刻家的复制品。这些东西既便宜又精致，都是很有欣赏价值的。我要让孩子每天一睁开眼就能看见美的东西，在无形之中养成高雅的审美情趣。

从现实生活和各类科学、历史书籍中，我们都不难找到母亲对孩子教育至关重要的有力证据。远在东方的中国，是最早开设学堂的国家，他们曾经拥有过超越世界水平的辉煌时代，但后来他们的文明衰落了。这是为什么呢？我可以肯定地说，这与他们长期不容许妇女接受教育有很大的关系。可以试想一下，所有的妇女都是文盲，所有的母亲都无法教自己的孩子读书学习，那是一种多么可怕的现象啊！

所有的成人都应该是教育者，至少所有的母亲都应该是优秀的教育者。在原始的氏族部落中，每个成人都承担教育的责任，他们会自觉地把一切技能传授给下一代，从而保证部落的兴旺发达。随着劳动分工的出现，母亲逐渐成为最早对孩子进行教育的人，到了近现代，情况更是如此。欧洲人普遍认为，孩子的早期教育者不应该是学校和教师，而应该是家里的母亲。即使孩子上学以后，母亲仍然要和教师密切配合，共同担负对孩子教育的责任。

近年来，庸俗和低级趣味的东西越来越流行，特别是妇女的审美时尚和生活方式，几乎沦落到了令人发疯的地步。很多人放弃做妻子的责任，连普通的家务都不愿意插手，紧接着就是背离做母亲的道义，根本不愿意精心抚育自己的孩子。传统的美德和贤淑正离女性越来越远，有时候我真为此感到痛心。那些愚蠢的父母，尤其是母亲，似乎没有意识到一个严重的问题——庸俗的生活时尚和浮躁的生活态度，正在不知不觉地危害着自己的孩子。

我要劝告所有的母亲，为了孩子的未来，为了使他们成为优秀而高尚的人，从现在开始，从我们自身开始，从我们的家庭开始，修养美德，陶冶情操，以身作则，为我们的孩子树立一个崇高的典范。

PART 2

母亲是第一任老师

我母亲曾经告诉我，女人不生孩子就无法体会到生活的幸福和价值。不过她也同时提醒我，做母亲必然会遇到许多意想不到的困难。我要在这里奉劝那些毫无心理准备的女性，在你还没有决心承担养育重担的时候，最好先不要忙着生孩子，因为母亲在倾心教育孩子的同时，还要照顾好家庭，如果不能照顾好家庭，生活将会失去平静。所以，由女孩到妻子再到母亲，需要有充分的准备，并不是一件轻松的事。即将成为母亲的女人，必须清楚地意识到自己的困难，并且有勇气面对这些困难。这也是成为一位合格母亲的先决条件。

可是在我们周围，有很多母亲为了减轻自己的负担，雇人为自己照看孩子，请人代替自己教育孩子。我一直认为，这样的女人不能称为母亲。母亲的责任不仅仅是将孩子带到这个世界，更重要的是要亲自认真地培养他。母亲的工作不能由旁人代替，孩子的教育必须由母亲承担。把自己的孩子委托给他人教育，只有人类这样做，就连动物都不屑如此。

我们有的人甚至不愿意雇用不称职的马夫，不愿意雇用不合适的园丁，但他们却愿意放心地把孩子交给毫无责任感、毫无育儿知识的保姆。保姆只会一天到晚对孩子说“不许这样”或“不许那样”，因为这样做最省事。这样的人能帮你培养出一个杰出的孩子吗？

在女儿维尼夫雷特还没有出生的时候，我曾经去拜访过我的女友安娜。安娜已经是 3 岁儿子的母亲了，我想，她一定积累了很多养育孩子的经验。但是，在我见了她的儿子时，顿时感到失望，这种失望几乎让我失去做母亲的信心。她的儿子整天郁郁寡欢，沉默无语。这真让我奇怪，3 岁的孩子应该非常活泼好动才对。为什么会是这样呢？

后来我才了解到，为了自己能有更多的时间玩乐，安娜从孩子出生就把他交给保姆照顾。那个保姆既没有多少文化知识，也缺乏良好的家庭教养，为了使孩子乖乖地待着不捣乱，她就给他讲一些恐怖的故事。保姆常常这样对孩子说："如果你再吵，魔鬼就会来把你抓走，让你永远见不到妈妈。"而且她还经常扮鬼脸吓唬孩子，让他害怕她，敬畏她。

我当时真的万分震惊。上帝！一个母亲怎么忍心这样对孩子的成长置若罔闻！这样的保姆怎么能带好孩子？知道这些事后，我毫不留情地责备了安娜，作为一个母亲，她实在太不负责了。如果说那个保姆不称职的话，安娜更不称职。

把孩子简单地交给这样的保姆，非但不能发展孩子的能力，反而会使孩子天生的才能萎缩、扭曲，而且，孩子可能会从保姆那里学到各种不良的习惯和品性。当然，并不是所有的保姆都不好，但是，如果你遇上的恰好是安娜家那样的保姆呢？其实，我这样说一点儿都不是责怪保姆，连母亲本人都不想在孩子身上多花心思，保姆凭什么要为你的孩子花费过多的精力？为这样的母亲服务，纵然这个保姆倾尽心力，也不一定能得到褒奖和重视。每次安娜出门的时候，总会对保姆叮嘱：你一定要这样，你一定要那样……可是我想，你为什么不亲自做这些事？她抛下孩子并不是身不由己，而仅仅是因为一次无关紧要的聚会，或者是为了购买一条并非必需的围巾！

家庭比较富裕的母亲，对孩子的照料不一定全都要自己动手，可以把部分任务交给保姆。即便如此，对于孩子的教育，母亲也应该承担大部分的职责，比如吃饭、洗澡、游戏、读书等。婴儿每一天都在变化，只有陪伴着孩子，你才知道他们的身心发生了什么改变，你才能对他们进行有针对性的引导。

除此之外，我认为母亲和保姆的性格非常重要，甚至她们的表情对孩子都会产生影响。所以，保姆应该由性格开朗、善良体贴的女人来承担，母亲也应该尽可能使自己表现得亲切温柔。即使有什么烦心的事情，为了孩子，也应该忘记它，甚至默默忍受。

我们必须努力启发母亲——人类最初的教育者，让她们明白，能够成为母亲，这是女人的幸福；能够成为优秀子女的母亲，这是女人的幸运。这种幸运不会降临给所有的女人，但每一位女性都有可能成为这样的母亲，遗憾的是，真正理解这一意义的人却很少。

在18世纪中叶，有一个爱听故事的孩子。他几乎每天晚上都要依偎着妈妈，眨巴着一双疑惑的眼睛，一边听故事一边思考。他的妈妈讲故事有一个特点，就是从来不直接说出故事的结局，而是用无数有趣的问题启迪孩子去想象："宝贝，你猜猜，仙女遇到魔鬼还能逃出来吗？""为什么公主不喜欢嫁给老国王帮她选定的男子？"……在母亲的精心培育下，这个爱听故事的孩子终于成为伟大诗人，并在戏剧、小说甚至自然科学方面都取得了卓越的成就——他就是德国伟大的文学家、思想家歌德。

一位对家庭教育怀有极大兴趣的学者，为了探讨母亲对孩子未来生活的影响，专门进行了一次大范围的问卷调查。他的调查对象主要选取两种人：成功者和失败者。他不仅给这些人寄去问卷，还亲自给他们中的一些人写信，请他们回忆自己的童年，回忆小时候和母亲一起生活的情景。有两封回信给他留下了深刻的印象，一封来自白宫的一位知名人士，一封来自监狱的一名服刑犯人。他们不约而同地谈到母亲给他们分苹果的故事。

其实，母亲给孩子们分配物品，是很多家庭中经常遇到的事情，大家对此真是司空见惯。那么，这两位妈妈是怎么做的呢？

那位服刑犯人在信中回忆说，他们家有兄弟二人，都很淘气，每次妈妈买回好吃的东西，兄弟俩就会争抢。有一次，妈妈拿出来两个大小不一样的苹果，问他和弟弟："你们想要哪个？"他刚想说要又大又红的那个，弟弟却抢先说出了他想说的话。妈妈听了，瞪了弟弟一眼，不高兴地说："好孩子要学会把好东西让给别人，不能总想着自己。"于是他灵机一动，马上改口说："妈妈，我想要那个小的，把大的留给弟弟吧。"妈妈听了非常高兴，把那个又红又大的苹果奖励给了他。从此他学会了察言观色，学会了说谎。以后，他又学会了偷抢，为了得到想要的东西，可以不择手段。

而那位那位来自白宫的知名人士却有着不同的经历。他们家有三个孩子，有一天妈妈拿来几个苹果，大家都争着要最红最大的那个，妈妈把那个苹果举在手中，笑着对孩子们说："这个苹果最大、最红、最好吃，我知道你们都想要，可是，我们不能轻易就得到它。让我们来个比赛吧——我把门前的草坪分成几块，你们一人负责一块，谁修剪得最快最好，谁就有权得到这个苹果！"结果，三个人就开始比赛修剪草坪，当然，因为他做得最好，结果赢得了那个最大的苹果。母亲让他明白了一个最简单也是最重要的道理：要想得到最好的，就必须付出最多的努力。

由此看来，教育孩子不仅付出了努力和心血就够了，更重要的是要付出智慧，付出正确的方法和观念，只有这样，教育才能得到理想的结果。

母亲是孩子的第一任教师，你可以让孩子说出第一句谎话，将来成为罪犯；也可以教他成为一个诚实而永远努力上进的人，走向成功。母亲为什么具有如此令人惊叹的力量？母亲的教育为什么会起到如此鲜明的成效？

在生物学意义上来讲，母亲是孩子最亲的人，"知子莫如母"，母亲的教育也许并不都符合先进的教育理念，母亲教育孩子的时候也许讲不出什么大道理，但母亲对孩子的教育是心贴心的对话。以母亲为主体的家庭教育，很容易在孩子的心里引起共鸣并会影响孩子一生。母亲的作用是其他家庭成员无法替代的，这种特殊的亲子关系贯穿于婴儿孕育的整个阶段，在此阶段，母亲的所思所为无时无刻不在对孩子产生潜移默化的熏陶。

当孩子出生后，母亲很自然地成为孩子生活的第一个指导者。随着孩子长大，母亲进一步成为他们走向社会的最初向导。大多数家庭里孩子与母亲朝夕相处，母亲对孩子进行言传身教的时间最长，所以母亲是孩子一生中最重要的老师，也是最重要的责任人。

PART 3

“赢了”孩子还是“赢得”孩子

有的父母总是向孩子提出各种各样的要求，命令孩子做出各种父母自己认为正确合理的事情：必须这样，必须那样；不许这样，不许那样……但他们却不肯首先从自己做起，他们甚至不愿意牺牲自己的一点点嗜好，为孩子树立楷模，这样的父母不可能教育好孩子。

在教育孩子的艰辛道路上，我深刻认识到一个道理：孩子就是父母的影子，他们的一切善与恶的品行都是从父母那儿学来的。有时我们无意中的一些不良言行或习惯，最后都不幸地渗透到孩子未来的生活中，给他们造成各种各样的困扰和挫折。

在孩子的心目中，母亲是最慈爱、最可亲的人，因而也是给孩子影响最深的人，但我身边的许多母亲并未意识到这一点，或者意识到了也不愿意改变。她们随心所欲地说一些错话，毫无愧意地做一些错事，似乎这一切都不是出于本意，但事实是，它们对孩子产生了极坏的影响，这是令人非常遗憾的。

有的母亲爱穿一些稀奇古怪的服装，以至于成为别人的笑柄；有的母亲因懒惰散漫而衣饰不整，也同样引人耻笑。当孩子看到自己的母亲被其他孩子讥笑时，就会感到十分难堪，给孩子的精神带来不良的压力。有的母亲为了自己的外表形象，不惜花费大量的时间涂脂抹粉，结果忽略了对孩子的照顾，这样的行为也是不可原谅的。

身为母亲的人，做任何事都必须检点，在孩子心目中，既不应行为散漫，也不要过于矫情。不然的话，母亲的榜样力量就会大打折扣，而这种折扣可能就是教育失败的开始。

此外就是教育方法的问题。我发现，很多母亲教育孩子是不讲究方法的，她们想嚷嚷就嚷嚷，想吼叫就吼叫，觉得这一切都是无可厚非的。其实无论是孩子还是大人，对于粗暴的命令，都会产生反感。因此，我在教育女儿维尼夫雷特时，总是采取一种巧妙的办法，不说“要干什么”就能使她自然地去干，不说“不许干什么”也能让她自觉地不干。我认为，用强迫的方式命令孩子是很不明智的举动，采取这种做法，效果往往适得其反。虽然，一切都是出自母亲的好意，但也只能事与愿违。与其命令孩子，不如引导他们去做正确的事情。

我的女友劳拉经常陷入不理智的情绪之中，她不时向我诉说苦恼，因为她对女儿珍妮的教育不但没有取得好的效果，反而使母女俩都陷入了互相对抗的痛苦之中。

劳拉做了好几个月的努力，想帮女儿珍妮规范学习习惯。因为珍妮虽然已经上学了，但作息仍然毫无计划。最让劳拉头疼的是，珍妮总是花很多时间和小伙伴一起聚会、玩游戏，以至于常常不能按时完成作业。她总是玩到很晚才去睡觉，这样一来，早晨起床就成了一件苦事。劳拉费了很多口舌，一有空就找女儿唠叨，向她指出贪玩儿的坏处，告诉她睡眠不足对健康的种种危害，如此等等。

这样的谈话持续了多次，以至于女儿都能背诵出来。劳拉只要一开口，女儿就能学着她样子说出后面的话，“是啊，贪玩儿会浪费时间……”“没错，睡眠不足会影响身体发育，还会影响学习……”不仅这样说，还同时做出煞有介事的样子，让妈妈哭笑不得。劳拉为她规定了和小伙伴玩游戏的时间，并要求她睡前完成阅读任务，可是每每都无法落实。经过了无数次的努力和较量，女儿似乎慢慢懂得控制自己了，劳拉才终于松了口气。

不久，因为劳拉有些重要的事情处理，便雇了一位女管家，珍妮放学后就由她来陪伴照料。有一天，劳拉提前回到家，发现珍妮在房间里聚精会神地摆弄玩具，书本都散乱地铺在桌上。

“珍妮！”劳拉大喊一声，死死地盯住女儿。

女儿急忙地把玩具藏了起来，试图做出一个笑脸，然后故作镇静地说：“我做了一个小时的功课，刚刚才坐下来休息一会儿。”女管家也从厨房跑过来，帮着女儿说："是的，她刚坐下，只玩了不到20分钟。"

劳拉一时间说不出话来，只感到胸口的火气不断上升。这么长时间的教育和监督为什么没能改掉女儿贪玩儿的坏习惯？她明明知道这些道理，却还是这样没有自制力，长大了会变成什么样？为什么别人家孩子那样懂道理，而自己的女儿这样固执？

这些不快在劳拉的脑海中纠缠在一起，就像滚雪球一样越来越沉重，她真想痛哭一场来发泄心中的郁闷和气愤。

"珍妮，你太让我伤心了，你怎么会变成这样？你懂不懂得，这样会对你有什么样的结果吗？你不必再解释了，你听我说好不好！"看见女儿似乎要申辩，劳拉就粗暴地止住了她，"我不想听你任何的解释，你让我失望极了，你知不知道我这样做全是为了你的未来？"

"那你不要管我好了。我不要你为我的将来负责！"珍妮顶了一句。

"什么？你说什么！"劳拉的眼睛瞪大了，音量骤然升高。

此时，珍妮的眼睛里开始出现恐怖的神情，她在寻找退路。

"不管你？这是我的责任，我是你妈妈，我当然要管。你去好好想一想，还有……"劳拉忽然想起，珍妮曾经说，她这个周末要和几个小朋友一起到一个同学家去玩，于是就气急败坏地说，"还有，这周末你不能到凯瑟琳家去！"

"为什么？"珍妮叫道，愤怒和绝望使她的五官都扭曲了，"我要去，偏要去，你是个坏妈妈！"

看着女儿愤怒得发狂的样子，劳拉也有些不安了。她知道孩子是多么期盼这个与小伙伴一起度周末的机会。但她的愤怒和自尊不允许她收回这个"命令"。

"是你自己取消了这个机会！"

"为什么？这和我现在有什么关系？我偏要去，看你怎么办！"女儿暴怒地叫道，她那困兽似的表情，连劳拉也感到害怕。但她没有停止自己的较量，她要压倒女儿。

"请你马上闭嘴，不然我要发火了！"劳拉双手插腰。

"难道你没有发火吗？我就要这样，看你怎么办！"女儿也不甘示弱，她不想在妈妈面前败下阵来，因为她觉得妈妈是无理的。

“啪”的一声，劳拉怒从心起，在女儿脸上猛地打了一巴掌。

“哇……”女儿放声大哭，冲进自己的房间，“咣”的一声把门关上了。

随着这一巴掌下去，劳拉的气虽然消了，内心却陷入了沉重的愧疚之中，一种被击败的感觉顿时充溢全身。

我不想在这里讨论劳拉惩罚女儿的对与错，我要谈的是，劳拉在看到女儿“违反规定”时的心理活动。看到女儿摆弄玩具，劳拉首先想到的是：自己费了那么多精力，花了那么多时间，女儿为什么仍然我行我素？做母亲的辛苦和委屈突然一下子都涌了出来，女儿过去不听话的种种情景也一幕幕在脑海中出现。所以，她顾不上思考，顾不上让自己冷静下来，就一股脑儿地把坏情绪全发泄出来。

我认为，劳拉这种将不快与忧虑都一块带进子女教育中的行为方式极不明智。因为它将母女间的对立提高到了不成比例的高度，而过度的愤怒自然影响劳拉对事情的判断力。在愤怒的驱使下，劳拉放弃了任何力求客观、冷静、理性的努力，甚至忘记了管教女儿的目的是什么，只是一味地发泄怒气，甚至要找出一种惩罚，试图让女儿知道失望的滋味，这里不乏掺杂了报复的动机，这种让愤怒来驾驭自己的心态是极其愚蠢的。

如果这种事情发生在家庭以外，或许大多数人会告诫自己不要莽撞，于是这种情绪会及时得到控制。但在家里，对自己家人，对于子女，往往却失之放肆。如果想一想自己的本意，再想想这样做对孩子带来的伤害，劳拉无论如何也应当努力控制自己。

这里就涉及一个非常重要的心态：你是要“赢了孩子”，还是想“赢得孩子”？很多母亲，当面临和孩子的冲突时，潜意识中涌出的第一个念头就是：我要赢，要制服他们！这样的念头会让母亲忘掉自己本来的目的，她本来是要帮助孩子，引导孩子，现在却变成了要战胜孩子。这样的结果是：母亲确实赢得了和孩子的这场“战争”，但是却失去了孩子的心。

父母永远不要想“赢了孩子”，我们的目标是“赢得孩子”！

PART 4
小心这样的妈妈

像劳拉这样的妈妈，依我看当属于不合格的妈妈。不过，她只是不合格妈妈的一种，其实不合格的妈妈还有很多种类型。

最常见的是溺爱型妈妈。在家庭中，把最好的东西留给孩子，而且还对孩子说："这是专门给你的，我们都舍不得享用。"吃的，穿的，玩的，无不这样。如此做的后果是，培养出一个自私的孩子，处处以自我为中心，觉得一切都是理所当然。

维尼夫雷特小时候，我从不单独为她做什么，也不让她在家庭里享受特权。从1岁半开始，我就有意识地培养她学会分享。吃苹果时，我们一人吃几片；吃糖果时，我和她爸爸先拿几颗，然后她再拿；喝牛奶时，我们一人一份。刚开始与她分吃总有些于心不忍，时间一长，我习惯了，她也习惯了。这就使她在意识中建立了这样的概念：我只是家中一员，不是特殊的人。

我经常看到一些孩子，为了得到想要的东西，不惜和父母哭闹，直到心满意足不止。看起来父母在心疼孩子，其实对孩子的心灵成长有极大的危害。

其次一种是包办代替型妈妈。孩子的任何事情妈妈都事先安排好，原因是，担心孩子做不好。这样的母亲看起来是爱孩子，实际上，这是很自私的妈妈。因为她们在潜意识中希望掌控孩子的一切，而且不愿意花费心思指导孩子。对一个成人来说，自己做比指导孩子看着他们做更省心省力。这样的结果是，孩子失去了承担责任的机会，也失去了自我选择的权利。这样的孩子将来依赖性很强，长大后没有主见，遇事不知怎样处理，而且会长久依赖父母的扶持帮助，永远处在人生幼儿期。

我有一个女友，有一次带着小女儿赴宴，到了餐馆以后，气温降了，女儿冻得直打喷嚏。我说："你的女儿是不是有点儿冷？"她说："出门时我已经告诉过她，但她不愿意多带一件衣服，这样很好，让她知道下次该怎么做。"后来听说这孩子回家发烧了几天，但是从此以后，她每次出门都会自己把一切准备好。

这样的妈妈看起来好像狠心，其实是最合格的妈妈。

维尼夫雷特第一次穿上皮鞋之后，我就教她自己擦皮鞋，开始她没学会，每次我帮她擦一只，然后她自己再擦一只。这种引导的方式，要比一味地帮她做要好得多。

更多的是不爱读书的妈妈。这样的母亲整天沉湎于琐事，沉湎于玩乐，把逛商场、梳妆打扮、交友聚会看得比任何事情都重要，甚至连陪孩子玩一会儿的时间都舍不得，更不要说陪孩子一起读书、陪孩子做游戏、陪孩子说话聊天了。因为不爱读书，即使遇到孩子的问题，也不会通过学习加以解决，而且，因为自己不喜欢读书，孩子也难得受到良好的熏染。这样的母亲养育的孩子，大多数没有爱读书的习惯。

好妈妈会把家变成一个小小图书馆。让孩子喜欢学习，首先自己要有固定的读书时间，耳濡目染比强迫说教更能让孩子接受。我的女儿出生之后，我和丈夫就列出了一个计划，我们把晚饭后的半小时定为家庭读书时间，把一切家务事都停下来，丈夫看报，我读小说或者历史故事，女儿看她自己的书，然后我们一起交流读书心得。

由于形成了习惯，女儿一吃完饭就说："妈妈，咱们一起看书吧。"在她眼里，习惯就成了自然，一天不看书她会觉得少了什么。每个周末，我会带上她去书店，让她自己选择一两本图书。女儿从心里觉得读书是一种快乐，对于她上学以后的事我一点儿都不担心，一个把读书当成乐事的孩子我还担心什么呢？

还有一种是可怕的、喜怒无常的妈妈。这样的妈妈整天情绪不稳定，高兴不高兴都挂在脸上，一点儿小事就会让她大发雷霆。孩子在这样的妈妈面前，经常会手足无措，心生恐惧，无所适从。这种性格扭曲的生活，让孩子长大后自卑、胆怯，不能乐观自信地面对一切。

建议这样的妈妈学会快乐，把快乐当成一种习惯。性格决定命运，孩子性格的好坏直接关系到他们的将来，一个健康孩子的标准首先是心理健康。我的法宝就是，每天把微笑挂在脸上，我知道这很难，但为了女儿，我必须这么做。无论我的心情有多么糟糕，面对女儿的时候，我要让她感到，妈妈像阳光一样。

生活中，我们经常遇到不顺心的事，但作为母亲，我们不能用随心所欲的情绪对待孩子，不能一时欢喜，一时恼怒，让孩子时刻提心吊胆。从女儿出生的那一天开始，我就坚持每天对她微笑，而且我和丈夫在女儿面前从不吵架，不说粗话，彼此尊重，给她创造一个平和的环境。女儿长大特别爱笑，每个见到她的人都会不由自主地喜欢她。

我还经常见到言行不一的妈妈。很多母亲要孩子诚实，而自己却经常说谎；要孩子做事细心，自己却经常把事情弄错，而且还不承认错误；要孩子刻苦努力，自己的生活出现一点艰难，就叫苦不迭……这样的母亲不在少数。

有一个妈妈，看见儿子读完书之后没有把书放回书架，就大声对孩子吼道："你的耳朵是不是长到脚跟上去了？为什么我说什么你都不听？为什么又把书放在凳子上不还原！"儿子一边拿书，一边气恼地说："你说我，你还不是一样？"这一下把妈妈再次惹恼了："什么？你还顶嘴？你还敢这样说话？妈妈怎么一样了？我和你一样吗？"儿子见妈妈这样，就大胆回击道："我们厕所的托架上，放了那么多的小说和画报，不都是你上厕所带进去忘记拿出来的吗？还说我……"妈妈见儿子抓着了自己的短处，就咆哮着说："我是妈妈，我是大人，我可以这样，你不能这样！"

看看，这就是妈妈。这样的妈妈能把孩子教好吗？这样的教育，能起到良好的示范作用吗？

我还认识一位妈妈，她每次带女儿去见丈夫的父母时，临走从来不教孩子和爷爷奶奶打一声招呼，也从不教孩子帮助爷爷奶奶做事情。等到带孩子回自己的父母家时，却要求女儿和外公外婆讲礼貌，帮外公外婆做家务。女儿说：“可是，我在爷爷奶奶家时，你为什么不让我这样做呢？”

教育就是这样无处不在，父母的一点点不纯净的思想，都会在儿女的心灵染上污点，这是要切切注意的事情。

还有一种妈妈也很不好，就是有洁癖的妈妈。这样的妈妈为了干净整齐，拒绝孩子动手，阻止孩子活动，要么怕把孩子小手弄脏，要么就是怕孩子把衣服鞋子弄脏。这样的孩子长大之后，一切动手方面的事都可能做不好，在心态上，这样的孩子没有探索精神，因为他们害怕。

孩子的小手多动才会聪明。女儿从小就喜欢到处乱摸，我从来不限制她，更不责备她。在家里，她把颜料弄得满手满身，还经常把脏水泼洒到地上，但我从来不因为害怕把什么弄脏而斥责她的行为。我还鼓励她去给花浇水、施肥、松土，虽然做得不好，我还是极力表扬。我在厨房做饭时，我会让她来择菜，她兴致很高，因为我让她做事，她觉得很满足，很受尊重。在室外，我让她抓沙、玩泥巴、捡小树叶，让她用一些东西造一个小花园。

衣服脏了，换一下就行了，手脏了，回家及时洗净，千万别为了省事，约束孩子的行为。在他们的天空里，自然的万物就是兴趣和快乐的源泉。

从某种程度上说，以上这些妈妈都是不合格的妈妈，无论她们自己觉得是多么称职，多么辛苦。因为这种辛苦带来的恰恰是相反的结果，与自己的目的背道而驰。如果面对这样的情形还不知道悔悟，不知道改正，那还算是真正爱孩子的妈妈吗？

妈妈们经常会痛苦地抱怨孩子自私、懒惰、不爱学习、丢三落四、动手能力差、爱发脾气……有没有想过，孩子就是父母的影子，是自己无意之中培养了这样的一个人。

PART 5

对待孩子的态度

女儿维尼夫雷特出生后，我几乎每天都在思考如何把她培养成一个合格且完美的人，我最担心的就是自己不能尽到一个母亲的责任。生儿育女是父母的选择，而不是儿女的选择，有什么样的父母是由命运决定的，但是，父母可以改变这种命运。如果你是好父母，孩子就可能拥有好的命运，如果是一个糟糕的父母，情况则可能相反。

我们究竟怎样才能成为一个好父母呢？我们怎样用自己的爱心和智慧铸造儿女未来的人生呢？

在女儿的成长过程中，我发现，当她很小的时候，如果要她绝对服从我，一般不会有什么困难。但当她逐渐长大，开始有了自己的主见和判断能力后，再理所当然地要求她服从，就有些行不通了，甚至会带来很多麻烦。

女儿在两三岁时可真是个捣蛋鬼，她不但时常弄坏自己的玩具，还经常故意来干扰我的工作。这是孩子在那个年龄常常发生的事，他们对任何事物都感到好奇，什么都想碰一下。

有一次，维尼夫雷特趁我不在的时候，悄悄地溜进了我的书房。也许是出于好奇，也许是恶作剧，她把我未完成的论文稿全部扔在了地上，撒得满屋子都是，把那些整理好的顺序全都弄乱了。

我看到这样的情景，只是淡淡地看了她一眼，并没有立刻责骂她，而是自己一页页地将稿纸捡起来，重新整理好。当时，她正在我的身边，静静地看着我的一举一动，似乎也没有想到要过来帮助我。在我快要整理完之前，她就回到她自己的房间里去了。

晚饭后，维尼夫雷特要求我到她的房间去，帮她收拾散乱的玩具。

我走到她的房间，看见那些玩具扔得满地都是，而且床单也被她拖在了地上，还有几样玩具被她弄得支离破碎。

我什么话也没有说，就转身准备离开她的房间。

“妈妈，你不想帮我吗？”女儿问。

“不，今天妈妈希望你自己收拾。”

“可你平时总是帮我一起收拾的呀！”女儿不解地说。

“可是今天，你看见我的稿纸全部撒落到地上，当时也是我自己捡起来的呀。”

女儿看着我，眼里流露出疑惑的神色。

“维尼夫雷特，你知道我的稿子是怎么撒在地上的吗？”我问。

“是……是我弄下去的。”

“你为什么要那样做？”

“我觉得把它们撒下来很好玩。”

“你想想，把东西弄乱很容易，但要把它们整理好却很费事。这就是你为什么玩的时候不需要我帮你，而收拾的时候需要我帮助的原因。更何况，那些稿子是妈妈工作的心血，你怎么能这样去对待它们呢？”

“妈妈，对不起……”女儿低下了头，“我知道错了，以后我再也不乱动你的东西了。”

说完，维尼夫雷特走进自己的房间，轻轻地关上了门。过了一会儿，她又来叫我，原来，她已经自己把那些玩具全都捡了起来，并且整理了房间。看到这样的情景，我当时真的非常感动，因为女儿已经在幼小的心灵中理解了我想对她说的道理。

自此之后，维尼夫雷特再也没有弄乱过我的东西，并且学会了自己收拾自己的物品。

在这件事情上，首先，我没有因为她弄乱我的手稿而责备她，我用行动告诉她应该怎样做；其次，当我看见她脏乱的房间时，我也没有去强行要求她怎样做。但是最后的结果却是我所期望的，她理解了我的想法，认识到自己的不当行为，而且马上做出了正确的反应。如果我首先呵斥她，然后又强迫她，结果肯定不是现在这样的。

我发现，大多数父母在面对孩子的错误时，会变得失去理智。或许是因为他们是父母，有权威，所以一说话就是一副颐指气使的样子；或者因为正在怒气之下，完全无视说话的技巧；或者因为面对的是自己的孩子，以为想怎么说就可以怎么说，哪怕伤害他们也毫无顾忌。

我一直觉得，人与人的相处是一种很微妙的学问，即便是和我们的孩子。怎么和孩子说话才有效？怎么说话孩子才会听？我们做父母的人永远要记住：和你对话的人是孩子，我们知道，孩子很喜欢做我们不允许的事。就比如对待玩具，很多母亲经常这样说：“你又把玩具弄得到处都是，难道你忘记我是怎么跟你说的了？”“你赶快把地上的东西给我收拾好，否则看我怎么收拾你”……除非你的孩子特别听话，大多数孩子在听到这样的呵斥之后，一般会置之不理，或逃之夭夭。如果你反着思考，他们要我怎么说才会收拾玩具呢？在什么情况下他们才会自觉收拾玩具呢？所以，在我们说之前应该先想好，你的目的不是发脾气，而是要让孩子做正确的事，让他们学会怎样收拾玩具。

“妈妈帮着你一起收拾玩具，好吗？”“我们比赛看谁先把玩具收拾好，可以吗？”“是妈妈的动作快还是你的动作快呢？”“这些玩具放哪里好呢？你可以告诉我吗？”等等。这些都是提高孩子收拾玩具积极性的话。再有，我们也可以唱一首收拾玩具的歌，在家中没有别的小朋友时，我们应该把自己当作他们的朋友，用游戏的方式教导他们做事。

很多母亲都会因为和孩子的交流不畅而产生矛盾，据我观察，这些母亲所说的话都没有错，可是他们的表达方式却无一正确。“你到底要去哪儿？”“你给我出去！”“你想干什么？”“你为什么不听话？”那些想用威严和说教征服孩子的父母，很快发现这样会让事情变得更加不可收拾。高压和惩罚有时也会生效，不过，那是暂时的效果，不是长久的改变，这样“暴力”式的管教，往往会发生重复的反弹。正像一位母亲说的那样：“我一直对儿子采取的是严厉管教，结果收效甚微。只有我发脾气冲他叫喊，或者对他实行强制约束他才会暂时妥协。”

孩子经常拒绝跟父母对话，他们讨厌说教，讨厌喋喋不休，讨厌批评。8 岁的大卫对他的妈妈说：“为什么我每次问你一个小问题，你都要给我那么长的答案？”他向他的朋友倾诉说，“我不跟我妈妈说任何事情，如果我跟她说，我就别想有清静的时间了。而且无论我说什么，最后得到的都是呵斥和责难。”一个对此很感兴趣的研究者无意中听到一段母子的对话，他惊奇地发现，他们两个人几乎都不听对方在说什么，他们的交流更像两段平行的独白，一段充满了批评和指责，另一段则全是否认和争辩。这种沟通的悲剧不是因为缺乏爱，而是缺乏相互尊重；不是缺乏道理，而是缺乏技巧。

总之，作为一个母亲，我们首先要记住，我们是在培养一个孩子，所以，要有宽容心和忍耐心。当遇到问题的时候，先想一下，我们的目的是什么，应该采取什么方法才能达到目的。管教孩子必须理智，理智的前提是对自己充满信心，有信心的父母才不会发怒，才不会采取粗暴简单的方法，也才不会随意让步妥协。

PART 6

和孩子一起成长

看着刚刚来到人世的女儿，我不知道怎样爱她才好。我想，天下所有的母亲看到自己孩子降临人间的那一刻，大概都会这样吧。我不知道世界上是不是有一个理想妈妈的模式，如果有的话，我真想马上成为那种样子。

什么是理想的、出色的好母亲呢？我认为有爱心、负责任、有智慧的母亲就是理想的母亲。负责任的母亲会关心孩子的成长，不断摸索培养孩子的经验，主动学习这方面的知识，时刻关心孩子在成长中出现的问题，并正确地加以纠正。同时，一个好母亲在培育孩子的同时，还注重自身的成长，用自己的积极态度去影响孩子。在我的心目中，理想的母亲应该永远镇定自若，永远慈爱地对待孩子，永远懂得用严格而理性的方式去管教孩子，永远舍得在孩子身上花足够的时间和精力，永远对孩子抱着乐观赏识的态度，永远知道怎样回答孩子的各种问题。当我知道孩子即将降临时，就在心中为自己描绘了这样一幅理想母亲的画像。

事实上，要成为这样的理想母亲是需要付出艰辛努力的，不是你想成为好母亲就真的成了这样的母亲，这在我生下维尼夫雷特之后才有了深深的体会。看着女儿一天天长大，我也一天天感到自己的能力越来越跟不上孩子成长的要求。我常常猜想：别的母亲大概做得比我更好吧？为此我感到很自卑，但我知道没有任何一位母亲能够永远做到那种理想中的完美，因为，即使做了母亲，也仍然处于人生的成长阶段，仍然面临着生活的各种考验，仍然有自己的缺点。很幸运的是，我很早认识到了这些，认识到自己的不完美，所以我每天都会尽力做得更好，每天进步一点点，尽量向一个完美的母亲靠近。

我的一位女友爱伦娜是个单身妈妈，生活的负担使她疲惫不堪，而婚姻的挫折也使她灰心丧气，她总是认为，就是因为自己处事不好才使丈夫离开了她。在她的生活中，女儿的欢笑是她的唯一慰藉。可是随着女儿一天天长大，她发现孩子的生活不是越来越快乐，相反变得很压抑，每天放学回家都郁郁寡欢，也不愿意与小朋友交往。

爱伦娜想知道发生了什么事情，但女儿只是沉默，不愿意和她交流。一直到老师送来一篇女儿的作文，她才终于知道了原因。在作文里，女儿描述了一个自卑女孩的生活，她不招人喜爱，头脑也不灵活，因此过得很不幸福。

老师对爱伦娜说，这篇作文很可能反映的就是孩子内心的想法。老师建议爱伦娜和女儿认真谈一谈。

爱伦娜看完作文，掩面沉思良久，她似乎在文章里看到了自己的影子。她平时总是自艾自怨，总是觉得生活亏待了自己，因而很少有心情振奋的时候。这种忧郁低沉的精神氛围，自然使女儿无形中受到不良感染，而且也影响了她的情绪状态。

当爱伦娜意识到女儿的消极正是自己的态度造成的时候，她决心要帮助女儿。可喜的是，她不准备去责备孩子，也不是简单地对女儿说教。在改变女儿之前，她意识到首先要改变自己，于是她开始积极寻找能够鼓舞自己信心的办法。

爱伦娜和女儿谈了自己的计划，要女儿做她的监督人。每天晚上，她都要写下一件明天要完成的具体事情，比如，读一本新书，画一幅画，找朋友打一次网球，进行一次登山锻炼……为了提醒自己，她把写好的纸条放在餐桌上，早晨起来让女儿念给她听一遍，晚上和女儿吃饭时一起检查执行的情况。

刚开始，女儿有点儿怀疑母亲是不是精神出了问题，但看到母亲坚持不懈而且非常认真的样子，就开始为母亲的行为而感动。母女俩常常在晚餐桌上讨论这些活动的意义和效果，起初女儿只是听母亲讲，后来她开始向母亲提出建议，帮助她寻找更好、更新的实践方式。不久，爱伦娜的纸条旁边多了一份女儿的纸条，女儿也开始为改变自己而努力。

母女俩开始相互支持，互相监督。有时她们会回过头去做以前纸条上记下的事情，因为她们从中获得了快乐和自信。就这样，爱伦娜没有对女儿进行说教，没有责备她，没有责备学校和老师，就是通过改变自己的行动，首先使自己成为一个自信而快乐的人，然后使女儿摆脱了抑郁低沉的情绪，改变了自卑的性格。母女两人从此都精神焕发，像变了个人似的。

所有做母亲的人都应当懂得，对于如何教育孩子，永远也不会有足够的知识和技巧供你使用，更没有现成的知识由你任意选择，因为你时常会遇到新的问题，需要新的解决方法。优秀的母亲应该在不断探索与自我校正中改善自己的教育方法，在遇到新的问题时善于思考，积极寻找有效的途径。这一过程要延续到孩子长大成人，直到他们走出家门为止。

在养育女儿和培养她成长的过程中，我常常这样问自己：我是一个好母亲吗？我所做的一切都是正确的吗？

当我在烦恼中忍不住骂了女儿，或者斥责了她；当我没有耐心听完她的解释，就怒气冲冲地训斥，后来却发现她受了委屈；当我强迫她按照自己认为正确的方法去做一件事，结果却得知自己的认识是错误的……每当有诸如此类的事情发生，都会不断唤起我的自责心，有时甚至让我怀疑自己作为母亲的资格。每当这时，我都会感到一阵阵心酸和难过。

有一次，为一件小事我冲女儿发了火。也许女儿觉得自己长大了，也许我的情绪太激烈，她竟然向我表示不满和抵抗。“米莉的妈妈就不像你这样发火，她总是很耐心地和米莉讲道理！”女儿冲我喊道，并且学着我发火的样子针锋相对。

女儿的话语和表情深深地刺疼了我，伤害了我作为母亲的自尊，同时她的话更激起了我对自己的反省。我真怀疑自己是否有能力教育好孩子，心里不禁有了一丝担忧。我的脑海中出现了这样一幅画面：我疲惫不堪地大声嚷嚷，试图把女儿领上正道，却不得要领，结果招来的是反抗；而隔壁米莉的母亲却轻松自若地控制着局面，谈笑间就把孩子安排得十分妥当。我渐渐对自己感到不满和愤怒，觉得自己既无能又缺乏爱心，我甚至怀疑女儿在嘲笑我这个没用的妈妈。

第二天，我遇见了米莉的母亲。我故作轻松地向她转述了女儿的话，惴惴不安地希望听到她的建议，以鼓励我正在动摇的信心。

可是，她却大笑起来："我哪里有这么好？孩子相差无几，母亲也大同小异。我们既要做家务，又要同时照顾他们，怎么可能永远和蔼可亲？我只是从未在你女儿维尼夫雷特面前发脾气而已。"她停止了大笑，接着说，"不过，每次要对孩子发脾气的时候，我总是先想一想：这样有用吗？它会给我和女儿带来什么？这样问一下自己，就会变得理性一点儿，就会有办法了。有时，我也会在心里暗自祷告，希望上帝给我足够的智慧和力量，希望他引领我们走向人生的正途。这样祈祷之后，我会觉得自己更有信心，于是就没有了浮躁和焦虑。其实，在我心目中，你一直是最优秀的母亲。"

听了米莉母亲的话，我感到很宽慰，又重新有了自信心。我举这个例子，并不是要为母亲们的"粗暴"辩护，也不是为我的不理智寻找借口。我只是想告诉年轻的母亲们，即使在忍无可忍的情况下做了一些令自己后悔的事，也不必怀疑自己做一个好母亲的能力，只要我们用心，只要我们肯努力，只要我们不断改进自己的态度和方法，就算得上好母亲，就能够成为好母亲。

在后来的日子，我不但没有再向女儿发过火，还渐渐掌握了一整套行之有效的教育方法，在后面的章节里，我会详细地介绍这些方法。

女儿的话使我受益匪浅，要不是她那样顶撞我一次，我或许还不知道自己的缺点，还不知道努力呢。所以，作为父母应该重视孩子的各种反应，而不是简单地给它定义为正确或者不正确。

PART 7

好妈妈需要智慧

很多人来向我咨询培养孩子的秘诀。我记得一位年轻的母亲曾这样对我说："有时候我会为自己的付出有了结果而欢欣鼓舞，有的时候却又感到自己很失败，甚至是一败涂地，似乎所有努力都付诸东流。"于是我问她是怎么教育孩子的，她告诉我，她看了很多关于教育孩子的书，每看到一些好的方法就马上实行。结果发现有的有用，有的却没有用，有的还带来了相反的效果。

我对她说："孩子是你自己生的，你应该最了解自己的孩子。每个孩子都是独特的，所以，每个母亲也应该是一个独创性的母亲。只有这样，才能真正教育好孩子。"

我的朋友、心理学家伊斯宾娜曾对我谈到她的一段经历："我学完心理学课程，就开始为问题少年进行心理和教育咨询。经过一段时间的实习后，我满怀信心地投入了工作。向我咨询的父母们问得最多的一个问题是：'你有几个孩子？'我回答说：'我还没结婚，一个孩子也没有。'听到这个回答，父母们总是显得特别失望，接下来的咨询就明显是在敷衍了，因为他们根本不相信我的诊断，对我提出的建议也很怀疑。这让我很泄气，觉得自己学完了那么多课程，受了那么多专业训练，却遭到了别人如此轻易的否定，实在太不公平了。

"后来我结了婚，有了孩子。起初我对做一个好母亲是很自信的，心想，凭我这么多年学会的专业知识和对孩子满腔的爱，还做不好母亲吗？然而，事实却让我十分难堪。

"我不仅没有机会实施那些事前预定好的培养计划，甚至连孩子的日常生活都安排不好。到后来，只要家里不出什么乱子，就谢天谢地了。曾经制定的教育蓝图变得可笑而且遥不可及，我发现我原来自以为是的专业知识根本派不上用场。这时我才明白，为什么那些父母毫不重视一位从未做过母亲的顾问给出的建议。于是我放弃了那些高深莫测的理论知识，跑到书店买了一堆育儿方面的通俗读物，希望在其中找到我需要的东西。”

不仅如此，伊斯宾娜还告诉我，即使有了那些育儿指导的书，还是常常感到束手无策，她现在才感到，培养孩子是一件多么困难的事，绝对不是纸上谈兵能够应付得了的。

事实就是这样，认真研究一下那些育儿专家的资料就会发现，其中最有权威的正是那些有过亲身育儿体验的人。今天我之所以写了这本关于教育的书，也是因为有了培养维尼夫雷特的经验，并且取得了成功，否则，我是不敢轻易下笔的，因为我深知其中的难度。

我在教育维尼夫雷特的过程中深深体会到，只靠书本知识来教育孩子远远不够，作为母亲，必须有意识地调动自身的潜力，用真诚的爱心激发出理性而智慧的思想，从而发掘出培养孩子的良好方法。

最近，我又碰到了前面提过的伊斯宾娜，她现在已经是一位颇有成就的儿童教育专家了。在她询问了维尼夫雷特的情况之后，给我讲了下面的这件发生在她自己身上的事。

“有一次我同丈夫带儿子一起外出进餐，一位女士走上前来对我说：‘实在冒昧，我只是禁不住要告诉你一下，我是多么羡慕你培育了这样一个举止得体的孩子。我认识你，因为我听过你的教育讲座。你真是一位理想的妈妈，看见你与孩子交谈时的神情，我就明白为什么你的儿子有如此好的表现。’

“当着孩子的面受到这样的称赞，实在让我脸红。儿子那天的表现确实很好，但他绝对不是一贯如此。有时他会顽劣得让人咬牙切齿，有时会让你无可奈何。正是这个出色的儿子，曾给我带来过无尽的烦恼。

“我最不能容忍的事情，就是他无论在哪里都会把房间搞得乱糟糟的，一看到这种情形，我总是忍不住要对他发怒，但每当要发怒的时候，我就想：他为什么会这样？我应该怎样改变他？有了这样的思考，我就把目标放到了解决问题上面，而不是发泄自己的不满。每次遇到难题，我都要经历这样的心理过程，慢慢地，我发现自己总能找到好的办法，孩子的表现也越来越优秀了。”

有智慧的妈妈使孩子的成长更为顺利，因为她不仅给予爱，还能给予正确的帮助，后者对孩子更为重要。有一位母亲和倔强的儿子发生了口角，无论她怎样和儿子讲道理，都没有得到和解。几天后，儿子到外地参加假期野营，因为生气，他一直没有给妈妈来信。妈妈很担心他，于是就主动先给他写了一封信。除了表示关心外，妈妈还特意向他道歉，向儿子承认自己的错误。与此同时，妈妈也语重心长地教导儿子，希望他学会宽容别人，体谅别人，正视自己的不足。

不久，妈妈收到了儿子的回信，信中写道：我很想念爸爸妈妈，尤其是想妈妈。妈妈，你用不着对我道歉，很多事情本来就是我的错，应该我向您道歉才对。

读了这封信后，妈妈不知道有多么高兴。原以为孩子什么都不明白，只知道使气胡闹，现在看来是自己错了。儿子回家后，他们母子再也没有发生过争吵。以后再遇到冲突的时候，妈妈总是提醒自己：他是一个孩子，他在表达自己的想法，只是我还没有看懂。”

妈妈在信中向儿子说出了平时难以开口的真心话，从而得到了儿子的理解；儿子也在毫无压力的情况下认识了自己的错误，用真情感动了母亲。从这里我们发现，沟通是一种必需的途径，但是选择沟通的方式更加重要。

做父母是需要不断学习的，因为随着孩子的不断成长，就会不断有新问题产生。对于父母来说，孩子的问题似乎永远都没完没了，但是，我们要记住：他们正是在同这些问题的遭遇和解决中不断进步！

母亲课堂
MOTHER CLASS

第二课

喂养的技巧

吃饭是人生最早的一门课程，孩子从吃饭中学习知识，培养技巧，养成习惯，并且体会到生活的甜美和乐趣。

我认为，对于孩子来说，食物既不应该是一种款待，也不应该是一种义务。我从来不用食物去贿赂维尼夫雷特，也不用禁止她吃东西的方法来惩罚她。把食物当作奖励、惩罚或威胁的手段，以此来调教孩子，我认为是极其不恰当的。对于女儿，我始终把管教和食物分开，给她营造一种和谐轻松的进食气氛和环境，让她独立自主、轻松愉快地进食，把吃饭当成一种快乐的享受和必需的生活内容。

吃饭是人生的一件大事。合理而规则的饮食是一个人顺利成长的先决条件，不同的饮食偏好，不同的饮食习惯，不同的饮食结构，不仅可以对一个人的身体健康产生影响，同时对一个人的性格、心态和气质也会产生影响。餐桌是孩子最重要的生活场所，他们不仅要在这里获得物质的营养，而且，还会在这里受到精神上的熏陶。不同的家庭用餐方式，会培养出不同的生活气质。很多母亲不重视孩子的吃饭问题，在喂养方式、养育理念和膳食调理方面疏忽大意，结果造成一系列不良的后遗症。

PART 1
甘甜的乳汁和睡眠

在前面谈了很多有关母亲的事，我想，现在应该来谈一谈孩子了。为了让读者更好地理解我教育女儿所用的方法，我就从女儿的出生开始讲起吧。

女儿刚出生时，我首先考虑的是她的健康，我一开始就非常注意如何造就她强健的体魄。因为，如果生活中缺少了健康，无论对大人还是孩子来说都是不幸的。现在有很多父母，似乎愿意花很多精力培养孩子的智力，却不愿意花时间考虑怎样增强孩子的体质。身体不健康的人，就难以欣赏自然之美和人生之美；身体不健康的人，就难以完成伟大的事业。特别要注意的是，不健康的身体，往往会造就不健康的心态。

对于还是婴儿的女儿来说，一切都得从喂养开始。我认为，最好的婴儿食品就是母乳，我想其他母亲也会同意我的观点。这不仅对孩子有益，也对母亲有益。事实上，每当小维尼夫雷特轻轻吮吸我的乳汁时，我总会感到极大的幸福和喜悦。

我的母亲时常在我耳边念叨：“金汁银汁不如妈妈的乳汁。”母亲告诉我，千万不要向那些不负责的母亲学习，她们为了追求体态美观，对母乳喂养有一种抵触心理，甚至放弃母乳，这是十分不理智的行为。

母乳喂养有很多优点，首先是有利于亲情培养。妈妈给孩子喂奶时，肌肤相亲，最能培养孩子与母亲之间的感情，而且还能给予孩子足够的安全感。其次，因为母乳中含有抗生素，有助于宝宝抵抗病菌。孩子刚出生时，抵抗力微弱，病毒容易入侵，母乳喂养的孩子患病概率相对于其他食品喂养的孩子要低很多。母乳还有助于婴儿消化，母乳中含有的多种酶，能帮助消化和营养吸收。

有些妈妈在哺乳时遇到不顺利，往往不知所措。其实一旦掌握宝宝的性格习惯，哺乳就会轻松许多。不同性格的宝宝，有不同的哺乳技巧。

迫切型宝宝一靠近妈妈乳房便迫切地含住乳头，开始有力地吸吮，直到吃饱才停止。对于这类宝宝，妈妈应及早喂奶，喂奶次数应适量增加，持续时间更长。

还有一种兴奋型宝宝，此类宝宝容易激动，经常因不能很好地含着乳头而大声哭闹。妈妈在喂奶过程中应适时刺激婴儿，使其保持清醒并坚持吸够乳汁。当婴儿哭闹时，妈妈千万不要强行喂奶，可以尝试将其抱起，用手轻拍背部或轻抚手足。

还有的宝宝吸奶数分钟即需休息数分钟，然后才肯再开始吸吮，对于这样的孩子，不要强迫他们快速吸吮。婴儿常在吸奶时入睡，妈妈不能误以为婴儿已经吃饱，应把喂奶时间延长。妈妈还应多留意宝宝的表情，鼓励和帮助宝宝吸食。

还有一种品尝性的宝宝，他们常需含住乳头先尝一点乳汁后才肯开始吸吮，假如妈妈强迫其快速吸食，反而会使他生气而大哭。妈妈除耐心喂哺外，更应懂得如何引起婴儿吸乳的兴趣，可先挤些乳汁在乳头上，再用乳头去触碰婴儿的鼻尖和嘴唇。

有少数初生婴儿对吸吮母乳毫无兴趣，妈妈应当坚持让其反复吸吮母乳，并用手挤出少许乳汁到婴儿口中，让婴儿品尝，使之逐渐适应母乳。

我的女儿在出生的头几天里，总会感到很不舒适，并经常啼哭。她似乎还不明白不舒服是因为饥饿，更不知道吮吸乳汁会给她带来舒适和满足。刚开始，我把乳头放进她的嘴里，她却哭着不停地躲避，甚至尝到了第一口乳汁，也不能使她停止哭闹。我知道这时候不能着急，我没有强迫她，而是不停地帮助她尝试，诱导她学会吮吸。

我想，只要她吸过几次之后，就能把吮吸与乳汁、舒适联系起来，当这一反射系统建立之后，一切都会好转。后来，只要乳头一放进她嘴里，她就会安详地吮吸起来，马上变得十分宁静。此后我还发现，凡是能放进嘴里的东西，不管是乳头、奶嘴还是手指，她都爱吮吸。如果说，脐带是第一次把母亲和孩子连到了一起，那么，乳头又第二次将孩子和母亲联系起来，这种联系使两个人的情感在一种独特的过程中变得更加深刻，更加真切。

我在为女儿哺乳期间，始终坚持这样一个原则：要充分满足她吃奶的需要，只要她饿了，就给她喂奶。在最初几天，我每隔两小时左右就给她喂一次奶，如果她累了，或者睡过了吃奶的时间还不醒，我就任随其意，等她自己醒来找奶吃的时候再喂她。无论是白天还是夜里，我都及时觉察女儿的哭声和身体翻动的情况，及时给她哺乳，让她在人生初期吃得很香，吃得很满足。

但是，喂奶也是一门有学问的事情。当孩子饿了要吃东西的时候，他们通常用哭闹来发出信号。母亲发现孩子需要哺乳的时候，应该给予什么样的反应呢？不要太快，也不要太慢。

很多母亲只要孩子发出一点儿哭声，立刻就把乳头送到孩子嘴里，这样的母亲将会娇惯出追求完美的孩子。他们不会等待，以为所有的需求都会得到迅速满足。当他们长大开始自己生活时，会经常受到挫折。他们很难获得十足的幸福感，哪怕实际情况并不是很糟。

正确的做法应该是这样的，当孩子发出哭声或者不安地扭动时，妈妈应该用心观察一下，如果确定孩子是饿了，不要忙着去抱起来，也不要马上喂奶。妈妈先用热情的语调与之交流一会儿，告诉孩子马上就可以吃奶了，让孩子意识到，妈妈正在准备，还需要等候。这样日复一日，孩子的每一顿饭就在妈妈的柔声抚慰和耐心的等待中到来。

这种喂养方式，会让孩子成为一个积极乐观的人。他们知道等候，也坚信每次的等待都会有结果，于是就逐渐培养了对外界的忍耐、宽容和信心。这种延迟的满足，不仅不会挫伤孩子的积极性，相反，因为有一个期待的过程，当他们得到满足的时候，会获得更多的快乐。

有的母亲一听见孩子在床上翻动，或者一听到小声的哭泣，就马上去给孩子喂奶，这也是不合适的。

我有一个朋友，每天为了安抚女儿睡觉，她和丈夫两个人都无法很好地休息。尽管如此，孩子还是经常生病，医生的判断是因睡眠不足所致。有一次，他们到法国度假，吃惊地发现，法国小孩子基本上从头一天晚上八九点钟一直睡到第二天早晨。

这其中的秘密连法国父母都说不出所以然，只觉得这是非常自然的事情。在返回纽约后，我的朋友拜访了一位法国裔医生，才解开了其中的秘密。这一诀窍就是：在孩子的哭和父母起身安抚之间，要有一个暂停动作，也就是说不要立即起身去安抚孩子，或者马上喂奶。

孩子在睡梦中突然发出哭声，并不一定是要吃、要换尿布，或是需要人抱，很可能只是无意识的动作，或者身体哪里有点儿不舒服。这个时候父母如果马上起身安抚，只会惊醒小孩，中断他们睡觉的连续性。正确的做法是，父母让孩子哭几声，仔细观察，看孩子究竟是睡梦的中断，还是真的需要喂奶。如果只是睡梦的中断，就应该让孩子继续哭一会儿，然后从一个睡梦进入到另一个睡梦中。很多的美国妈妈，机械地按照每两小时给孩子喂奶的方式，结果换来的却是孩子无休止的哭闹。

我的朋友马上在女儿身上使用了法国人的办法。第一天晚上女儿中途哭了 10 多分钟才睡，第二天哭了 5 分钟就再次入睡，第三天晚上，他们竟没有再听到女儿的哭声。“原来她半夜哭是因为她觉得我们需要她哭，并不是她自己的需要。”因为她一哭，父母就去安抚喂奶，于是形成了一种毫无意义的条件反射。

PART 2

让饮食成为至乐

有不少父母，喜欢在餐桌上训斥孩子，有研究者做过调查，超过一半的孩子在餐桌上挨过父母的批评。很多人觉得这是人之常情，家长平时只顾干自己的事，很少能跟孩子坐在一起，于是餐桌就成了他们“关心”孩子的重要场所，先问学习情况，再问操行表现，问着问着就开始了滔滔不绝的说教……

吃饭的时候，往往是孩子们身心最放松的时刻，而家长们恰恰选择这一时间对孩子进行批评教育，这使孩子本有的愉快心情荡然无存。这种做法轻则导致孩子心情不好，影响胃口，重则可能出现厌食和相关的心理问题。

良好的情绪能够增进食欲，有助于消化吸收，有益于身体健康；而不良的情绪，如生气、焦急、悲伤等，往往会使食欲大减。儿童年龄小，神经系统还未发育成熟，情绪易波动，又缺乏自制力，如果在饭桌上遭到责骂和训斥，孩子边哭边吃，或者生气、烦躁，不仅食而无味，而且会渐渐对吃饭失去兴趣。

因此，在进餐时应力求保持一个安静、舒适的环境，创建一种轻松愉快的气氛。就餐前，可以引导孩子和大人一起为进餐做些力所能及的准备工作，使孩子愉快地等待进餐。吃饭时，可以和孩子谈谈饭菜的特点、制作过程等，力求把孩子的注意力集中到食物上来，让他们学会欣赏不同的菜肴和食物。

有些父母总是担心孩子吃得太少或者太多，总是担心孩子不会吃、不会喝，于是每次就餐时便如临大敌，用全部精力对付孩子。要么这个不行，要么那样不对，这样挑剔，那样责备，无形中就给孩子的进食造成一种压力。久而久之，孩子把吃饭当成一种负担，当成一种为了父母而尽的义务，这不仅给孩子的健康带来影响，还给父母造成许多麻烦。

我表妹的独生子约翰就是在很不健康的饮食环境长大的，结果在6岁时就患上了厌食症。当我再见到他时，感到非常吃惊，因为在这之前他一直是个健康活泼的孩子。我记得在两年前，他还是个胖乎乎的、结实健壮的小顽童，面色红润，朝气蓬勃。可这一次完全不同了，他瘦得像一只猴子，精神也显得萎靡不振。

我详细地向表妹询问情况，才了解到小约翰生病的原因。原来，小约翰生性顽皮，他母亲为了让他听话，就经常用不许吃东西的办法来管教他。

有一次，小约翰和小伙伴们在外面玩了很久，天黑之后才回家，错过了吃晚饭的时间。由于太饿了，小约翰一进家门就直奔厨房，寻找他爱吃的东西。这时，他母亲凶狠地站在了他的面前。

“约翰，你要干什么？”母亲严厉地责问。

“我在找吃的。”约翰回答。

“你认为你还应该吃饭吗？你为什么这么晚才回来？”母亲很生气，“为什么不按我说的时间回家？你错过了吃饭的时间，因为你只想在外面玩，什么都不顾，所以今天你就不能吃饭。你活该要受这样的惩罚！”

我的表妹真的没有让儿子吃晚饭，不仅如此，作为惩罚的一部分，她还将约翰反锁在屋子里。

后来小约翰告诉我，那天他真是饿极了，恨不得把床单都吞下去。

第二天，约翰的母亲一早就给他送去了牛奶和可口的点心，可是，约翰一点儿也不想吃。以他的说法，“我早就饿过头了，现在一点儿饥饿感都没有了”。

自那以后，小约翰似乎失去了以前那种旺盛的食欲，每天只吃很少一点东西，有时甚至什么都不吃。每当这时，我的表妹就开始骂他，强迫他吃。越是这样，小约翰越吃不下东西。

我问他为什么不想吃东西，他告诉我，那天晚上他梦见了很多好吃的东西，正当他开始吃的时候，母亲忽然出现在他的面前。母亲的身边有一条很大的狼，它恶狠狠地盯着自己的食物，好像马上就要冲上去抢夺他的美味。后来，母亲还狠狠地打了他一顿，并让那条大灰狼咬了他一口。

约翰说，现在每当他想吃东西的时候，就会想起那条凶恶的大灰狼，所以他根本不敢吃东西，后来就慢慢变得不想吃东西了，看见吃的东西就觉得胃里不舒服。

看着小约翰面黄肌瘦的样子，我心中暗暗感到悲伤。我责备了表妹，就算孩子不听话，也不能用不许吃东西的办法来对待他，而应该用科学的教育方法来管教他。

后来，我们带小约翰去看了心理医生，费了很大的劲儿才治好了他的厌食症。

反过来，我们也不要把食物当作奖赏孩子的手段。有的父母喜欢对孩子说：如果你安静地坐着不捣乱，我就让你多吃一块巧克力；或者说，如果你这一周得到了老师的表彰，我就做牛排给你吃。这种把饮食作为奖励手段的做法，和惩罚孩子不许吃饭同样错误。

我认为，不管孩子有多大的错，仍然有很多别的方法来教育他，使他改正，采取不许孩子吃东西这种方法的父母真是太愚昧了。我们都知道，即使对待成年人也应该就事论事，何况是孩子呢？把食物当作赏罚手段控制孩子的做法，会让孩子形成错误的条件反射，会让他们对吃饭产生功利的观念。用这种愚蠢的教育方法来管教孩子，不但不能让他们变得更好，甚至还会影响他们在其他方面的健康成长。

在我们周围，很多孩子都有这样那样的缺点，有的自私，有的贪婪，有的阴郁……很多都是由于小时候未得到良好正确的教育所导致的。我如果用吃喝来奖惩女儿，她会以为以后的生活目的就是吃喝，或者反过来，她会把吃喝这种本来为自己的事情，当成为父母承担的义务。这样的结果是很可怕的，她会在不自觉中形成自私、狭隘、顽固的性格。

根据我的经验，如果我女儿因犯了某个错误而挨饿，这很容易会使她变得消沉，她会认为父母不爱他。一旦她有了这些错误的认识，在她的将来一定会产生更多错误的想法，这些想法将会成为父母和孩子之间交流的障碍，这种障碍一旦形成，两代人的鸿沟就变得不可逾越了，我绝对不愿意看到自己最心爱的女儿被这种不良影响所困扰。

PART 3
营养和食欲

我在喂养女儿维尼夫雷特时，始终抱着这样的原则：鼓励女儿自己进食，让她觉得吃东西是一件很重要和很愉快的事，也是一件她能够轻松完成的事。尤其在她很小的时候，如果她觉得用手指抓饭更灵活、更方便而采用抓着吃的话，我也不会训斥她。我不会因为样子难看，或者怕弄脏了衣服，对孩子吃饭的方式横加指责，而很多母亲却经常这样做。

我相信，只要给她足够的食物，她就不会挨饿。这并不是对孩子漠不关心，这是我在养育女儿过程中得出的经验，适用于所有的孩子。女儿喜欢先吃什么，或者把哪些食物放在一起吃，我都让她自由选择，只要她不挑食或过分贪吃，我都会尽量让整个进食过程轻松自由。我对她采用的办法是多提醒少训斥，逐步培养她良好的饮食习惯。

有的母亲在孩子吃饭的时候，总是不停地对孩子进行操控，比如，吃快一点，别磨蹭！别把嘴上的奶油往袖子上擦！别吃太多蛋糕，你会发胖的！再吃点儿沙拉，你吃得太少了！你怎么老是把叉子拿错？如此这般，孩子在餐桌上始终处于紧张状态，无所适从，结果本来的美食变得味同嚼蜡。

哈里斯·莱恩斯特在他的著作《关于大脑的营养》一书中这样写道："任何营养不足都会降低某些神经信息传递的水平，并会影响到多种相应的行为，产生负面的结果。同样，身体或精神的毛病可以通过调节相关传递因素而得到矫正，这可以通过对饮食做简单的改变而做到。"他在书中详细列举了损害大脑功能的各种营养不良的情况，特别说明了一种人体自身不能生产出来的多元不饱和脂肪——油酸缺乏时的情形："一匙玉米油足以满足一个成年人一整天的全部需要，我们不能轻视这一匙玉米油，因为它对正常大脑功能是至关重要的。没有这一匙玉米油，大脑就不能修复髓脂质鞘，结果可能会导致动作不协调、混乱，失去记忆、偏执、冷漠、发抖等现象。"在现实生活中，类似营养不足引起大脑功能降低或损伤的情况并不鲜见。所以，如果想要孩子的大脑能高效运行，胜任所有形式的脑力和体力劳动，对饮食的合理安排，就成了十分重要的事情。

现在有很多的父母只注重孩子的智力发展，但对于体力、脑力的发展似乎并不在乎。其实智力并不是从天上掉下来的，它是由人的脑力提供的，而脑力的好坏直接与健康和营养有关，因为脑力既包括精神的元素，也包括物质的元素。科学的饮食能供给大脑正常的营养，能帮助孩子提高智商，是孩子发展智力必不可少的物质基础。

婴儿的发育在头 3 个月最快，所以这一阶段的营养摄取比任何年龄段都重要。除了像前面所说的那样及时给她喂母乳，我还用牛奶和羊奶作为补充，并用各种杂粮做成代乳品喂她。我甚至还喂她一些果汁和菜汁，如橙子汁、西红柿汁、胡萝卜汁、菠菜汁等。4 ~ 6 个月，我开始喂她香蕉泥、苹果泥、土豆泥、胡萝卜泥、蛋黄泥、鱼肉糊、蔬菜糊等。7 ~ 12 个月，我特别为她做了青菜末、牛肉末、鸡肉粥，还经常喂她一些鸡汤和骨头汤等。我发现她在吃这些东西时，似乎比吃奶还高兴。

在维尼夫雷特 1 周岁之后，我便开始给她逐渐断奶。起初，我主要给她喂牛奶，并且在每天的正餐之间定时喂一些辅助食物，如肉末、蛋糕、果菜等。这个时候的孩子主要营养来源已经不是母乳，而是从日常的食品中摄取。所以，我更加注意食物的调配，保证足够的营养供给。在女儿 2 岁时，主要食物的原料已经变成菜、肉、鱼、蛋、豆之类，并辅之以面包、薯类等主食。那时候，小维尼夫雷特非常不喜欢吃蔬菜，经过仔细观察和细心体会，我发现她不喜欢吃的原因，是由于蔬菜纤维长，味道口感不好。所以我就尽量把菜肴做得精细一点，让她能够愉快容易地接受。

进入 3 岁以后，各种类型的营养对女儿都变得极其重要，除了那些基本的营养食物，我还十分重视特殊营养的补充，因为特殊的营养能提供孩子成长必需的重要能量，如果脂肪吃得过少，就会导致热能不足，那么我们只能依靠糖类来补充。但是这种补充要适量，因为过多地吃甜食会引起孩子食欲不振、蛀牙等不良后果。

此外，我开始注意女儿的饮食规律，一般是每日三餐之间加一点儿不影响正餐的辅助食品，让她全面地摄取各种营养。到了 5 岁，维尼夫雷特的饮食要求基本上已经接近成人，因此就让她吃各种成人的食物，但很少让她吃刺激性强的东西。在那个阶段，我为她安排了各种花色品种的食物，注意粗和细的搭配、荤和素的搭配。

如果女儿吃饭时偶尔说说话，我一般不会制止她，除非她做得太出格。如果孩子吃饭时特别爱说话，边吃边说还加上手舞足蹈，不仅吃得慢，还分散注意力，长期如此，会给孩子的身心发育带来不利影响。如果女儿出现这种情况，我会及时加以引导，以适当的方式干预她，但从不呵斥她，严厉的责备会影响她的情绪。我会劝她少说，而不是完全不准说。如果完全不准她说话，那么整个进餐过程就会变得死气沉沉，而且还会影响她的表达能力。

食欲对于人来说是非常重要的，孩子食欲旺盛固然是一件好事，但食欲太强却未必值得高兴，贪吃的孩子肯定有问题。所以，孩子的食欲是孩子身心健康与否的一个重要指标，调理好他们的饮食对他们的成长极为重要。

小维尼夫雷特也有贪吃的时候，每当她在不适当的时候想吃东西时，我会用一些激励的办法使她克制忍耐，或者分散她的注意力，让贪吃的劲头消失，减少食物对她的诱惑。吃是天性，孩子偶尔嘴馋，也是难免的事，关键是父母要能够正确引导。

我认为，孩子的饮食方式是多种多样的，作为父母应该充分考虑一下孩子的年龄、体质、偏爱等方面的因素，认真选择适合于孩子的方式，适度控制，循序渐进地帮助孩子建立起健康的饮食习惯。

PART 4

餐桌上的学问

在孩子的喂养方面，很多父母都有过误区。我的一个校友阿曼达，她的祖辈是亚洲移民，她们家的孩子在小时候多数是大人喂饭，她自己小时候也是这样。当她有了孩子之后，也同样沿袭这样的方式。她告诉我说，小孩子自己吃饭太慢，而且会把食物洒落在桌上或者地上，喂他吃饭更加省时省心。我多次劝告，她仍然我行我素。

结果，他的孩子到了 3 岁的时候，还不会自己吃饭，与此相应的，连刷牙、洗脸、起床、穿衣这样的事情都要母亲帮忙。阿曼达说她很累，我告诉她，如果不改变方式，将来你会更累。

终于，她把孩子送到了幼儿园，可是她总是不放心，开学第一天，她一直守在那里，生怕孩子出什么差错。游戏时间到了，老师领着孩子们在草坪上玩耍，他的儿子奈尔也跟在后面。奈尔不小心倒退两步，跌倒了，阿曼达赶紧冲上去要扶起来。老师严肃地制止了她，然后面带微笑地向孩子招手，示意他自己爬起来。后来奈尔又跌倒几次，终于忍不住大哭起来，可是“狠心”的老师就是不拉他，始终在一旁看着他，鼓励他自己站起来。

到了午餐的时间，老师领着孩子们来到餐厅。只见一排排可爱的矮桌子、小板凳整齐地排列着。孩子们随意地坐下后，老师开始分盘子。每个盘子里都有一份食物，稍大些的孩子已经学会了用勺子就餐，小些的孩子就直接用手抓着吃。

这让平时由妈妈喂饭的奈尔有些茫然，他一个人呆呆地站着，看看这儿，又看看那儿。于是老师就抱他到凳子上，告诉他要自己吃。可是奈尔不会吃，只是可怜地坐在那里。老师不断地鼓励他，启发孩子自己进食。尽管奈尔一次次要求老师喂他吃饭，但老师始终没有妥协。午餐时间结束，奈尔一口都没吃的食物被全部收回去了。

面对此情此景，阿曼达的心非常难受。在老师办公室，阿曼达含着眼泪，质问老师为什么这样做。老师微笑着回答道："我们不应该喂孩子吃饭，孩子若是饥饿，就会自己吃饭。对于孩子不会做的事情，我们在必要的时候给予语言上的鼓励，或者在行动上给予指点，但我们不应该代替他做他可以做的事情。过多地帮助孩子，看起来是爱他，实际上是在压抑他的能动性。"这里我们可以看到，妈妈不适当的爱，最终带给孩子的是生存的危机，是生存能力的萎缩。

关于吃饭我还发现了另外一些问题。有的孩子因为起初的喂养不当，导致食欲下降。为了让孩子多吃，父母总是千方百计强迫他们吃东西，有的甚至用凶狠的语言相威胁，有的不惜用买玩具之类的承诺引诱孩子进食，父母恨不得自己代替孩子把饭吃完。这样做的结果，只能让孩子对吃饭越来越讨厌。

我经常碰到这样的母亲，她们因为孩子的厌食苦恼不已，于是我就给她们介绍河马的喂养方法。

据说，有经验的河马饲养员从来不给年幼的小河马喂过多的食物，而是让它们经常处在半饥饿的状态。那些年轻的饲养员听了这话，十分纳闷，心想，世上怎么会有这种道理？为了让动物长大，竟然不让它吃饱！新饲养员开始都不会听老饲养员的话，他们会暗地里拼命给小河马喂料。结果是，新手喂养的河马，体重增加速度远远低于正常标准。而老饲养员喂的小河马，却长得飞快。

这其中的原因是什么呢？其实秘密很简单：你把超量的食物放在河马的面前，你的河马会把食物看成一种负担，而且，因为食物太多，河马就不会珍惜。如果让它们处在食物稍稍欠缺的状态，河马就会有一种食物危机感，它们的胃口就格外好，结果反而长得更快。

喂孩子和喂河马道理是相通的，孩子不喜欢吃饭，除了母亲要想办法把饮食做得更加可口之外，还要让孩子始终处于稍微欠缺的状态，而不是把尽量多的食物堆在他面前，那样做只会使结果背道而驰。

很多孩子都会偏食、挑食。但是，仔细观察就会发现，一个人偏食、挑食的坏习惯多是幼儿时期家长喂养不当造成的。孩子长大喜欢吃什么，与他们小时候吃过什么有关系。要想孩子长大不挑食，在给他们添加主食的初期，就要把各种食物有序地安排在一日三餐中，让孩子还不知道挑选的时候，接受它们，习惯它们，让他们的味蕾记住并喜欢这些食物。如果孩子已经挑食，当幼儿一个劲儿地只吃某种食物而对其他食物不屑一顾时，家长可以尝试把那种专爱的食物收起来。餐桌上对孩子的迁就，不仅会影响孩子摄入全面、充分的营养，而且会使孩子养成任性、自私、难以自控的性格。

维尼夫雷特起初也有挑食的毛病，后来我们通过讲道理，通过告诉她营养方面的知识，逐渐有所改善。我们对她说，人要尊重食物，爱惜食物，不要说什么好吃，什么不好吃。在这个过程中，我们慢慢让维尼夫雷特知道，食物是生活中最重要的东西，它们的价值远胜于钻石和黄金。这种价值观，不仅让孩子从小能够辨明是非，而且懂得生命中的正确取舍。

其实餐桌也是课堂，在这里不只是吃饭，还能让孩子学习很多东西。

当维尼夫雷特懂事之后，我们就告诉她，吃饭的时候不要发出声音，有父母和长辈一起进餐，应该等他们开始了，自己再开始用餐。不要把饭粒洒在桌子上，也不要把汤水洒在别人和自己身上。吃完饭之后，要和同桌的人打一声招呼，不能悄无声息就离开餐桌。

当她长到五六岁的时候，我们就让她帮忙做事，餐前摆放餐具，餐后帮忙收拾碗和盘子，并且擦洗餐桌。起初我们担心她不愿意做，没想到她很高兴。其实，这样一方面可以减轻家长的负担，另一方面也锻炼了孩子的生活自理能力。

通过餐桌上的教育，我们还让维尼夫雷特开始有了爱护环境的意识。在我们家，从来不食用珍稀的动物，而且也不浪费食物。每次外出郊游前，我们就指导她自制饮料，尽量少买现成食品。当维尼夫雷特帮我洗菜的时候，我就要求她节约用水，并告诉她水在大自然中的循环过程和重要意义。

当然，和用餐相联系的，我们还经常给女儿讲述粮食种植方面的知识，介绍各种蔬菜的营养成分、生长季节、培育方法……就这样，在厨房和餐桌之间，无形之中让女儿的知识视野得到了扩展。

说到餐桌上的问题，我必须提醒一些父母，千万不要将餐桌变成训斥孩子的场所。不少父母为了节省时间，或者只是随心所欲，每当坐上餐桌之后，就开始挑剔、教训孩子。从孩子的吃相开始，直到一些鸡毛蒜皮的各种琐事，通通搬上餐桌，似乎想在吃饭的这一会儿时间，把孩子的一切过错都全部纠正过来。结果，吃饭成了孩子的苦役，餐桌成了孩子心灵的监狱。

很多父母在餐桌上训斥完孩子后，还要强迫孩子把碗里的饭菜吃完。根据医学上的研究证明，人的情绪与胃酸分泌及胃的消化作用密切相关，情绪低落时进食，不仅不利于孩子身体健康，而且还会对孩子造成心灵伤害。据我所知，有的孩子因为经常在吃饭时被父母训斥，逐渐对吃饭产生强烈恐惧，一想到吃饭就开始胃疼，开始对事物产生厌恶感。

父母要把餐桌变成亲子快乐沟通的平台，变成一家人享受生活和表达彼此关爱的平台。让孩子愉快地进餐，难道不是一种良好的教育吗？

有的父母还经常把自己生活或者工作中的烦恼带上饭桌，不是埋怨就是责骂，要不就是无缘无故地生气、发脾气，在这样的家庭里，纵然顿顿是山珍海味，哪里会有胃口进食呢？在这样的环境长大的孩子，怎么会有快乐的心情呢？

我的朋友赫舍尔，每次进餐之前就和孩子们一起静思和感恩，我觉得这是很好的做法。让我们把烦恼暂时放下，让宁静与喜悦充满我们的身心。让我们回归到“吃饭就是吃饭”的本来状态，回归到人与人、人与自然的和谐之中。我们感悟到对大自然的热爱，对他人劳动的尊重，对食物的珍惜，对宇宙最高力量的赞美。亲切的农夫，谢谢您！亲爱的太阳，谢谢您！亲切的雨，亲切的大地，谢谢美味的米！太阳的光芒，大地的恩泽，忘不了你们的恩赐……在这样的感激中开始进餐，那一定是不一样的神奇感受吧！

母亲课堂
MOTHER CLASS

第三课

感受美妙的世界

如果你的孩子频繁地吃手指，把所有能抓着的东西都送到嘴里，有时还无缘无故地咬人，或者打开所有的食品，吃一口就扔掉，喜欢发出奇怪的声音，趁你不注意就把脚踩到水里，将一些图画撕得粉碎……如果出现了这样的行为，你不要吃惊，也不要恼怒，那是他们在和这个世界交流，他们在感受这个世界。成人很害怕这些，成人最喜欢说："不要动""安静下来""小心"……其实，不让儿童行动，就等于不让儿童思考，不让儿童正常成长。

负责任的父母，应该理解孩子的这些举动，然后有意识地帮助孩子认识这个世界。孩子出生之后，他们最先对世界的感受都是来自他们的五官，耳朵倾听声音，眼睛辨别色彩，鼻子体验五味……这些感受直接影响着他们对这个新颖世界的最初印象。所以，我十分重视对孩子五官的训练，我对维尼夫雷特的教育，就是从训练她的五官开始的。

千万不要认为，五官就长在身上，任其自由发展也没有关系，其实不然。我认为，人的一切能力，如果不去开发并加以训练，就永远也不会得到发展。听觉、视觉、味觉、触觉，是人类感知外部世界的生理基础，充分刺激孩子的感觉器官，能够促使大脑的各部分积极活动。如果孩子大脑的各个功能区都发挥出最大效能，那么，他们就会成为能力非凡的人。

PART 1
孩子听见了什么

依照我的经验，发展孩子的五官从听力开始效果特别好。

婴儿的听力发育比视力发育更早，其实，当他们还在母腹中孕育的时候，就已经能够听到声音了。如果父母没有进行有效的胎教，那孩子就可能只听到心跳的声音；如果进行过有效的胎教，让优美的音乐进入孩子的世界，那么他们的听力就会得到更早的发展。

为此，在女儿尚未出生时，我就经常给她唱动听的歌曲，而且很早的时候就给她取了名字，时常亲切地呼唤她，和未出生的她说话。我每天多次呼喊着腹中胎儿："小维尼，小维尼，你听见妈妈在叫你吧？"我想，她一定是能够听见的，有时她会轻轻动弹一下，说明她真的知道我在叫她。

不少父母都有过这样的经历，尖利的声音会使孩子受到惊吓，声音越尖锐，孩子的反应就越强烈。当我发现女儿有这样的反应时，就知道她已经有了足够的听觉感受力，于是就不失时机地对她进行训练。

维尼夫雷特很小的时候就讨厌刺耳的噪声，她喜欢有节奏、有韵律的声音，如乐曲、有节奏的鼓声和时钟的"嘀嗒"声，因此，从她有了这种感受开始，我就有意识地用音乐和诗歌来开发她的智力和潜能。

可以说，小维尼夫雷特的幼年时光完全是在音乐中度过的。我自己爱好音乐，经常在家里唱歌弹琴，每当女儿听到悦耳的琴声，就会流露出激动的神情。

有一天，我在练习贝多芬的《致爱丽斯》，当时小维尼夫雷特在另一个房间的床上玩耍，然而我的琴声还是给她带来了影响。我弹完琴去隔壁房间看望女儿，还未进门，就听见她在"咿咿呀呀"地哼着曲子。于是，我在门口停留了一会儿，仔细听她在“咿呀”什么。令我兴奋的是，她哼着的居然是《致爱丽斯》刚开始的几个乐句。虽然不准确，但大致是正确的，而且那种感觉也像模像样。

当时我感动极了，我的女儿居然懂得欣赏贝多芬的音乐！那几天，我反复弹奏《致爱丽斯》开头的几个段落，为了给女儿加深印象。

我的工作没有白费，不久，小维尼夫雷特就能将那几个乐段完整地模仿出来，不仅音准，而且旋律和节奏也完全正确。要知道，那时维尼夫雷特还只是1周岁大的孩子！

经过一段时间的训练，女儿在脑海中竟然记下了许多乐曲。我不仅弹琴给她听，还经常让她听经典乐曲的唱片。我发现，她对不同风格的音乐会有不同的反应，当听到巴赫的音乐时，她平静而愉快；听到莫扎特的小夜曲，她会显得轻松而高兴；听到贝多芬的音乐时，她会表现得特别激动和兴奋；当听到舒伯特的《摇篮曲》时，她会安静地进入梦乡。

我不仅让她听不同的音乐，还让她随意玩弄乐器。当她用小手拨弄钢琴的白键和黑键时，会“咯咯”地笑出声来。当小提琴的琴弦在她的手指尖划过并发出参差错落的声音时，她显得那样欢快。每逢女儿不高兴或哭闹时，我就会把她抱到钢琴前，或者由我弹几个音给她听，或者让她自己去弄响它。琴声一响，不管她哭得有多厉害，都会立刻平静下来。有时我不想让琴声给她太多的刺激，就把她抱开，这时她反而会大声哭起来。

为了使女儿对“音”有一个基本的概念，我特地在钢琴C大调的位置，用红、橙、黄、绿、青、蓝、紫7种颜色的纸条分别贴在七个基本音的琴键上，并且给它们起名为红音、橙音、黄音等。我每天都会把女儿抱到钢琴前，敲响这些琴键给她听。听过之后，我还会给她编织一些与这些颜色和声音有关的故事，讲给她听。自始至终，我都在心里告诉自己：她是理解我的。结果验证了我的信念：此后不久，女儿就能把这些基本音准确地区分开了。

到维尼夫雷特能说话时，我就告诉她这些颜色分别代表了什么音。

我常常考她："红色的是什么音，黄色的是什么音？"女儿总能迅速回答："红色是 do，黄色是 mi。"

我让维尼夫雷特从 3 岁起就开始学琴，专门为她请了一位音乐教师，她很快就将《致爱丽斯》的大部分学完，除了特别难的地方，几乎可以一气呵成。几节课下来，音乐老师非常好奇地对我说："太不可思议了！你的女儿如果仅仅有音乐的感觉，那也不足为奇，因为你本人就喜欢音乐，她受影响也是能够理解的。但是，她的音准概念太好了，而且把标准音记得那么牢，你要知道，让学音乐的人具有标准音的概念，是要花很多时间来训练的。"

老师感到惊奇，但我不，因为我知道，这是与她在摇篮中的"学习"分不开的。我告诉了老师，我曾经怎样对女儿进行训练。听了我的方法后，他非常感叹："如果所有学音乐的孩子都能在婴儿时期得到这样的训练，那么在后来的音乐学习中，一定会觉得格外轻松。这样的话，我们不知还会拥有多少天才音乐家呀！"

在女儿婴儿时期，我不仅让她听音乐，还和她说话。其实，正如前面所说，这一工作在她还没出生时就开始了。我认为，孩子来到这个世界后，父母应该尽早和他们交流。根据我的观察，女儿最爱听我对她说话的声音。

我经常发现这样的情况，每逢女儿啼哭，只要我走到她身旁，开始对她说话，她就会立刻停止哭泣。她平躺着时，并没有想让我爱抚她。但是，当她听到我的声音后，就会扭动起来，表现出渴望我爱抚的样子。有时候，我说话之前她还在蹬腿，一听到我的声音就会马上平静下来。

我认为，婴儿确实需要很长一段时间才能听懂父母的语言，但是自从他们来到人世，就会对父母的话语作出各种反应，我对此深有体会。当我温柔地对女儿讲话时，她就十分愉快；如果我大声呵斥，她就会不停地哭闹。因此，我奉劝那些年轻的父母，一定要尽早和孩子说话，用温柔的声音，用优美的语调。

初生的婴儿除了会哭之外，还会发出一些别的声音，虽然那些声音并不是有意发出来的，但这的确是他们身体表现出的正常思维活动，这些声音传达着一些信息，或许是吃饭后高兴的“咯咯”声，或者是哭泣前发出的“呜呜”声。

女儿6周时就能够对我的微笑和说话的声音产生回应，2个月时，她不光会微笑，还能发出一些自己独特的语言信号，这时，我总是抓住时机与她讲话。我发现，如果照顾孩子的人不爱说话，不去理会孩子咿咿呀呀的话语，那么这个孩子说话的机会就会大大减少，而且还会影响他们将来的交际能力，有一些还会因此形成自闭，这是非常值得重视的。

孩子并非与大人交流时他们才说话，有很多时候他们会自言自语。这时候，我们就要顺应他们的情绪，及时和他们进行语言沟通。不要以为他们什么都不懂，不要对他们置之不理，抓住这个关键时期跟孩子聊天，就会使他们的注意力、理解力和听觉感受力更上一层楼。

我除了和女儿说话，还经常用轻柔的声音为她朗读诗歌，因为诗歌在很多地方和音乐有相通的作用，它们不仅是一种声音，还包含有意义。事实证明，给女儿朗读诗歌非常有效，她刚满1岁时就能背诵维吉尔的某些诗句了。她每天晚上都像祷告似的背诵那些诗句，因为喜欢，很快就背得滚瓜烂熟。

孩子刚开始并不能理解诗歌的意义，但是随着年龄的增长，随着阅读面的扩大，他们慢慢会理解其中的意蕴，到那时候，当初对他们的投入就会得到双重的收益。

PART 2

色彩斑斓的世界

有些人错误地认为，婴儿的眼睛是一种摆设，根本看不见东西。其实，婴儿只要睁开眼睛，就能看见眼前的事物。很多父母都有这样的经历：婴儿醒的时候都是呆呆地看着窗帘或者天花板。这不是孩子不能看东西，而是没有新奇的东西可看。

有一次，我看见小维尼夫雷特又在呆呆地盯着天花板，眼里一片茫然，样子显得有些傻气。我走过去逗她："怎么啦，小维尼？"但她还是没有反应。我很奇怪，女儿今天怎么这么迟钝，是不是生病了？当时我手里正好拿着一本红色封面的书，恰巧在她的眼前晃了一下。突然，我发现她露出了笑容，并且使劲儿挥舞着小手，不停地蹬腿。我这才明白，女儿喜欢看鲜艳悦目的东西。

那一天，我去外面买回许多颜色鲜艳的物品：漂亮的图画、颜色丰富的布娃娃，并且特地把窗帘换成了绿黄相间的花布。为了锻炼女儿的观察能力，我在她房间的四面墙上挂了各种美丽的图片，有名画的临摹品，还有漂亮的风景装饰画。

在孩子成长中，图画的功效是非常明显的，如果一个母亲懂得用色彩和图画对孩子进行熏陶，这个孩子一定是非常幸运的。由于我很早就认识到图画对孩子教育的重要作用，在女儿还不懂事时，就有意识地找来许多风景和静物图画给她看。我还让她阅读有漂亮插图的小人书，并大声把简单的故事读给她听。每当此时，小维尼夫雷特总是兴趣十足地看着，安静地听着。我想，孩子尽管什么都还不懂，但她已对母亲的声音和图画的颜色开始热切关注了。

在维尼夫雷特稍大一些后，我不仅给她看更多的图画，还给她买来了颜料、画笔和纸张，开始教她画一些简单的图案。有趣的是，那时她还不会拿笔，可能是她的手太小，根本无力握住画笔，但她仍旧表现出对画画的极大兴趣。

有时候，她看着一大堆花花绿绿的颜料，激动得手舞足蹈，但不知该怎样去支配它们，于是就急得大声叫喊，那副样子真是太可爱了。一次，我索性把各种颜料都给她挤在调色板上，让她自由自在地玩，我想知道，她会怎样对待眼前的一切。

我帮她做好准备工作后，就故意出去了。当我再次走进女儿的房间时，眼前的情形令人哭笑不得。小维尼夫雷特显得高兴极了，但却把自己弄得一塌糊涂。只见她满脸都是颜色，本来洁白的连衣裙也成了花衣裙，连地板上都到处是颜料。

我想，如果是换了别的父母，也许立刻就发火了。但我没有这样，因为脸和手脏了可以洗干净，床单弄脏了可以再换，但如果女儿在我的呵斥下失去了玩耍的乐趣，失去了对色彩的感觉，那就是再也无法挽回的事情。

“哎，维尼夫雷特，你看你把房间搞得多脏啊！”虽然我这样说，但语气是温和的。她看着我，没有理睬，而是示意我向一个地方看去。

我看见了。在房间角落的一处墙壁上，有一片淡黄色的色块，我走近去仔细看了又看，原来是一只小鸭子——我想应该是一只鸭子。当时我真有些激动，无论是有意还是无意，女儿终究在墙上画了她的第一幅画。我赞美了她，她很高兴，虽然我们的交流还是模糊的，不明确的，但是我很真诚，而女儿也似乎明白妈妈的意思。

由于女儿“初战告捷”，我决定开始教她使用画笔。我把笔放在她的手中，耐心地教她怎样拿笔，怎样运笔。经过多次的努力，女儿终于能够把画笔牢牢地握住。最后，女儿就不再用手去涂抹颜料，而开始真正地用笔“作画”了。

为了培养女儿的色彩感觉，我不仅给她颜料，还为她买来了色谱。日子一长，女儿居然能记住各种颜色，不仅是基本的红、黄、蓝、橙色，还能说出不同灰度的色彩名称。

直到今天，维尼夫雷特一谈到色彩，还会说出一些专业的术语。一般说来，除非受过专业训练，人们通常只会说“那是红色，那是橘黄色”，或者“那是灰色”，而维尼夫雷特从小就会说：“哦，那是紫红，那是普鲁士蓝，那种灰色有点偏黄，哦，那块黄色有点偏绿……”她后来虽然没有成为画家，但她对色彩的认识却超过一般人，我相信，她对世界的印象也一定和别人有所不同。

维尼夫雷特曾经对我说：“妈妈，我真幸福，因为我能看到自然界中美丽的色彩。不仅是天空和鲜花，我还能在别人不经意的地方看到色彩的细微变化。看那张旧桌子，它的色彩多么复杂啊！简直是紫灰色和蓝灰色组成的色彩乐章……”

维尼夫雷特一开始走路，我就经常带她出去散步，并让她观察大自然中的各种色彩，其实，这时的她已经是一个小色彩专家了，她对颜色的认识甚至比我还要强出许多。她观察天空的颜色、原野的颜色、森林的颜色、海水的颜色、建筑物的颜色以及人们服饰的颜色，她时而陶醉在自然界的美丽之中，时而又对周围的各种色彩欣喜若狂。

“妈妈，你看那片天空，上边是深蓝色，左边有点湖蓝的味道，右边在向钴蓝过度了。快看，快看，接近地平线的地方慢慢向紫灰和蓝灰过度……还有那座教堂，色彩真是太美了……”

每当这种时候，我都积极参与她的观察和评论，有时还会和她发生一些小小的“争论”，但更多的时候还是快乐和开心。因为我知道，女儿正沉浸在欣赏周围事物的喜悦之中。

这种对身边色彩的体验，不仅让维尼夫雷特得到了美的享受，更重要的是让她形成了敏锐的观察力，建立了一种独特的视觉感受力。这种善于观察的习惯和能力，非常有利于她的智力发展和内在潜力的开发，并对她未来的工作和生活带来了良好的影响。

PART 3

观察和记忆的训练

除了用色彩来培养女儿的观察力，我还有意识地培养她对事物的注意力。我认为，只有让孩子从小养成专注的习惯，他们长大成人后才能对自己的事业全身心投入，而不被其他事情干扰分心。而且，养成了专心致志的习惯，她的记忆力和自我控制能力也会有所提高。对一个人来说，这是极为重要和必需的素质。

在维尼夫雷特小的时候，我经常和她玩一种叫“注意看”的游戏。这种游戏不仅能让女儿产生很大的兴趣，也能激起她的好胜心。我经常突然抓起五六根彩色发带在她眼前一晃，然后问她：“几根？”

刚开始，我的手晃得比较慢，让她有足够的时间去注意它们，后来，速度逐渐加快，到最后，这个动作在眨眼间就完成了。由于我对她进行了循序渐进的训练，起初她的判断还不太准确，但是到了后来，十有八九都能说对。

这种游戏，开始只是我玩给她看，后来就变成了我和她俩的共同活动。我考她一次，她考我一次，谁说对了，就由谁来当“考官”。最初，她输的时候比较多，可到了后来，输的便总是我了。每当这时，我的童心就大发，并开始责怪自己的母亲，为什么在我小时候她没有这样训练我呢？否则的话，我也不会输给女儿了。

有一次，我手中拿着 8 根发带，由于数量较多，开始女儿总是说不对，她着急得几乎要哭了。

“维尼夫雷特，我看今天放弃吧。”我对女儿说。

“不，妈妈，请您再来一次。”维尼夫雷特坚决要再试一次。

为了不让女儿失去信心，我故意把速度放慢了一些。

"不，太慢了，我能看出 8 根发带，这么慢谁都能看清。你换个数目，还是要像开头那么快。"维尼夫雷特一下就识破了我的用心，并要求不能降低难度。

没办法，我只能照她说的去做。这次发带变成了 7 根，仍旧保持最初的快速。第一次，女儿没说对；第二次，她说没有看清楚，并要求再来一次；第三次，仍然没说对。

"算了，维尼夫雷特，数目太多，我看这也太难了吧！"我劝女儿停下来，"恐怕连妈妈也说不对。"

"不，再试试。"

就这样，我们一次一次地玩下去，每次我都变换发带的数目。到了第 18 次，女儿终于说对了。我肯定她不是瞎猜的，因为我从她的神态中看到了抑制不住的喜悦。

轮到女儿来考我了，几次下来，就把我弄得晕头转向，我只好认输。

这种"注意看"的游戏还有很多种形式。比如，我给女儿一个有各种图案的小花瓶，让她看 1 分钟，然后叫她说出花瓶上有几朵花或几条鱼。还可以让女儿看一串数字，然后让她复述出来。这样的训练不仅培养她的注意力，而且还增强了她的记忆力和逻辑思维能力，在记忆数字的过程中，她学会了寻找规律。

有时，我有意还把她带到一个房间，仔细观察房间中的物品，然后带她出来，让她告诉我里面有一些什么东西，以及各自的位置。之后我会悄悄把房间中的某件东西拿走，或者是在房间中摆放一个新的物品。然后我再次把她带到那个房间，让她说出其中的变化。比如，她会说，"少了一个水杯"，或者是，"多了一把椅子……"

有一次，像往常一样，我和女儿一同走进厨房，并让她观察里面的物品和摆设方式。然后，我让她离开一会儿。不久，我又让她回到了厨房。

我站在门外，让她独自进去，并问她："这回有什么变化呢？"

"唉，有些奇怪……"女儿东看看西瞧瞧，似乎在想着什么。"没有什么变化呀！"女儿对我说。

“不，肯定有变化，你再想想。”我笑着对她说。

的确，她离开厨房后，我并没有挪动厨房里的任何东西。但又确实有变化，就看女儿能不能意识到。由于我肯定地告诉女儿说有变化，她就更加仔细地观察起来。

她在里面凝神观察思考，但还是没有发现任何变化。看她那一脸疑惑困扰的样子，我在门外忍不住笑了。

“你笑什么，妈妈？确实没有变化，你在捉弄我。”女儿不高兴了。

“不，确实有变化。”我对女儿说，“再好好看看，好好想想……好吧，我提示你一下，厨房里少了一样东西。”

我靠在厨房的门框上，冲她笑着。维尼夫雷特突然意识到了什么。她仔细看了看我，叫道：“哦！妈妈，你真坏！”女儿大叫道，“好啊，你敢耍我，原来厨房里少了个大坏蛋！”

女儿这时完全明白了，厨房中的东西什么也没有变化，只是少了我。因为第一次进厨房时，我是和她一块儿进去的，可第二次我没有进去，始终站在门外。

这个游戏可以开拓她的发散性思维，就是不要被一种思维定式所束缚。她能够将注意力由物品转移到人，说明她的思维没有被既定的要求所界定。

我平时就是这样和女儿一起游戏，一方面训练她的观察力，另一方面训练她的反应能力。

有了很强的注意力和观察力，女儿的记忆就得到了很快的发展。到后来，只要她见过的东西都记得非常清楚。

每当我和女儿经过某个地方，过后我就会要求女儿把刚才随意见到的东西说出来。比如，当我们经过水果店后，我就会问她，水果摊上都有些什么水果？每当这时，她就会扳着手指说：“有苹果、梨子、茄瓜，还有葡萄……”

我发现，这类游戏对提高女儿的记忆力十分有效。维尼夫雷特 5 岁时，几乎能做到任何事物都过目不忘。只要她读过的书，除了太难太长的篇幅，一般她都能一字不错地背下来。这常常让周围的人感到万分惊讶。

有一天，我家来了一位客人，他是我以前的同学，现在是一位著名的儿童教育专家，我叫他“大胡子比利”，因为我们这些同学都是这样叫他的。在女儿 2 岁的时候，大胡子比利曾经见过女儿，现在已经有 3 年没有见面了。由于女儿很可爱，特别讨人喜欢，大胡子比利一进门就把她抱了起来。

“哦，先生，您的胡子怎么不见了？”维尼夫雷特一开口就问他。

虽然比利有“大胡子”的绰号，但在一年前由于皮肤发炎，他早剃掉了胡子，后来再也不留胡子了。他非常奇怪地问女儿：“唉，你怎么知道我曾有胡子？”

“我当然知道的，我小时候见过您，那时可把我吓坏了。”小维尼夫雷特非常调皮地对他说。

“斯特娜，你的女儿可真是了不得！”比利对我说，“我记得 3 年前我只是很短暂地和她见了一面，而且那时她似乎还不懂事，没想到她居然还记得我那时的样子。”

大胡子比利对我说，他见过很多孩子，但从来没有见到观察力和记忆力有这么好的孩子。他还问我，是不是女儿天生就有这种才能。

当我给他讲述了我对女儿的训练方法后，大胡子比利非常吃惊。他决定把这种方法应用到他对儿童的教育上，并向他的同行们介绍推广。

PART 4

实物就是形容词

我那可爱的小家伙，从很小的时候起，就能运用恰当的词语来表达自己的感受。在这里，我要介绍的是，父母如何通过有效的方法培养孩子的身体感觉能力，并且在这一过程中，使孩子逐渐学会一些有意义的词汇。

小维尼夫雷特出生 6 周时，我就给她买了各种颜色的气球，并把这些气球用彩色丝线轻轻系在她的手腕上，她一动，气球就会随着手的运动上下飘浮。看着她那可爱的样子，我心中的欢喜难以用语言表达。这时，我会温柔地对她说："这是气球，它又圆，又轻。这一只是红色的，那一只是绿色的……"我想用这种亲身感受的方式，让她体会到红、绿、圆、轻这些概念和这些形容词。

有时我还会让她去摸一摸坚硬的木块、石子，握一握柔软的毛巾、毛衣、橡皮、长毛绒玩具，接触冷水、温水，还有粗糙的刷子、梳子，也经常摸触我的脸颊、头发、手指等。在促进孩子触觉的同时，用简单的词汇描述这些东西，比如："这是热水，温暖，这是妈妈的头发，光滑的头发……"我想，这些东西一定会对女儿体验物体的质感有所帮助吧！在孩子吃东西的时候，我有意教给她品尝不同的味道，如甜粥、咸汤、酸橘汁等，并让她说出对这些味道的感受。

实际上，这不仅是游戏，也是最好的学习。很多父母不理解"学习"这个词的真实含义，他们总是把上课、写作业、看书当成是学习，其实，对孩子来说，生活中的所有活动都是学习。只要父母能够用恰当的方式对孩子进行引导，在任何时间或空间，在任何活动和环境中，孩子都能得到有益的知识，这就是最好的学习。

在成长的初期，只要是女儿感兴趣的东西，我都会尽力满足她，除非某些东西对她有害。我对女儿进行这样的教育，绝不强迫她去做什么，因为孩子是活动的主体，她有自己的愿望和要求，我必须在很自然的情况下去启发诱导。我发现，由于实行了这样随时随地的教育，女儿总是有事可干，她的生活总是被有益的事物所充实。

我的邻居卡丽特夫人曾对我说，她的小儿子整天啼哭，要么无精打采，要么就吮自己的手指，她担心儿子是否生病了，多次请医生来看，都没有什么效果。每当她看到我女儿神气活现的样子，就十分羡慕，并向我请教是怎样做到这样的。

有一次，我去卡丽特家看望她的儿子。当我走到孩子身边时，他竟然毫无反应，只是呆呆地望着远处，而且不停地吸吮手指。当我试图去抱他时，他突然像受了惊吓似的放声大哭起来。

“你平时有没有让孩子玩玩具？或者经常和他一起做些简单的游戏？”我问卡丽特。

“什么？这么小的孩子也要玩具吗？”卡丽特不解地问。

“当然，我看你儿子整天没精神，就是因为生活太单调了，你不要小看了孩子，别以为他在摇篮里就不需要任何娱乐。你应该为他准备一些能引起他兴趣的东西。”我对卡丽特说，并向她介绍了维尼夫雷特平时的生活情形。我告诉卡丽特，“那些有趣的东西，不仅可以让孩子心情愉快，更重要的是，它们可以促进孩子发展思考观察的能力，并开启他的智力。”

“什么，这么小的孩子能观察思考吗？”卡丽特更加觉得诧异了。其实很多父母都有相似的疑问，他们以为只有孩子很大了，才谈得上思考，才需要开发智力，而且，很多人还有个很荒谬的观点，觉得开发智力会使孩子受累。

“当然，我从维尼夫雷特出生那天起就开始培养和教育她了。你看她现在那么愉快，那么有精神，都是这种教育的结果。”我详细地给卡丽特介绍了我的方法。

没过多久，卡丽特兴奋地跑到我家对我说：“太神奇了，现在我儿子似乎每天都开心极了，再也不像以前那样无精打采……他好像还时常想和我说话，我感到他想表达什么。”

“这就对了，那你就和他谈话吧！说你想说的话，像对一个大人那样，他会知道的。你应该带着他玩，并有意识地教会他一些什么，孩子具有很强的学习能力，只是我们从没重视而已。”

为了培养维尼夫雷特的感受能力，我这个做母亲的确实费了不少心思，绞尽脑汁地让她体验更多的东西。幼小的孩子就像一个巨大的容器，他们等待着大人为他们填充有益的东西，他们像饥渴的游子那样张开着自己的心怀，作为父母怎么能够置若罔闻？

我时常和女儿玩的另一种游戏就是“蒙眼睛”，目的在于培养她不用眼睛的情况下去感受身边的事物。

当我用一块布蒙住她的眼睛后，就在她面前摆放各种物品，让她用手去触摸，并让她说出物品的名称以及她触摸中的感觉，最后还要用一些词汇描述出来。

女儿长大之后，能写出非常华丽的文章，善于使用修辞，而且口才也超凡出众，任何场合都可以自如地表达。我想，这就是在她小时候受到了这种训练的缘故吧。

在这种玩耍和训练之中，还会发生许多非常有趣的事，而这些事往往让我们母女永生难忘。

在女儿后来的日记中，她这样回忆道：

今天我的作文得了 A，这真令我兴奋。我想，我之所以有现在的水平，完全要归功于我亲爱的妈妈。

记得在我 4 岁的时候，妈妈和我又一次玩“蒙眼睛”的游戏。妈妈把我的眼睛蒙上之后，将我带到了厨房，并把我的手放进一盆水里。

妈妈问我：“维尼夫雷特，你触摸到了什么？”我当然知道那是什么，便立即回答，“我触摸到了水。”

妈妈又问：“你有什么样的感觉？”

我回答道：“冰凉的，很湿……”

妈妈问：“冰凉的东西还有哪些？很湿的东西还有哪些？”

我想了想回答说："冰激凌是冰凉的，也是很湿的；还有铁，也是冰凉的，但它不湿。"

妈妈又问："和冰凉相反的词是什么呢？"

我说："温暖。"

妈妈问："什么是温暖的？"

我说："刚刚冲好的牛奶。"

妈妈问："那么牛奶给你的是什么感觉呢？"

那时候我每天都喝牛奶，但每次喝的时候并没有仔细品味，所以我不知道怎样表达那种感觉。我想了很久，还是不能回答妈妈的问题。

妈妈没有责备我，也没有强行让我回答，而是告诉我，我们得到的每一样东西都是珍贵的，都是上天赐给的礼物。所以，无论是喝一杯牛奶，还是吃一片面包，我们都应该用感激的心情仔细地品味。

后来，妈妈用毛巾把我的手擦干，并教我自己冲了一杯牛奶。我握着杯子，细心品味牛奶的气味和味道，并把我理解的感受告诉妈妈。

等喝完了牛奶，妈妈把我的手放进了她的衣服里，我顿时感到了妈妈身体的温暖，而且深刻地记得了那种温暖。

今天，老师表扬了我，说我的作文中有的句子写得特别美，比如："母亲的爱是我们的蓝天和太阳。"老师认为我有写作方面的天赋，虽然这令我感到兴奋不已，但老师不知道我所谓的天赋，完全来自妈妈从小对我的培养。

PART 5

大自然的熏陶

大自然是一部真实丰富的百科全书。著名的教育家卢梭告诉我们："大自然是孩子活生生的大课堂。"给予儿童自由的空间，让他们主动去接触大自然中的花草、树木、青山、绿水，感受日、月、星辰，自由地对宇宙发问，与万物为友，放开手脚让他们尽情玩耍，这对他们的身心发展无疑是最好的方法。

我有一个朋友是一家幼儿园的园长，在她幼儿园的院子里，长着几棵高大的古树，还种了一大片花草。我每次去幼儿园，都会看到孩子们在树荫下、花丛中玩耍，透过树叶射下的阳光，暖暖地洒在孩子们身上，那种纯朴的氛围让每个人都想沉浸其中。

园长很爱孩子，尤其喜欢和孩子们一起劳动，每当她在园子里给花浇水或除草的时候，孩子们便会走近她，并且问她："老师，您在做什么呢？"她会告诉孩子们许多有趣的事情，并且鼓励孩子们一起劳动。在这个过程中，她会让孩子们猜各种花的名字，然后让他们去闻不同花的气味，还引导他们用自己的话说出这些花的特征。"虽然这样会让打理花园的时间拖得很长，但是，孩子们在这里却能够得到学习和锻炼，感受到大自然的美好，并且学到许多知识……"

其实，我们很多人都可以在家里栽种一些花草，在阳台上，在院子里，这样就让大自然和孩子拉近了距离。园长给我推荐了一位妈妈，她有 4 个孩子，先后都上过这所幼儿园。她在自己家的园子里，种植了各种各样的鲜花和植物，妈妈在打理园子时，她的孩子们，还有孩子的朋友们都会赶来抢着和她一起干活儿。他们在花的海洋里玩各种游戏，用不同颜色的花朵做成项链，用不同植物的叶子做成土著人的衣饰，用小石子和花瓣做成各种想象的佳肴。

她的小女儿娜娜开始很不喜欢去幼儿园，早上总是磨磨蹭蹭地哭，妈妈便说：“带上花去送给老师吧。”她就会带上自家园子里的一束小花，高高兴兴地来到幼儿园。到了幼儿园，老师问：“娜娜，你怎么有这么漂亮的花啊？”娜娜会骄傲地说：“是我和妈妈一起种的。”

当然，走进真正的自然会更好。维尼夫雷特年龄稍大一点儿，我就把她带到很远的乡间，在清晨或傍晚，和她一起去野外观察鸟儿飞翔的样子，观察变幻莫测的云朵。有时，我们会专注地倾听大自然的声音，蜜蜂的嗡嗡声，风吹树叶的啪啪声，狗的叫声……大自然中，还有各种不同的气息，稻田的清纯，花朵的浓香，泥土的质朴……

在乡间住处附近有一条小河，女儿在浅浅的河水里别提有多高兴。一会儿睁大眼睛瞧着河里清澈的流水，似乎对这永不停息的波浪产生了无限的好奇；一会儿惊喜地发现河中的小鱼，随着微波一蹦一跳，女儿就发出一阵欢呼；一会儿为发现水底奇怪的石头而惊喜不已，并且给它们取一些好听的名字：花蘑菇、皮狗、西红柿——看见女儿这样开心，我也跟着她尽情享受大自然的快乐，仿佛自己也回到童年。

很多父母以为学习就是在教室完成的工作，其实这是很荒谬的想法。学习，包括很多的方面，只要能够让孩子获得知识，增长见识，都是学习。课堂只是学习知识很狭窄的一种形式，而人生的许多经验都是在课堂之外学到的。

有一次，我到一家幼儿园参观，正好遇上游戏课，珍妮老师的教案中，教学目标一栏这样写道：“到大自然中学习，教育孩子如何养成良好的生活习惯。”

出门前，每个孩子都戴上自己的帽子，男孩的帽子是黄色的，女孩的帽子是红色的。然后大家都到珍妮那里领取防晒油，并按照老师的要求自己涂上。有的孩子因为不熟练，脸上涂得不均匀，东一块西一块，看起来很滑稽。珍妮老师用温和的声音，告诉孩子们正确的涂抹方法，然后让他们再认真做一次。

一路上，孩子们兴奋地谈论着各自的周末活动。到过马路时，全体孩子都安静下来，仔细听珍妮老师指示。到了公园，珍妮老师把15个孩子分成5个小组，每个小组领取一个纸袋，还有一张任务表。只见上面用各种颜色的星号开头，列出了一系列任务：在公园里各找一个外表粗糙的东西、光滑的东西、坚硬的东西、有孔的东西、有生命的东西、有很多种花纹的东西……要他们并一一收集在纸袋里。

珍妮老师向孩子们指明活动范围，让他们按照小组自由活动，并要求在游戏中互相帮助。游戏结束之前，所有孩子都陆续回到了珍妮老师指定的大树下，每个小组成员都兴致勃勃地展示他们的“作品”。知了壳、糖纸、树叶、罐头瓶、石块……无奇不有，却全都符合任务表上的要求。

珍妮老师非常高兴地说：“这次出游，孩子们都做得非常好。首先，每个孩子，都记住了戴帽子、抹防晒油。并且在老师说话的时候，都仔细聆听指示。活动中，大家都发挥了充分的想象力，小组作业完成得很出色。现在请大家把所有的东西都放进门口的垃圾箱。”

回到幼儿园，珍妮热心地和我一起探讨孩子的教育问题，她认为，生活是孩子的最好老师，因为在真实的生活中，孩子们的心灵最快乐，智慧最发达，见识也最广博。

第四课

锤炼美丽的语言

语言，是孩子智力发展的开端，孩子通过语言和世界进行最初的沟通，并通过语言开始认识这个绚丽的世界。各种实验和相关调查都表明，幼儿时期是孩子语言能力开发的最佳时期，是语言组织和表达能力培养的良好阶段。从他们咿呀学语到喊出第一声“妈妈”，从慢慢吞吞地用叠词表达自己的思想，到学会用流畅的语言进行逻辑思辨，从中规中矩的朗读课文，到声情并茂地抒发内心的情感——每迈进小小的一步，都为孩子未来的发展奠定了一份坚实的基础。

孩子的语言从说话开始，所以我们不要以为说话只是一个自然而然的过程，它是需要引导和帮助的。我认为，即使是很早开始教孩子说话，如果所教的语言不完整、不准确，那么也毫无意义。如果孩子早期学的是不规范的语言，那就意味着他们得学会两套词汇，这不仅是一种浪费，而且等孩子长大之后，还会因不能正确使用语言而苦恼。

语言是一种交际的工具，也是思想的直接体现，语言将伴随着人的一生。孩子拥有了正确的表达技巧，就能体会到这些有声语言带来的乐趣和自信。随着孩子年龄、阅历的增长，语言交流带来的知识和思维的发展，使他们的身心成长更加顺利完善。

PART 1

语言是智力的基石

当我的女儿说出第一句“话”时，作为母亲我是多么欣喜啊！尽管这一句话是那么含混不清，那么毫无意义可言。

很多父母在这个阶段只注重孩子身体的发育，而忽略了他们头脑的发育，让孩子自己生长，而不知道适时适当地加以引导，这是不对的。任其自然当然省力省心，但事实告诉我们，有意识地引导和训练，会收到事半功倍的效果。假如在孩子6岁以前，父母能正确训练他们运用准确的语言进行思维和表达，那么，这个孩子的智力发展就一定很快，而且，其发展速度会比同龄孩子快得多。

从女儿出生开始，我就对她说准确的语言，比如说，小鸭，我们绝不说“鸭鸭”；西瓜，绝不说成“瓜瓜”；花朵，也不说成“花花”。最初对孩子说话，要清楚、缓慢、准确，因为这时他们的反应速度不是想象的那么快，耐心地慢慢地说，不断地重复，更有利于孩子的理解。

每当女儿听到我说话时，就会显得很专注、很好奇，她听后会有所表示，或微笑，或摇头，这时我会马上给予她及时的回应和鼓励。当她能开口说话时，我就想尽一切办法保持她的热情，从最初的一个字，到后来能够说双音节或者多音节的词，再到运用简单的短语。慢慢地，我再给她说一些简短的句子，让她理解和体会。

维尼夫雷特幼年时有一个叫克拉夫特的小伙伴，他比维尼夫雷特大1岁，但两个孩子的智力水平相差极为悬殊。维尼夫雷特能够运用世界语写剧本的时候，克拉夫特还不能用母语说出一个完整的句子。维尼夫雷特口齿十分伶俐，而克拉夫特说起话来磕磕绊绊。

有一次，4 岁的维尼夫雷特拿着她刚写好的诗歌朗诵给小朋友们听，虽然那些孩子也不怎么懂，但仍然不停地拍手喝彩，只有克拉夫特无动于衷。当维尼夫雷特问他是否喜欢她的诗歌时，克拉夫特羞愧地低下了头，因为他根本听不懂一句话。

有一次，我在路上遇见了克拉夫特的母亲，便委婉地向她询问克拉夫特在家中的生活情况。原来，克拉夫特的父母都工作繁忙，在儿子小的时候，两人都根本无暇陪伴。他的幼儿时期几乎是在孤独中度过的，他唯一的伙伴就是几个不会说话的小车和一只毛毛熊。

我问他的母亲，你每天教孩子读书吗？他母亲说，一是因为没时间，二是因为不知道该怎样去教他。更加令人失望的是，他的父母根本就没有认识到家庭教育的重要性，竟然说，如果让孩子过早地学习，会影响他大脑的发育。他们认为，孩子长大是一件很自然的事情，根本不需要刻意地做什么。

这句话引起了我的思考，的确，一个人和一棵树一样，你不管他，他也能长大。不同的是，人是社会性的生命，他不光要长大，还要长好，不仅要身体强壮，还需要拥有一个健康的心灵和完美的智能。这些都需要父母从孩子很小的时候开始培养，深切关注或置之不理，结果一定是不同的。

我问克拉夫特的母亲，孩子现在能认识多少字。他母亲的回答让我吃惊："现在嘛，他还不识字，我想等他上了学再学习吧。"当时维尼夫雷特才 4 岁，已经能够写诗歌了，虽然她用的语句还不是十分恰当，篇幅只是寥寥几句话，但是毕竟她能够用语言表达情感了。而 5 岁的克拉夫特居然还不识字，我真无法接受这样的事实。

学习并不是一定要等到上学才开始，学习是一个人终身的事业。孩子一旦具备了基本的学习能力，如果这时候他们还没到上学的年龄，父母就应该在家庭中开始对他们进行适当的教育。而且学习和孩子的玩耍并不矛盾，得到了知识教育的孩子，心智更加聪慧，他们即使在玩的时候，也会表现出更优秀的品质。玩也需要智慧和创造性，这一点是很多父母没有想过的。

“克拉夫特，你想识字吗？”有一次，我问克拉夫特。“当然……但是……恐怕……”克拉夫特拘谨地和我说话，用了很长时间也没把自己的想法表达清楚。因为这个原因，他显得很羞涩，也很自卑，他肯定在内心对维尼夫雷特羡慕得不得了，但是，他对自己却没有信心。

我看着在一旁活泼玩耍的维尼夫雷特，又看看木讷地站在那儿出神的克拉夫特，心里说不出有多难受。同样的孩子，为什么一个聪明伶俐，一个迟钝蠢笨呢？这就是不同的家庭教育带来的不同结果，当然，克拉夫特根本就谈不上受到过教育。由此我想了很多，孩子一出生都是天真聪明的，但是，上帝把这些可爱的孩子交到我们手上之后，却发生了那么大的变化。有很多人并不珍爱上帝的馈赠，也不知道怎样对孩子进行精心抚育，同样是一块块美玉，最后，有的却不幸成了粗糙的石头。

因为父母没有意识到家庭教育的重要，很多孩子的天赋潜能在不知不觉中消失了。克拉夫特的母亲曾对我说：“我真羡慕你有这样的女儿，她那么聪明、可爱，比我的儿子还小 1 岁，居然懂得那么多的东西……唉，我的儿子真是没有希望了，他为什么这么笨呢？”

我说：“你的儿子根本不笨，要说笨，是父母笨才对。你们应该抽更多时间用于孩子的教育，作为父母，这才是最值得做的事情。”她说：“恐怕不行了，家庭早期教育果真有你说的那样好，对我们来说也太晚了，克拉夫特比你女儿还大呢！”

我对她说：“永远不晚。你的孩子才 5 岁，一切都是刚刚开始。只要父母用心，并且方法合理，我想克拉夫特很快就会有惊喜的表现。况且，我还可以帮助你呢！”

我把教育女儿的方法毫无保留地告诉了克拉特的母亲。不久，克拉夫特有了很大的变化，在 1 年的时间里，他学会了简单的读和写，性格也开朗起来，再也不像以前那样迟钝了。克拉夫特成了维尼夫雷特最好的朋友，我经常看到两个人在一起读书、游戏，并且经常在一起谈论诗歌和音乐等话题。

语言是进行思维、表达情感、反映生活的工具，是帮助宝宝顺利建立自我意识的一个重要因素。如果儿童早期语言发展受到阻碍，则将对儿童其他方面的能力发展产生不良的影响。

很多父母觉得孩子什么都听不懂，所以就什么也不做。刚出生的孩子，对成人的话语确实听不懂，但婴儿的学习能力很强，当妈妈总是冲他们微笑，对他们说："宝宝，我是妈妈。""宝宝，这是你的小皮球。"时间一长，这种语言信息就储存在了他们的脑子里。经过几十次的语言重复，他们就明白，原来总抱着我的人就是妈妈，突然有一天，他们就会叫"妈妈"了。当有人对他们说："宝宝，你的小皮球呢？"他们会马上转身去找，说明他们已经明白了这些"小皮球"的意思。

所以，要相信孩子的语言能力，尽早满足他们语言表达的要求。通过沟通和阅读，孩子的语言能力会迅速提高。

从孩子很小的时候起，父母就要注意寻找孩子感兴趣的话题，主动与孩子交流，倾听孩子的表达，无论他们的语言是否清晰、有条理，都要耐心地倾听。到了一定阶段，父母可以经常和孩子一起做亲子游戏，大人先说一段话，然后请孩子复述一遍。父母每次在讲话中可以夹杂一两个新鲜的词汇，这样孩子就会逐渐形成自己独特的语言领悟。

阅读也是发展孩子语言的重要途径。父母要经常为孩子读书，讲故事，当他们认识了一些词汇之后，就鼓励他们自己读书，由简单到复杂，逐渐让他们对语言产生兴趣。

设想一下，在光线明亮的房间，铺上地毯或一张小垫子，让孩子舒适地坐在上面，安静地朗读一篇小故事或是有插图的图画书，是多么有成就感的事情。父母也可以坐在一起，小声地朗读，让孩子感受到阅读的温馨和快乐。孩子喜欢的不仅是图画书，还有父母的陪伴和鼓励。当孩子慢慢喜欢故事之后，就会喜欢那些词汇，喜欢那些用词汇串联起来的语言，他们的思维能力也会在此过程中不断提高。

很快，父母就会看见一个喜欢表达的孩子，善于沟通的孩子，聪明智慧的孩子。哪个父母不愿意拥有这样的孩子呢？

PART 2

传授标准、美丽的语言

我对女儿说话，就像对大人说话一样。虽然，她有时候不能完全理解某些词汇的意义，但我还是坚持这样做，并耐心地帮助她理解那些词和句子，使她养成用完整语言说话的习惯。

随着年龄的增长，女儿就表现出了惊人的语言能力。这样一来，就有很多人不时来问我是怎么教育女儿的。

我的方法很简单，就是让她时刻从周围的事物中学习知识，随时随地都让她接受正确的教育。孩子从出生那一刻起，就已经开始自觉地学习和探索了，学习几乎是孩子的一种天性。不仅仅是人，就连动物也是如此。

孩子的好奇心和求知欲非常强烈，只要父母善于利用和引导，那么无论什么知识他们都能学得很轻松。很多父母有一种错误的认识，觉得学习就是刻意地做些什么，实际上，学习就是在平常的生活中加上一点有意的观察和思考。对父母来说，不过是有意地引导一下而已。

我常常仔细观察摇篮中的女儿，我发现她从小就对人的声音和物品发出的响声非常敏感。我想，别的孩子也一定是这样的吧。母亲的话语，会让孩子感到亲切愉快，所以，大多数母亲都知道和婴儿交谈。但是，不少母亲和孩子交流的时候，却忽略了一个特别关键的事情，那就是：用完整的语言和他们说话。

在维尼夫雷特尚不会说话时，我就经常抱着她在屋里走动，让她观看周围的各种物品，同时慢慢地、清晰地说出这些物品的名称。我时常指着一件东西对她说：椅子、桌子、苹果、窗子、床……虽然那时她不能跟着我说出来，但这些词语已经在她的脑海里留下了深深的印象。由于我说的都是标准语言，等她能开口说话时，脑海中的记忆立刻闪现出来，所以能够说得很标准，那也是极其自然的事。

通过观察发现，现在有很多受过良好教育的人发音不准，语法也不对，这很可能就是他们在幼年时代受了不良教育的后果。我有一位好朋友，是我大学的同学，也是一位心理学博士，他就常常为这种发音不正确的麻烦所困扰。

由于他本人就是搞心理研究的，因此非常清楚自己的症结所在。有一天我们邂逅了，他向我分析了自己发音不准的原因，并一再劝我不要用错误的方法教孩子说话。

他对我说："在我很小的时候，我母亲就开始教我说话了，也许她以为我听不懂，所以每当她要我看某件东西的时候，不是说：你看这个东西。而是含糊地指示我：瞧，瞧瞧，球球……其实她的意思是叫我看那个玩具皮球，但她并没有正确完整地教我这个词。年岁大一点之后，我一直把球叫作'球球'，以至于在小伙伴面前经常出洋相。小时候，我不知接受了多少这样的词，像'果果''圈圈''碗碗'，诸如此类。后来，我不得不花大量的时间和精力去纠正它们。你看，我学语言有多慢，到现在还不能完全掌握两种以上的外国语。

"我后来仔细想了想，母亲不适当的教育方式，让我学会一种多余的、错误的语言。记得母亲还经常用方言和我说话，这些发音奇怪的方言，让我在听说方面产生了很大的障碍。后来，我慢慢适应了那些方言，而结果却是，我自己说话也经常捎带那样难听的语音语调。你以前经常嘲笑我，说我的发音很怪，就是这样的学习带来的后果。"

我从女儿出生时起，就尽可能地用标准而漂亮的英语和她对话，从来不用那些似是而非的语言，更不用粗俗的俚语对她说话。

孩子接受知识的能力非常强，我们经常说，"这个词容易，那个词难"，其实这都是成年人自己的想当然，对孩子来说，它们没有区别。只要是一个能看得见、能认得出的东西，孩子一看就能认得出来。猫是一个能看见的东西，孩子一看就认识了。"猫"这个字也是一个看得见的东西，我们有什么理由认为孩子就记不住这个字呢？我们会很自信地教孩子认识猪、狗、牛、羊等实物，却对他们认识这些字的能力产生怀疑，这真是不可思议的事情。我们把文字过于神秘化了，所以，反而阻碍了我们对孩子的信心。

有时在教孩子认字的时候，我们把一个字和一幅图片放在一起认识。对孩子来说，一幅图片是一个形象，一个字也是一个形象，我们坚信孩子可以记住图片，却不相信孩子可以记住那个字——这真是匪夷所思的事情。

事实上，根据我的经验，教1岁的孩子拼读单词是很容易的事，这和教三四岁的孩子认字没有多大的差别，甚至比那时还要快。说话也是一样，孩子能听懂不准确的语言，一定可以听懂准确的语言，所以，我们有什么理由要去教孩子说不完整的话呢？

如果我们细心观察就会轻易发现，在我们周围，时常能听到那些可爱的孩子说出错误的语言：他们把一只猫叫“喵喵”，把一条狗叫“汪汪”。不难想象，这些语言在他们长大之后是完全用不着的。但在他们幼年宝贵的生命之中，完全被这种错误的语言所包围。如果把这些浪费掉的时间和精力用来学习标准而规范的语言，他们所能学到的东西不是更多更好吗？

维尼夫雷特还不到2岁的时候，有位朋友对她说：“维尼夫雷特，你看天上有一群飞飞。”她立刻对朋友说：“不，那不是飞飞，那是一群可爱的小鸟。”

父母之所以对孩子实行那种可笑的教法，原因在于，大人们觉得自己是在简化知识。实际上，对还是一张白纸的孩子来说，你告诉他们小鸟叫“飞飞”，并不比教他读“小鸟”容易，事实上，由于你告诉他的是不规范的表述，很快他就会发现，自己“认识的”那个东西，别人却不那样称呼，结果只会给他造成更大的困惑。

对于一句话也是一样，不完整的一句话和完整规范的一句话，对孩子来说是一样的，大人似乎在努力模仿孩子的方式表达，似乎这样他们更容易理解。殊不知，孩子那样表达是因为他们不会完整地表达，而不是喜欢那样表达，他们正需要你教给他们正确完整的方式，结果大人却违背了孩子内心的意愿。

事实上，父母在教孩子说话的时候，不光要注意语言的准确，更好注意语言内涵的美，要用美的语言教孩子说话。

父母是孩子的第一任老师，家长首先应加强自身的语言修养，做孩子的楷模。平时除了不说脏话外，还应注意使用文雅、有趣、准确的语汇进行交流。让孩子干活儿，家长应先说“请”，孩子干完活儿了，家长说“谢谢”，等等。其次还应将形象通俗的成语、常用语融入生活中，随时教给孩子。如结合天气，教他们说：风和日丽、阳光明媚、乌云滚滚、暴风骤雨；结合室外景物，教他们说：姹紫嫣红、人来人往、绿树葱葱、一望无际等。

教孩子说话，还要用声情并茂的语言。人的记忆有一个特点：记忆的牢固程度与大脑的兴奋、愉悦度成正比。家长与孩子对话，应尽量使语调充满抑扬顿挫的感情，特别是在讲故事时，最好辅之拟声、拟形、面部表情等方式，使孩子在生动活泼的语言氛围中，不知不觉地汲取丰富的知识，感受语言之美。

PART 3

语言构建的桥梁

小孩子喜欢把学到的词汇独自重复，维尼夫雷特也不例外，自从她开始说话以后，我时常发现她独自一人在地毯上喋喋不休，时常把刚学到的词汇反反复复地念叨。有时，她一边玩玩具，一边不停地说："桌子上的苹果，娃娃吃苹果，苹果甜甜的……"等等。

于是，我开始有意识地利用孩子这种喜欢默念单词的爱好，把我认为女儿能理解又有趣的故事，用精选的词句组成小短文，读给女儿听，反复之后就让她记住。由于那些故事都很有趣，维尼夫雷特不仅能很快记住，而且会饶有兴味地复述。

在她大致掌握了英语叙述之后，我就把这些短文译成几种外国语让她熟记。我发现，这种做法很受维尼夫雷特的欢迎，因为同一个故事居然能用不同的语言来表达，这让她十分好奇。由于感兴趣，觉得好玩，所以她很自然地就把另外的语言也记住了。我正是从这里入手，让女儿开始学习外语的。

当维尼夫雷特能够用母语英语流畅表达之后，我就开始教她西班牙语。在她掌握了西班牙语后，我又依次教她法语、德语和拉丁语。

之后，我开始教维尼夫雷特学习世界语。这时候我才发现，世界语是一种非常简单的语言，据说托尔斯泰只学了1个小时就会写信了。假若我再有机会教别的孩子学习语言的话，我就首先让他们把英语学好，接下来就教世界语，之后再学其他语言。

我认为，任何一个孩子在摇篮里就能学会世界语。经过我的教育，维尼夫雷特4岁时不仅能用世界语读写，而且能熟练地运用它说话了。于是，我决定让女儿在这一年里尝试用世界语写一个剧本。不久，在尤利雅·比阿巴娜女士的帮助下，维尼夫雷特写的一个剧本得以在一个慈善会上演出，并获得了人们的好评。据我所知，这是在美国上演的第一部世界语剧目。

此后，维尼夫雷特开始热心地教其他孩子学世界语。她的教法不仅借鉴了我所采用过的各种游戏，而且，为了达到教学目的，她还自己发明了各种新的语言游戏。

为了宣传世界语的优越性，有一段时间我要经常外出讲演，那时女儿只有 5 岁。为了使听众相信世界语简单易学，我让与我相随的维尼夫雷特配合我的行动，她向观众背诵用世界语写的诗歌，用世界语讲故事给大家听，女儿的现场说法赢得了许多人对世界语的认同。

当时，美国召开了一个世界语研讨大会。在会上，维尼夫雷特朗读了普林斯顿大学马库罗斯基教授用世界语写的诗。由于她还是个孩子，个子太矮，所以只能站在桌子上朗读。接着，5 岁的女儿和年过 70 岁、白发苍苍的马库罗斯基教授用世界语进行了一场会话表演。如此生动的场面感动了许多人，在他们的感召之下，参会者中许多人表示，要对世界语的推广给予倡导和支持。

维尼夫雷特从世界语研讨会回到家后，就开始给那些懂世界语的外国孩子写信，她是在世界语年报上得到他们名字和地址的。女儿从小就是个机灵鬼，总能想出一些巧妙的办法来，不是吗？要换了我，怎么也想不到这样去做。

第一封回信来自俄罗斯，收到信的那天，女儿高兴极了。那位俄罗斯孩子在信中描述了俄罗斯的地貌、风光和民俗，还在信中给女儿讲了几个有趣的俄罗斯历史故事。从此，女儿就对俄罗斯产生了浓厚的兴趣，读了许多关于俄罗斯的书。

随后，她又和日本、印度的孩子通了信。她对这些遥远的国度无限向往，开始热心研究它们的地理、文化和语言。

见到女儿有这样的热情，我心里说不出有多高兴。要使孩子对外界产生关注，特别是促进她扩大视野，同外国孩子通信不失为一种很好的办法。

维尼夫雷特除了用世界语和外国孩子通信，她还尝试着用其他外语给他们写信。她给法国孩子写信时用法语，给俄国孩子写信就用俄语，给日本孩子写信就用日语……这样的做法不仅大大提高了她的外语水平，同时也扩大了交流范围。

有一次，维尼夫雷特收到了一位日本姑娘的来信。那位日本姑娘在信中表达了对维尼夫雷特的敬意，她希望维尼夫雷特能教给她学习外国语的方法。维尼夫雷特立即给她回了信，详细介绍了自己学习外语的经验和我的教育方法。

日本女孩在第二封信中表现出极大的诧异，她说她简直没有想到，维尼夫雷特的日语居然那么好，她告诉维维尼夫雷特："我曾经为自己懂得世界语而骄傲，但看了你的信，顿时感到自愧不如，因为我知道，对于你们来说，日语是非常难的，但你却学得那么好，真让我羡慕。"

还有一个法国孩子来信说："你简直是个语言天才。本来我想用英语给你写信，但是看了你的来信，我打消了这个念头，因为你的法语太棒了，和法国人写的没有什么区别，而我的英语水平远不如你的法语水平。因此，这封信我仍然用法语写给你，我不想让你看到我蹩脚的英语。不过，你给了我学好外国语的信心。我要努力学好英语，总有一天我会用很漂亮的英语和你对话，请你相信我。

"我希望你能够来巴黎。法国是个很美丽的国家，这里有快乐的人民，还有优秀的艺术品。如果你能来法国，我一定会带你去参观卢浮宫和埃菲尔铁塔，我想你一定会喜欢的。"

就这样，维尼夫雷特通过写信快速提高了外语能力，还认识了不少身在远方的好朋友。维尼夫雷特曾对我说："妈妈，我感到自己很幸福，因为我又认识了不少新朋友。他们都离美国很远，但我又感到他们是如此之近，这是语言给我们搭起的桥梁。这一切都归功于你，我最亲爱的妈妈。"

PART 4

创设和谐的环境

幼儿语言能力的发展，是在与他人交往和主动运用语言的过程中完成的。家长要有意识地创设各种宽松的语言环境和表达机会，鼓励孩子去主动学习、建构语言。例如：妈妈拿着一个红色的汽车、一个蓝色的玩具熊问她："今天我们是玩红色的汽车，还是玩蓝色的毛毛熊？"家长要努力从幼儿感兴趣的事物引出话题，鼓励他们大胆表达自己的想法，体验到语言交流的意义和快乐。

在这里，家庭的温馨和谐气氛是必不可少的。当宝宝说出的语句不太完整或词不达意时，家长不要急于纠正，而要耐心引导，不要给孩子挫折感和心理压力。在玩耍和游戏中抓住时机，启发孩子主动积极地和你交谈。

维尼夫雷特刚学会说话的时候，有一天，我拿了一盘苹果放在她的面前。她高兴地伸长手叫道："Give apple（给我苹果）。"她想表达自己的意思，却使用了错误的词。

我对她说："不是 give apple 而应是 give me an apple。"她仍然顽固地说："Give apple。"我知道女儿一下子还不能把这些连接起来，于是，我就把"give me"和"an apple"分开来反复重复，并且伴随着手势和相关动作，力图让她明白。经过多次反复，最后她终于知道这里要加上一个"me"和"an"。当她顺利说出"give me an apple"时，我特意给了她一个又大又红的苹果。

另外，父母必须明白，幼儿只有具备了一定的生活经验，才会有话可说，才有乐于表达的情感动机。生活是语言表达的源泉与基础，家长应有意识地丰富幼儿的生活内容，多带他们出去玩，观察大自然中花草树木的千姿百态，欣赏白云飞鸟的美丽景色，体验春夏秋冬的四季变化……生活中的喜怒哀乐不仅会丰富宝宝的生活，还能为他们增添无数新的词汇。

记得维尼夫雷特小时候特别喜欢和我一起外出，每一次出门，我都做有心人，带着她边走、边看、边聊，谈论沿途的所见所闻，让景物、思维和语言三者建立联系，逐渐增加她说话的内容。但是，对于孩子来说，其实最难的还是词汇。幼儿有了说话的愿望，常常因词汇的缺乏而限制了表达。家长要抓住日常生活中的各种机会，陆续教给他们新的词汇和多种多样的表达方法。比如：让孩子和你一起择菜、洗水果时，告诉他们各种蔬菜、水果的名字及其颜色外观的的词汇，让他们练习用这些词说一句完整的话。还有，你到邮局寄信、到商场购物、观看街头的宣传橱窗，都可以给他们讲解看到的新知识、新词汇，满足他们的好奇心，激励她说出自己的想法和感受。

到了一定阶段，父母就要利用故事书、图画书与宝宝互动交流，这是孩子语言思维提升的最好途径。幼儿都喜欢听故事、看图画书，家长应充分利用幼儿的兴趣特点，在给孩子讲故事、看图画书的过程中，不仅要让他们听，还要提出问题让他们思考、回答，培养其想象力和语言组织能力。

维尼夫雷特不到 3 岁，我就要求她看图复述故事，锻炼她的记忆力和语言表达能力。比如，看《小熊和妈妈》时，我就和她讨论：画上的小熊和你在动物园看到的大狗熊长得像不像？你喜欢小熊宝宝吗？你喜欢它什么呢？在一问一答中，女儿就练习巩固了相同的词汇，语言和思维能力也大大提高。

在我对维尼夫雷特进行语言训练的过程中，经常采用游戏形式，比如，拍手游戏、词汇联对、词语接龙等，这都是小孩子喜欢的活动。最开始，家长可以和孩子“比比谁聪明”，让孩子能迅速说出分类的简单词汇。比如，水果类词汇，苹果、香蕉、菠萝、梨、桃、杏；服装类词汇，衣服、裤子、衬衫、袜子、帽子；动物类词汇，四条腿的有……两条腿的有……；等等。

然后再和孩子玩带有名词、动词或者名词与形容词搭配的词组，最好是用对对子的形式。比如，你说："兔子跳"，孩子说："马儿跑"，以此类推，蝴蝶飞，青蛙叫，爸爸高，宝宝矮，大象大，老鼠小，苹果红，柿子黄……

当这样的游戏宝宝玩得已经非常熟练时，还可加大难度，对完整的句子，并逐渐加快说话的速度，看谁对得最快最准。比如：火车跑得快，乌龟爬得慢。洁白的雪花亮晶晶，金黄的稻谷沉甸甸……只要说出的句子基本能对得上就行。有时家长可以故意说错，让孩子来纠正，增加他们的取胜次数，以获得成就感。

朗诵、背诵诗歌也是培养孩子语言能力的好形式。诗歌不仅音韵优美，而且词汇丰富，充满了语言的想象力，儿童通过诗歌朗读和背诵，能够体会语言的美丽和多姿多彩。如果父母觉得孩子的领悟能力不够的话，可以从短小的儿歌开始。儿歌充满童趣，韵律感强，并且和日常生活内容相关，无疑是孩子学习语言的好材料。

绕口令也是不错的一种学习形式，因为绕口，更能激发孩子的好奇心和好胜心，也更能够锻炼他们说话的能力。

第五课

快乐教育

当人们看到维尼夫雷特那么小的时候就勤奋好学，总会流露出困惑不解的表情，他们为我女儿的超常能力而感到吃惊。但在我看来，这并没有特别奇怪的地方，因为我在家庭生活中始终都在对女儿进行潜移默化的教育。而我对她的教育，多是在快乐的游戏之中进行，既让女儿学到了知识，让她的潜力得到了开发，还增强了她的生活乐趣，完全没有对她造成任何负担和压力。

儿童总是和游戏联系在一起的，孩子的工作就是游戏，对他们而言，游戏就是生活，学习就是游戏，游戏简直就是他们整个儿童时代的主题。孩子不但可以在游戏中得到快乐体验、情绪共享，还可以使已有的认知得到巩固和延伸。而且，孩子最容易从接受游戏规则的约束开始，学习控制自己的行为，了解别人的行为界限。可以说，游戏是学习的准备，也是学习本身。

游戏的心理基础是有自由的选择，也就是说，游戏以民主、自由的选择为前提。游戏中的参与者都是主角，自己有主宰的权力，是我去玩游戏，而不是游戏来玩我。如果把学习变成儿童自主选择的游戏方式，儿童将把全部的精力都投入其中。所有的父母都可以尝试一下，任何枯燥的知识，只要你把它们转化成游戏，或者以一种游戏的形式呈现给孩子，他们都会欣喜地接受。这是我对女儿进行家庭教育的全部理论基础，也是我始终贯彻的原则。

字母和词汇的趣味

游戏就是孩子的全部生活。不仅对于人类，游戏也是动物喜爱的，难道我们没有看见过那些小动物尽情嬉闹的场景吗？

有一天，我看见邻居的一只小猫在院子里不停地跳跃着，一会儿在地上打滚，一会儿又去咬自己的尾巴，有时甚至对一块小石子兴致盎然。当时我深受启发，因为那只小猫不光是在玩耍，更重要的是，它在锻炼自己将来捕捉老鼠的能力——它在学习。

当时我就想，连动物都喜欢在游戏中锻炼自己，何况我们人类呢？何况我的小维尼夫雷特呢？我意识到，如果想发展女儿的能力，我必须尽早利用这种绝妙的办法。可以这样说，我对维尼夫雷特的家庭教育，几乎都是采取游戏的方式进行的。

女儿刚满 6 个月的时候，我在她房间的四面墙壁贴上干净的白纸，在白纸上黏着用红纸剪下的单词和数字，以便她随时都能看见它们，使她从小就对这些文字和数字产生印象。

在白纸的某一块地方，我整齐而有秩序地贴上最简单的词，如 bat、cat、hat、mat、pat、rat、bog、dog、hog、log（蝙蝠、猫、帽子、席子、拍打、老鼠、沼泽、狗、肥猪、圆木）等。这些都是孩子刚开始认字时最容易产生兴趣的名词，也是他们最容易弄懂的词汇。

我首先用画册和图片让女儿看各种猫的画面，同时教 cat（猫）这个词。我指着墙上的 cat，反复发 cat 的音给她听。接着又从文字盒中选出一些 c 的卡片，再选出许多 a 和 t 的卡片，让她自己模仿着拼在一起，组成很多的 cat。

在用字母卡片游戏教会维尼夫雷特拼音之后，我又开始教她拼写。

有一次，我偶然发现打字机是一种教孩子拼写的好工具。那天，我正在用打字机写稿，维尼夫雷特走了进来，并缠着我让我教她打字。由于当天我很忙，就答应第二天教她。第二天我从外面回来时，女儿拿出一张纸给我看。我一看，顿时兴奋极了，原来，女儿用打字机在那张纸上打了一首儿歌，不过，她只是打上了字，既无大小写，也没有间距。尽管如此，我还是夸她打得很好，因为这是女儿在没有人教的情况下，完全靠自己摸索出来的，而且这是她平生第一次使用打字机。

从那以后，我开始教她打字。女儿对此很有兴趣，每天都输入几首诗歌或者一两篇故事。她完全没觉得打字是一种工作，在她眼里，这只是一个好玩的游戏。就这样，女儿在不知不觉中学会了拼写。

不久，我因为动手术住进了芝加哥医院。在这期间，女儿天天从家里给我寄来用打字机打好的信。从这些信中，我受到了终生难以忘却的感动。

以后，维尼夫雷特天天用打字机抄录古今的名诗和著名文章，她的文学修养在不知不觉中得到很大的提高。至今，只要提到那些诗歌和文章，她都还能够熟练背诵出来。

虽然女儿学会了打字，我仍然不放弃教她使用钢笔。那时候，女儿调皮得很，也机灵透顶，什么都要模仿我，什么都要跟我学。当她模仿我用钢笔写文章的样子时，我便抓住这一机会，教她写字。

只要父母耐心，孩子学什么都会很快。由于有了打字的基础，女儿在学写字时显得特别轻松，很少有错误发生。因为打字本来也是一种书写过程，只不过没有用手一笔一画地书写罢了。

我们都知道，在孩子刚开始写字时，都显得十分笨拙，字迹歪歪扭扭，有时还会出现大量的错字。比如，维尼夫雷特总把G写成C，我提醒了好几次，都不能使她改正过来。于是，我把她带到打字机前，让她打出这两个字母。我念C，就打C，念G，就打G，结果她打得完全正确。可是让她用笔写这两个字母时，情况就不同了，我念C时，她写对了；而我念G时，她又写成了C。

我要她把自己写的字母和打字机打的字母比较一下。当两张纸放在一起时，她顿时明白了。“哦！妈妈，我知道了，G还带个小尾巴。”原来她一直没注意到这个小差别！

以上都是我和女儿用游戏的方式进行的，而且是适度地、循序渐进的练习。这种方法很有效果，维尼夫雷特一岁半就会看书了，从那时开始，她逐渐喜欢上了各种书籍。

女儿喜欢读书，这是一件令我极为高兴的事。当然，在维尼夫雷特的幼年时期，我非常注意培养她有针对性的阅读。我认为，无论是读书还是工作，若毫无目的，那就会既有害精神，也损伤身体。所以，有目标的阅读对于孩子来说是极其重要的。

有了一定的阅读经历和一定的词汇积累之后，我就开始对女儿进行写作训练。或许，很多父母听到这句话就会觉得不可思议：这么小的孩子，怎么可能学会写作呢？这里我们要弄清楚一个问题：什么叫作写作？很多孩子害怕写作，原因是老师和父母从一开始就给他们灌输了不正确的观念。

其实，写作就是用另一种方式说话。一个孩子看见一条小狗在地上吃东西，他回来之后一定能绘声绘色地把小狗的样子转述给父母；当他们参加一场生日聚会之后，如果父母让他们说一说当时的过程和情景，他们一定会轻而易举地完成这个任务。

那么，我们不要说什么“写作”吧，你就让孩子把刚才说出来的话记录下来，或者父母帮忙记录下来，当它们变成文字之后，这不就是文章了吗？我就是这样训练维尼夫雷特的，首先让她把看到的、听到的事情讲给我听，然后我们把这些内容写下来。慢慢地，女儿就开始自己尝试着写作了。

起初我让她天天写日记，她的日记本记载着很多有趣的日常生活。如今，每当她拿出日记，回顾幼年时代的情景，总会感到无限快乐。有一次她对我说："我将来一定要写一部自传，专门介绍你对我的教育方法，现在这些日记就是最好的素材。"

由于女儿对书写和阅读有了浓厚的兴趣，所以她的写作能力提高很快。在她 5 岁时，曾为《圣·尼古拉斯报》写应征作品，并获得了该报的金质奖章。

后来，维尼夫雷特还写了《和仙女作圣诞节旅行》一书。她在写作时，大约读了 30 种参考书，并且认真研究了各国圣诞节的风俗。在她写《和兔子作复活节旅行》一书时，为了搞清复活节的习俗，跟着我几乎跑遍了匹兹堡所有的图书馆。她写《我在动物园的朋友》一书时，每天都去动物园，而且想方设法阅读各种有关动物的资料。

人们看到维尼夫雷特那么小就能写书，总会感到十分惊讶。但我倒觉得这并没有什么奇怪，因为这就是家庭教育的结果。由于这种良好的教育是在游戏之中进行的，没有给她带来任何负担。所以，维尼夫雷特才会那么热爱学习，因为这种学习太有趣了，她从中感到了无限的快乐。

PART 2

一边玩一边学

对于孩子来说，玩乐是他们最喜欢的事。作为父母，怎样在孩子的玩乐中让他们学习知识，确实是一件有挑战的工作。

维尼夫雷特钢琴弹得很好，但我从来都没有逼着让她学钢琴，她完全是在自愿的情况下，在充满快乐之中学会的。

有一天，我发现女儿坐在房间里闷闷不乐，似乎发生了什么不高兴的事。于是，我就走进她的房间。“维尼夫雷特，你在想什么？”我温和地问她。但女儿没有说话。

我知道，这么小的孩子总会有这种情况，不是莫名其妙地烦恼，就是在幻想什么伤心的事。我想，这时候去追问她烦恼的原因是白费力气，还不如想办法先让她高兴起来。

于是我不再去招惹她，而是走到钢琴前。我敲响低声琴键，有意识地把音乐弹奏得低沉、温柔。一会儿，我又开始弹奏高音区，选择了一些快节奏和高昂响亮的段落，尽力使音乐欢快而热烈。

这时，维尼夫雷特从房间中走出来，来到钢琴旁边。我看见她满脸的好奇和惊讶，并且跃跃欲试地也想弹钢琴。

我抓住这个时机，从凳子上站起来，鼓励她来尝试弹奏。

维尼夫特雷先在钢琴的低音区域敲响了几个音，又在高音区敲响几个音，而后又回到低音区，然后再去弹高音区。

“真怪，为什么它们有这么大的区别呢？”女儿自言自语。

听到女儿的疑问，我开始给她示范，并耐心地讲解。

“瞧，你刚才的样子就像这里……”我说着敲响了最低的一个音，声音显得很沉重。

“对啊，刚才我就是这样的，心里觉得很沉，有一种很黑的感觉。”女儿对我说。

这时，我又敲响了高音键。

“你应该像这样才对呀！”

“没错，我就想这样，多好听呀！就像蝴蝶在阳光下飞舞。”女儿的情绪好了起来，不停地弹着钢琴的高音区。

女儿一边弹琴，一边笑，心情一下子好多了。我告诉她，这就是音乐的魅力，它能表现痛苦，也能表现欢乐。我对她说，要成为一个快乐的人，要像钢琴的高音区那样明亮、活泼。

在以后的日子里，每当维尼夫雷特心情不好的时候，她总会坐在钢琴前，弹奏那些明快亮丽的音符。用她的话来说：“音乐能使人从不快乐中走出来，并且时刻沉浸在美妙的滋味中。”

很多音乐教师在教孩子音乐时，一开始往往不是教完整的曲调而只是练习技巧，这种枯燥的方式也常常让孩子感到厌烦。我认为，技巧练习固然重要，但不能为此牺牲孩子对音乐的兴趣和感觉。

维尼夫雷特就这样爱上了钢琴，我就利用她的兴趣鼓励她学习。有了一定的音乐基础之后，她就在我的指导下创作一些简单的曲调，并把它们记录在练习本上。女儿长大后，我常常把那些“作品”翻出来看，觉得非常有趣。

女儿学钢琴没有费劲儿，同样，她学习外语也是在轻松愉快中进行的。

孩子学习语言的能力强得惊人。维尼夫雷特刚学外语时，我就教她用 13 国语言说“早上好”这句话，她一会儿就学会了。每天早晨，我让她向代表着 13 个国家的 13 个不同的玩具，用各国的语言说“早上好”，她觉得这件事非常好玩。

这些玩具中有大象的模型，还有狮子、企鹅、老鹰、老虎、鲨鱼等。有时，维尼夫雷特会对我说，某某国家是大象，某某国家是狮子，某某国家是鲨鱼。这时，我就会让她对着狮子说法语的“您早”，对着鲨鱼说俄语的“您早”……

为了训练女儿的外语表达能力，我让她扮演一个翻译家，陪同我这个“外交官”去接见来自不同国家的客人。

我们房间里的桌子、椅子、门窗就是那些外国客人。作为“外交官”，我一边对“客人”说“很高兴见到你”，一边友好地和他们握手。当然，所有的动作都像演戏那样，模拟出那种感觉就可以了。这时，女儿就会在一旁给我翻译，用不同的语言对“远方的客人”说“很高兴见到你”。为了巩固某一种语言，比如法语，那一段时间我就和维尼夫雷特尽量用法语交流，把学会的词汇和句子反复使用，多次地变着花样使用，哪怕出现一些小的错误也不去管它。

由于学会了就用，不仅知识掌握非常牢固，而且让孩子很有成就感，使本来抽象的语言一下子具体化了，变成了可以使用的交流工具。

时间一天天过去，女儿逐渐能用多种语言表达自己的意思了。从实际效果来看，这些游戏不仅让女儿觉得有趣，而且很容易让她记住这些不同的语言。

PART 3

数学原来很有趣

通过卡片和墙壁白纸上的游戏，让女儿学会了识字，之后我又用近似的方法教她识数。很快她对数有了一定的认识，于是我就开始用“买卖游戏”教会了她简单的计算。但在这之后，我发现女儿对数字的兴趣远远不如她在其他方面的兴趣那样浓厚。

当我开始教她算术时，发现她根本不想学，总是无精打采的样子。对于加减乘除，她甚至感到厌恶。

我知道，学数字必须死记硬背一些东西，比如加法表、乘法口诀等，但这些全靠记忆的无趣内容，是女儿最不喜欢的。

我有些担心，如果强制地要求女儿学习，弄不好会让她更加厌倦。恰好这时，为了宣传世界语的优越性，我带女儿到纽约州的肖特卡去讲演，这在前面已经提到过。在这里，我有幸遇到了芝加哥的斯特雷特女子学校的数学教授洪布鲁克女士，她的数学教学技巧相当高明。

我向她讲述了女儿的情况，并对她诉说了我的苦恼。布鲁克女士说：“虽然你女儿数学方面的发展没有与其他方面同步，但绝不是她的数学理解力有问题，依我看，很可能是你的教法不对。因为你不能把数学讲得很有趣，所以她就不能学得有劲头。实际上，教数学也可以和教音乐和绘画一样，让孩子们喜欢，关键要看教学者是否动了足够的脑筋。”

接着，布鲁克女士给我讲了一些她在数学教学方面的经验，并用大量的事例说明了那些方法的良好效果。

那天晚上，我仔细考虑了布鲁克女士的话，最后得出的结论仍然是：兴趣是学好一切的前提。然后我反思了自己教女儿数学的方法，感到的确存在很多问题。尽管我懂得用游戏的方式进行教学，但由于我本人的兴趣也在文学、历史和艺术上，在教这些科目的时候我会想出很多花样来，所以能使女儿始终保持学习的兴趣和热情。而我自己也始终对数学不感兴趣，所以教女儿时也一定讲得枯燥乏味。为了使心爱的女儿学好数学，我不得不强迫自己去喜欢数学。

从此之后，我挖空心思地改变自己的教学方法，尽力让女儿对数学产生好感。我在日常生活的每一件事中，都有意识地培养女儿对数学的兴趣。当我们去参观博物馆时，我就让女儿数一下门廊下的台阶或大理石柱子，当我们参观植物园时，我会让她数一下不同种植物上的花瓣，当我们去购物时，就让女儿帮我加一下共花去多少钱……在此过程中，女儿突然发现了数字在生活中无处不在，而且对数字逐渐产生了好奇。

有了这样的基础之后，我又拿出我的游戏法宝，开始对女儿进行诱导训练。比如，我们各抓一把盒子里的纽扣，数数看谁的多；或者在吃苹果时，数数果核里有几颗种子；或者在厨房剥豌豆时，一边剥一边数不同形状的豆荚中各有几粒……

有一次，我在维尼夫雷特的每个手指上各画一个小红点，然后我问她："你手上共有几个小红点?"

她起初回答不出来。

我又问她："那么你有几个手指头呢?"

她马上回答出来："10 个。"

我问她："你有 10 个手指头，每个手指头上都有一个小红点，那么共有几个小红点呢?"

这时，她明白了："当然是 10 个。"

我又问她："10 个减 5 个还剩几个呢?"

她又弄不懂了。

于是我把她的一只手放在身后，问她："你看，现在是几个手指头？"

"5 个。"她回答道。

我说："你看，每只手有 5 个手指头，两只手就是 10 个手指头。把一只手藏起来，就剩下5个了。这就是10减5。你说10减5等于几？”

女儿想了想说：“等于5。对了，10减5等于5！”

就用这种方法，女儿的思维逐渐由具体的手指头，转化成了抽象的数字，于是就学会了10减5、10减2、5加5、5加3等基本的加减法。后来我又用同样的方法教她乘法和除法。

我问她：“一只手5个指头，那么两只手有多少？”

她回答说：“10个指头。”

我告诉她，这就是乘法，叫5乘以2等于10。后来，我把她的脚趾也加了进来，慢慢地，她又学会了5乘以4、5乘以3、10乘以2等。

有一天，女儿兴冲冲地跑到我跟前对我说：“妈妈，我会乘法了，我会5乘6、2乘3，还会其他的呢！”

我问她怎么学会的。她告诉我：“我刚才想了想，如果把爸爸也加进来，那么我们就有6只手，每只手有5个手指头，一共就是30个，这就是5乘以6等于30。我有两只胳膊，你有两只，爸爸也有两只，我们三个人就有6只，这就是2乘以3等于6。”

以后，维尼夫雷特面对乘法口诀的时候，就不像以前那样厌恶了，而是表现出极大的兴趣。不久，她就将乘法口诀完全背了下来。

当女儿对加减乘除有了一定的理解之后，我开始用扑克牌游戏来巩固她的知识。

我们先玩加法，两张扑克牌的数字相加，先用小数字的牌，慢慢变大。后来慢慢练习玩乘法，两张扑克牌上的数字相乘，也是由小到大。之后改成3张扑克牌上的数字相加、相乘，女儿觉得很有意思。

掌握了简单的加法和乘法之后，我开始让她学习更为复杂的计算技巧。我拿出5、6、7让她相加，她5秒之内得18。我问她：“有没有更简单的办法算得更快一些？”她想了半天，摇摇头。我启发她说：“如果让7借1个给5,这三个数会变成什么样子？是不是都变成了6？3个6相加是多少呢？”她恍然大悟，脱口而出：“就可以用乘法了！是吗？”于是，她马上说：“三六一十八。”我用指头一点她的脑门，夸奖她说：“对呀，这样就快多了，这就是数学中的思维技巧。”

我又拿出 4、5、6、7、8 要她相加，她很快就得出结果“30”。我问她怎么算的，她说：“就像你刚才说的，8 匀出一个 2 给 4，7 匀出 1 给 5，就成了 5 个 6，五六就是 30。”

接下来，我问她：“如果我给你一大堆的数字相加，你怎么办呢？比如说，给你 20 多张扑克牌呢？”说着，我抽出一沓扑克牌，在桌子上摆开，维尼夫雷特马上开始算起来。她用了将近 3 分钟的时间，一个个相加，结果算对了。

我说：“如果咱们采用另一种算法，会更快一些。”女儿疑惑地看着我，我告诉她，“用凑整十法，这样算起来就快多了，也便于记忆。”于是，我们从大的开始，13，让它和 7 搭配，凑成 20 整，12，配上 8，相加得 20，以此类推，从大到小，一步一步凑整十，最后剩下一个很小的数字，再加上去就大功告成。

“如果有 13，没有 7 怎么办呢？”女儿发问了，我告诉她：“就用多个小的数字拼凑啊。13，就拼 5 和 2，或者 13 拼 6 和 1，或者 13 拼 4 和 3，等等”接下来，我让她以那一沓扑克为例来重新计算，结果她不到 1 分钟就得出了结果。

玩扑克学数学，有技巧，有快乐，维尼夫雷特很长一段时间里都沉浸在学数学的喜悦之中，并且成了一个超级数学迷。

PART 4

厨房里的母女竞赛

很多父母向我诉说，他们的孩子不喜欢做家务，但是，我的女儿维尼夫雷特却不存在这个问题。如果想让小孩子做事，大人不能简单地对他们说：你去做这个，你去做那个……这样的方式，只会遇到抵触。我让女儿学习做家务是从厨房开始的，具体技巧还是从游戏入手。

每次我们家吃饭的时候，大家都要一起赞叹食物的美味，这时候，我就觉得非常自豪和喜悦。女儿看到这样的情景表现出羡慕的样子，我就对女儿说："要是你喜欢的话，什么时候我教你做饭，到时候我们可以比赛，看谁做得好吃。"女儿听了十分高兴。

过了几天，女儿突然对我说："妈妈，你有个承诺没有兑现。"我想了半天，我承诺了什么呢？女儿调皮地眨着眼睛，看我真的想不起来了，就告诉我说："教——我——做——饭！"啊，没想到我随口说了一句话，女儿还牢记在心，说明她对做饭这件事真的很向往。

第二天，我们就实施我们的烹饪计划。我首先带女儿去超市购买食品、蔬菜、调料，一边挑选一边告诉她哪些东西是做什么用的。女儿感到很惊讶，过去总是吃现成的饭菜，根本不知道每一种食物是怎么制作的，原来还以为沙拉本来就是沙拉的样子，面包本来就是面包的样子，这一下，才知道所有的食物都是精心搭配制作而成。

回到家，我们先一起读一本食谱书，女儿看了食谱之后对烹饪更加有了兴趣。于是，我们就根据选购的材料，按照食谱的要求确定了几种食品。女儿决定做一个鲜虾比萨，还做一个蔬菜沙拉；我负责烤面包，再做一个鸡翅汉堡，外加一个甜菜汤。当然还要做一些火腿、炸薯条、煎蛋饼之类，这个就由我承包了。

在做饭之前，我给女儿系了一条花色围裙，还戴上一顶白色厨师帽，这都是专门为她准备的。维尼夫雷特对这样的装束非常满意，她觉得有了这些东西，才真正像一个厨师。

我们先在餐桌上进行准备工作，摆好各种调料和食材，把要用到的各种炊具也陈列出来。然后，在我的指导下，维尼夫雷特开始对材料进行调配。虽然在这个过程中，到处都撒着面粉，到处都是水渍，我一点没有责备她，只是微笑着提醒注意。

我耐心地教她怎样用刀，怎样清洗，怎样把材料切好，怎样搅拌，怎样打火，怎样灭火，还告诉她如何避免烫伤。维尼夫雷特是个细心的孩子，虽然她总是想全部由自己操控，但是，对于我的指导还是能够虚心遵守。

所有的东西都做好了，我们一盘一盘地摆上桌子。维尼夫雷特兴奋地在餐桌边转来转去。等我们开始享用的时候，维尼夫雷特别提有多高兴了，因为她第一次吃上自己亲手做的食物。我们每尝一口比萨和沙拉，就由衷地发出一声赞叹，女儿满脸洋溢着成功的喜悦。最后，爸爸作为评点裁判，对我们俩的作品进行评价，评价的结果：维尼夫雷特的比萨味道鲜美，用料新颖，制作出了前所未有的独特口感。这样的评语实在恰如其分，因为维尼夫雷特在比萨中加入了很多新的食料，这种大胆尝试的精神令人钦佩。

吃完饭后，维尼夫雷特主动要求收拾餐桌，并且还要包揽洗盘子、收垃圾的任务，这些原来都是我负责的事情。看着女儿小小的手抓着大盘子认真清洗，我真是觉得无限欣慰。我看着她做得很吃力，要求帮忙，女儿一脸严肃地说："妈妈你到一边去玩儿吧，这里由我来。"现在，我觉得我变成了女儿，她倒成了妈妈。

每个孩子都热爱劳动，都喜欢做新奇的事情。很多家长因为担心孩子做不好，更怕孩子碍手碍脚，从来都不愿意让孩子插手家务，这样的结果，使很多孩子不会做事，变得懒惰，到头来又遭到父母的斥责。孩子做家务，不仅可以培养他们热爱劳动的意识，还可以培养他们良好的价值观，那就是尊重劳动，尊重所有用劳动创造生活、创造财富的人们。关键是，劳动使孩子明白，一切幸福和满足都要通过亲手劳动而获得，世界上没有白吃的午餐。

不分男性或女性，“做家务”是每个人最低限度的生活能力，也是增进家庭生活情趣、建立和谐人际关系的基础。家务绝非婆婆妈妈的事，也绝非琐碎、难登大雅之堂的事。能做家务事，做好家务事，是一门需要从小培养、学习的生活艺术。事实证明，家务劳动不仅能磨炼孩子的意志力，培养责任感，还能促进身心的健康发展，能给人带来身心的愉悦。

有的父母为了让孩子做家务，不惜用钱作为交换，这样其实并不好。因为家务是家庭的公共事务，是每个人都应该承担的义务和责任，如果孩子做一点儿家务就要报酬，那么父母每天做家务，又从哪里得到报酬呢？如果在家里做一点儿事都要报酬的话，长大之后孩子怎么会自愿做公益？而且，如果对孩子做的任何事情都用金钱来交换，最终会消解孩子内心的价值感和自尊感。

一个母亲对我说，她的女儿在小学二年级的时候已经会主动打扫房间，而且把床架和穿衣镜擦得干干净净。有一次她拿了几元钱要奖赏女儿，没想到女儿竟然生气地哭着说：“我不是为了钱才做家务的！”这位母亲对这句突如其来的话感到十分震惊。此后，每次女儿做完家务事，妈妈就去拥抱她一下，因为在女儿眼里，这比钱更有价值。

母亲课堂

MOTHER CLASS

第六课

神奇的想象力

有人会问，想象力可以产生财富吗？想象力能够带来幸运吗？当我们谈到想象力的时候，自然会让人觉得，这不过是无用的话题。想象力的确不能直接给我们带来什么，但是，想象力却可以成就一切。

艺术是想象力。那些钢琴家、小提琴演奏家，那些画家，那些诗人和作家……他们中，哪一个人的成就不是来自丰富的想象力？

科学也需要想象力。让飞机飞起来的人，让火车跑起来的人，从一个苹果想到宇宙运动的人，通过观察浴盆里的水而发现浮力定律的人……如果没有想象力，会有他们的成功吗？

商业活动，国际外交，日常生活，都离不开想象力。想象力比知识更重要，因为知识是有限的，而想象力却可以无边无际，无始无终，天上地下，横贯古今。

人类的所有创造性活动无一不是想象的结晶。没有想象，就不可能有创造发明，也不可能有任何预见。因此，我们要发展幼儿的创造性，培养千百万有创造才能的人才，就必须注意培养幼儿的想象力。

PART 1

生活如果没有了想象

莱斯顿是我们学院一位颇有名气的学者，他对于自己的工作可以说是兢兢业业。但在我的眼中，他是一个只会读书而毫无想象力的人。

莱斯顿教授虽然很有威望，可他总是板着脸，用成套成套的清规戒律教训学生。很少有人听到他对学生说："按你自己的想法去做吧！"而常常挂在他嘴边的是："不要这样，别胡来，这个不合规范。"对于他的严谨，我表示赞赏。但对他那种呆板的、一成不变的学习方式和教学方法，我感到非常反感。因为这种没有生气的教育，不可能造就优秀的人才，反而会使学生失去求知的欲望。

莱斯顿的儿子卡勒斯和父亲一样，虽然获得了学位，但只是个书呆子。据说，卡勒斯在四五岁时就是在当地出了名的"小老头儿"。大家都说他懂事，私下里却又议论说：他一点儿都不像个天真活泼的孩子。

有一次，我偶然得知了卡勒斯小时候受教育的情况。原来，他那种小老头儿性格并不是天生的，而是他父亲一手造成的。有一次，5岁的卡勒斯拿着自己刚画好的一幅画，兴冲冲地跑到父亲跟前。

"爸爸，爸爸，你看我的画，它漂亮吗？"卡勒斯满怀期望地问，他多么想得到父亲的赞扬啊。

"你画的什么，嗯？一点儿也不像。"父亲给卡勒斯泼了一头冷水。

"哪儿不像呢？"卡勒斯问。

"天空不可能是这种蓝色……还有这些花，画得太大了。"父亲不客气地批评道。

“可是……”

“不要可是，先听我说完。”莱斯顿先生不顾儿子的解释，继续大力讨伐，“胡闹，怎么这儿还有一个小人？人怎么可能飞到天上去？完全不合逻辑。”

“可是，我觉得这样很好。这是我想象的。”卡勒斯辩解道。

“想象？干吗要想象？做事不应该凭想象，应该凭事实。”

“可是，画画的时候想象是可以的。”

“不，不，不能靠想象，想象不能带来任何实际的好处。”

“可我觉得只有想象才能画好，而且，想象会使人快乐。”卡勒斯说出了自己的想法。

“胡说，我就不靠想象，但我不也一样快乐吗？”莱斯顿先生得意地教训儿子说。

“可是别人都说你太死板，都不愿意和你打交道。”

这句话惹怒了父亲，他给了儿子一耳光：“一派胡言！一派胡言！我警告你，无论如何，我就是不许你胡思乱想，干什么都必须脚踏实地，不可妄想！”

从此以后，小卡勒斯再也不敢提什么想象的事，也不再画画了。而且，本来开朗活泼的性格也变得阴沉忧郁起来。

事实上，莱斯顿父子虽然踏踏实实、辛辛苦苦地做学问，但始终没有取得很好的成果，并且一直生活在枯燥无味和孤独之中。

维尼夫雷特在四五岁时也喜欢画画，也时常和卡勒斯一样将自己充满想象力的画拿给我看。每当这时，我都会极力赞扬她的想象力，至于画得像不像，根本就不是一个重要的问题。不仅如此，我还鼓励她充分发挥自己的想象力，让她大胆一些，再大胆一些。这样一来，维尼夫雷特的画不仅越画越好，而且她的心态和性格也越来越健康。

有一位睿智的父亲，为了考验 3 个儿子的聪明才智，经过苦心设计，想出了一道试题，限他们在 10 天内完成。

父亲分别给 3 个儿子每人 100 元钱，要他们用这些钱去买他们所能想到的任何东西，这些东西必须能够装满一个仓库。

老大思考了很久，决定用 100 元钱买来一大堆棉花。结果，由于仓库太大，这些棉花连仓库的 1/3 都没有装满。

老二想了 5 天，最后他拿 100 元钱购买了最便宜的稻草。他将这些稻草散开，希望能装满仓库。但是，依然没装满仓库的一半。

第十天，老三将父亲请到仓库，他把所有的窗帘拉上，然后将大门也牢牢关好，整个仓库霎时变得一团黑暗。他从口袋中拿出一根火柴，不慌不忙地点燃了一支蜡烛。

顿时，仓库的每一个角落，都充满了蜡烛温暖的光芒。

父亲高兴地将三儿子搂在怀中。

这就是想象力的作用和意义。对于一个孩子来说，没有什么比想象力更为重要。想象可以使他们的心灵融入更加广阔的世界，可以使他们的思维突破任何东西的约束，可以让他们在黑暗中看见光明！

如果父母希望孩子富有想象力，首先要给孩子充分的自由——身体的自由和心灵的自由。不要随时随地控制孩子的语言和行动，不要经常地纠正孩子的“错误”，不要让一切带有功利的计划塞满孩子的时间，要顺从儿童的天性，在一定的范围内，让孩子自由展示自己，自由支配自己的生活，自由选择自己的活动方式。

父母要容忍孩子制造一定的混乱。有一天，珍妮给儿子买了一盒水彩笔，儿子一看见就高兴地拿出纸准备画画。妈妈以为儿子会安静地画好一张画，可当她把晚餐准备好从厨房出来时，却被眼前的情景惊呆了。

原来，儿子趁着妈妈不在身边时，就把手指全部涂上颜色，然后一个个地印到房间的墙壁上。当珍妮看到满墙上到处是五颜六色的手指印时，顿时气得火冒三丈。她想狠狠教训孩子一番，但是，当她看见儿子天真无辜的眼神时，立刻打消了这个念头。

事实上，妈妈大可不必为这种小“破坏”而大动干戈，反而可以很开心地为孩子喝彩。妈妈可以引导孩子开拓更广阔的思维，这么多的手指印，可不可以把它们连接起来，变成一幅漂亮的作品呢？比如说一棵树，或者一群飞翔的鸟？受到妈妈启发的孩子，想象便插上了翅膀，妈妈可以另外拿出纸板或者报纸等，帮助孩子一起完成他们的“作品”。

父母要善于欣赏孩子的所有“杰作”。当孩子拿出自己制作的一个纸卷，告诉你“这是我的仙女棒”的时候，请你不要冷漠地说这“只是一个纸卷”；当孩子在地上画了个小圈圈，告诉你“这是我的降妖环”的时候，请你不要急于批评线条的笨拙；当孩子跨上扫帚，兴致勃勃地告诉你，他是无所不能的“巫师”的时候，也请不要向他泼冷水，骂他无聊，而是要肯定他、鼓励他。

我还记得一个童话，讲的是一个小公主想要月亮的故事，我觉得这个故事就是一个关于想象力的最好例证。

小公主雷娜生病了，御医们束手无策。国王问女儿想要什么，雷娜说，她想要天上的月亮。国王立刻召见他的首席大臣伯伦，要他设法把月亮从天上摘下来。

伯伦从口袋里掏出一张纸条，看了看，说：“我可以弄到象牙、蓝色的小狗、金子做成的昆虫，还能找到巨人和侏儒………”

国王很不耐烦，一挥手，说：“我不要什么蓝色的小狗，你马上给我把月亮弄来！”

伯伦面露难色，一摊手，说：“月亮是热铜做的，离地球 6000 公里，体积比公主的房间还大。微臣实在无能为力。”

国王大怒，让伯伦滚出去。而后，他又召见了宫中的数学家。这位数学大师头顶已秃，耳朵后面总是夹着一支铅笔，他已经为国王服务了 40 年，不少难题一到他手中便迎刃而解。可这回，他一听国王的要求便连声推托，说：“月亮和整个国家一样大，是用巨钉钉在天上的，我实在没办法把它取下来。”国王听后很失望，挥手让数学大师退下。

接下来被请去的是宫中的小丑。他穿戴滑稽，全身上下还挂着一串串铃铛。他连蹦带跳，叮叮当当地跑到国王面前，问：“请问陛下，有何吩咐？”

国王又将事情的原委说了一遍。小丑听后沉吟良久，方才慢慢地说："陛下，您的大臣们都是具有远见卓识的智者，但月亮究竟是何物，他们的说法不一。不妨问问雷娜公主，她以为月亮是什么样？"国王表示同意。

小丑连忙去问雷娜公主。小公主躺在床上，有气无力地说："月亮比我手掌小一点儿，因为我伸出手放在眼睛前便挡住了月亮。月亮和树差不多高，因为我常见到月亮停在窗外的树枝上。"

小丑又问月亮是由什么做成的。公主说："我想大概是金子吧。"

小丑连忙让工匠用金子打造了一个小月亮，送给公主。小公主欢天喜地，第二天便下床在院子里玩耍了。

可是，天近黄昏时国王又开始发愁了，心想："女儿见到天上又升起个月亮，岂不又要闹腾？"他连忙又将首席大臣和数学大师请来商议对策。

首席大臣说："给公主戴副眼罩如何？戴上眼罩就看不见月亮了。"

国王不同意，说："公主戴上眼罩，走路会摔倒的。"

数学大师在房间里来回走着，低头沉思，忽然他止住脚步，说："有办法了，陛下。放鞭炮！放鞭炮和烟花，把黑夜照得如同白昼一样，月亮不就看不见了吗？"

国王摇摇头，说："鞭炮声太响，肯定吵得公主睡不着觉。"

这时，月亮已经升上树梢。国王只好再去请教小丑。小丑这回也没细想，胸有成竹地说："陛下，我们还是问问雷娜公主吧。"

小丑走进小公主卧室时，她已经静静躺在床上了，但还没睡着。小丑问公主："月亮怎么能够同时挂在天空和你脖子上呢？"

雷娜公主笑了，说："你真傻，这有什么奇怪。我掉了一颗牙齿之后又长出来一颗新牙齿，采掉一枝花朵后又会长出新的一朵。白天过后是黑夜，黑夜过后又是白天。月亮也是这样，什么事都是这样呀。"小公主的声音越来越低，慢慢合上了眼睛，脸上浮出了甜甜的微笑。小丑给公主盖好毯子，轻手轻脚地走出了房间……

这是多么美丽的故事，这是多么美丽的想象啊！

PART 2
这就是想象力

我时常对女儿讲述想象力的重要性，对她说，想象并不仅仅是自己的胡思乱想，而是一种开发人类创造力的源动力。

女儿稍稍懂事的时候，我开始给她讲那些伟大人物的故事，让她懂得想象力对于他们是多么重要。我告诉她，如果一个人没有想象力，他非但不能成为诗人、小说家、艺术家，而且也不能成为数学家和法学家，更不要说一个成功的商人了。

有一次，女儿对我说："人们都说想象只是艺术家的事，如果不想成为艺术家，就不要什么想象，一切从事实出发，这样说对吗？"

听女儿这样说，我知道她还没有弄清想象力和现实之间的关系，于是就耐心地给她讲其中的道理："从事实出发，以现实为依据，这是完全正确的，但是，想象力并不意味着不顾现实。没有想象力的人，做一切事都以眼之所见为准则，常常被陷在各种条条框框之中。这样的人，没有开拓新事物的勇气和能力，看不见事实背后的各种变化，看不见现实之中的各种联系，只能成为一个平庸的人。我让你要有想象力，也不是要求你什么都全靠想象，而是要在现实的基础上敢于发掘你的新思想，新观点、新方法，看见那些别人看不见的事物。"

维尼夫雷特说："可是，搞科学研究呢？科学不是必须完全以事实为依据吗？"

"当然，科学应该以事实为依据，但是，如果没有想象力，科学同样也不会有进步。"

"为什么？"女儿觉得不可思议。

"如果不是依靠想象，人们怎么可能知道万有引力？又怎么可能发明火车？科学就是发现、发明或预见现在还没有的、还看不到的东西。如果人们没有想象力，也许我们现在还在住山洞呢。”

“我知道了，如果没有想象力，人们就不可能去大胆探索，就不敢创造那些现在没有的东西，人类就不会过上现在这样的生活。”

“对啊，你现在知道该怎么做了吧。”

“嗯，世界上一切美好事物都是从想象开始的，所以人人都要充分发挥想象力。”

从此以后，维尼夫雷特不仅在学习绘画和音乐上尽情发挥自己的想象，即使在平时的游戏和生活中，也时常表现出自己独特的想象力。

有一次，维尼夫雷特和邻居的孩子们一起捉迷藏，小伙伴们都选择有遮掩的地方，大多躲在门后或院外的矮木丛中。由于总是这样，所以往往容易被发现。但是这一次，维尼夫雷特充分调动了自己的想象力，没有躲在平时藏身的地方，而是用一大块花布把自己裹起来，明目张胆地躺在沙发上。那些躲着的孩子一个个被找了出来，只有维尼夫雷特始终没有被发现。游戏结束后，小伙伴们还是没有找到她，于是都着急起来。他们找到我，说维尼夫雷特失踪了。

当时我也感到很奇怪，房间只有那么大，维尼夫雷特会躲在哪里呢？是不是跑到外面去了？可是在他们玩游戏的时候，我一直在院门口，并没有看见她出去。

“维尼夫雷特，你赢了，快点儿出来！”我在房间里大喊起来，可是始终没有看见她。

我和别的孩子们无奈地站在客厅中，猜测她到底躲在了哪里。突然，我听见隐隐传来的声音，那是维尼夫雷特的笑声。

那一瞬间，我发现了沙发上胡乱卷放的花布，原来维尼夫雷特就在这堆花布里。大家其实都看到了花布，但是没想到那里面有一个人。

我问女儿：“你怎么想出了这个办法？”

女儿说：“别人总认为我会躲在某个不易找到的地方，我却偏偏藏在客厅中最显眼的位置上。你们谁都没有想到，不是吗？我之所以想出这个办法，完全靠我的想象力。妈妈，你不是对我说过想象力的事情吗？这算不算是一种想象力呢？”

有一天，维尼夫雷特告诉我，她的小伙伴托尼这几天总是垂头丧气，对什么都提不起精神，对什么都没有信心。原来，托尼生了一场重病，整天躺在床上。由于不能去外面和别的孩子一块玩要，所以感到非常沮丧。

维尼夫雷特去看望他的时候，特意给他带去了有意思的书籍和好看的图片，但托尼似乎一点儿也不感兴趣。为了帮助托尼从坏心情中摆脱出来,维尼夫雷特还给他讲了一些有趣的故事,但他仍然不为所动。

“难道你就不能想象一些美好的事情吗？”维尼夫雷特说。

“想象？想象管什么用？”托尼回答。

“想象可以帮你摆脱生病的痛苦，还能使你的心情变好。”

“不，我可不这么看。我只想病快点儿好，赶快出去玩。”

“可是在你病没有好之前是不能出去玩的，你为什么不读读书，看看漂亮的图画，以此摆脱坏心情呢？”

“这样做有用吗？”

“当然。有一次我生病，就是用这个办法使自己高兴起来的。”维尼夫雷特开始介绍自己的切身经验，“那次我病得可重了，可我一点儿也没有垂头丧气。虽然我必须躺在床上，但我在床上总是闭上眼睛想象那些美好的事情。我想象在草原上奔跑，草原上到处是鲜花；我想象在蓝天上飞翔，穿过那些棉花一样柔软的白云……真是有趣极了。慢慢地，我就忘记了生病的痛苦，变得开心起来。”

“真的吗？如果真是这样，我一定试一下。”

托尼受了维尼夫雷特的影响，也想体会一下想象的乐趣。

可是，无论他怎样努力去构想美好的东西，但总是不能沉浸其中。一闭上眼，他就想到自己正在生病，仍然躺在床上，不能出去玩。维尼夫雷特给他读书讲故事，他也听不进去，总是纠缠在自怨自怜之中。

我时常告诉女儿，对于人来说，再也没有比拥有丰富的想象更幸运了。当他们遇到不幸时，也会感到快乐，即使陷入贫困，也会感到生活的满足，因为想象给了他们无限的力量。想象使他们摆脱了现实的困境，看到了美好的未来。

维尼夫雷特5岁时，她的舅妈不幸去世了。平时舅妈特别疼爱她，她们之间建立了非常深厚的感情。一听到舅妈去世的消息，维尼夫雷特就陷入了极度的悲痛之中，为此不知痛哭过多少回。但是有一天，维尼夫雷特突然不哭了，还去安慰暂居我家的舅舅。5岁的女儿居然像大人那样劝舅舅不要太难过了，顿时把她的舅舅弄得摸不着头脑。

她对舅舅说："亲爱的舅舅，别再难过了。我知道你很爱舅妈，但这也是没有办法的事。舅妈是个善良的人，我想她现在一定到了天堂，她一定会得到上帝的爱，她的生活一定很幸福。说不定比原来的生活还要幸福呢。"

听维尼夫雷特这样说，我顿时感到非常欣慰。女儿这么小就能够乐观地看待身边的事物，那么等她长大以后，在面对生活的困难和痛苦时，就一定有能力接受命运的挑战，不至于被挫折打倒。

有人会这样说，用想象来使自己摆脱痛苦，是不是一种自我逃避？我可不这样认为，在我看来，无论使用哪种方法，只要能把自己从不快乐中解脱出来，就是最幸运的事。因为对于人来说，快乐和幸福高于一切，而这种敢于面对痛苦并发现快乐的品质就是坚强。

PART 3

眺望美丽的星空

很多人认为，神话故事和历史传说是没有现实价值的东西，因此不必要给孩子讲这些东西。我却不这样认为，而且我的观点恰恰相反。我时常给维尼夫雷特讲那些美丽的神话和传说，因为这是开发孩子想象力的最佳教材。事实上，维尼夫雷特也非常喜欢这些故事。

女儿和其他的小孩子一样，也非常喜欢眺望夜空中灿烂夺目的星星。每当此时，我都不会以任何理由去打断她，并且还会给她讲一些有关星空的故事。

在一个晴朗的夜晚，我的女儿像往常一样坐在院子里的椅子上眺望夜空。她看得十分出神，仿佛在思考着什么。

“维尼夫雷特，你在想什么呢？”我悄悄地走到她的身边。

“我在想那些星星上是不是真的有仙女。”

“那么你认为有吗？”

“有，当然有。”

“为什么呢？”

“你看那些星星，又干净，又明亮，一定是那些仙女把它们擦洗干净的。否则，它们怎么那么亮呢？”

“是啊，我也是这么想。所以你也要像仙女一样勤快，把身边的东西收拾得干干净净。”

“那么，天上究竟有多少星星呢？”

“啊，这个问题可不好回答，天上的星星实在太多了，多得数也数不清，恐怕谁也不知道吧。”

“哦！这么说，世界上的仙女多得数也数不清吗？”

"那是当然啦。"

"可是，为什么我总是看不到她们呢？"

"我想那是因为太远了。如果有一天人们能飞到宇宙中去的话，我想就可以看见她们了。""为什么我们地球上没有仙女呢？"

"维尼夫雷特，你要知道，仙女并不是什么神奇的人。我认为，一个人只要勤劳、善良，有一颗美丽的心灵，那么她就是一位仙女。"

"那么，我也能成为仙女吗？"

"当然，不是早有人说过，你像仙女一样可爱吗？"

听到我这样说，维尼夫雷特高兴地笑了笑，又继续提出她的问题："那些星星上到底有什么？那上面也有人吗？"

"这个嘛，我也说不清楚。但我知道现在很多天文学家正在研究这个问题。"

"天文学家？"

"是的，天文学家就是专门研究宇宙的科学家，他们的工作就是解开宇宙的秘密。比如说，太阳上有什么？月亮上又有什么？那些星星离我们有多远？等等。"

"这么说，天文学真是一门有意思的科学。我要是也能研究天文学就好了。"

"这有什么问题呢？只要你努力学好知识，等你长大后，完全有机会成为一名优秀的天文学家。"

后来，维尼夫雷特简直变成了一个天文迷，成天要我给她讲关于宇宙的故事。对于女儿的求知欲，我当然会尽力去满足，我不仅给她讲故事，还专门给她买了很多带有插图的天文学书籍。

就这样，维尼夫雷特很快就掌握了大量的天文学知识，我时常看见她和一群小伙伴聚在一起讨论天空的奥秘。有时侯，他们会为某一个问题争得面红耳赤。

有一天，女儿给小伙伴讲了有关太阳系的事，她的知识让其他孩子大开眼界，并为她的学识感到吃惊。

"你们知道吗？我们生活在宇宙中的一颗很小很小的星球上。"维尼夫雷特说道。

“什么？小星球？地球那么大，怎么说是小星球？”

“不会吧，我们生活在大地上。”

“胡说，我们生活在城里。”

“……”

孩子们议论纷纷，好不热闹。维尼夫雷特拿出自己的书，翻到画有太阳系的那一页给伙伴们看。“你们瞧瞧，这就是地球，这是火星，这是水星……这些星球都围着太阳转。”维尼夫雷特一边翻着书，一边向孩子们解释。

“可是，你为什么说地球是个小星星呢？”

“当然是个小星星。你没看见在这张图里，地球只是个小点点吗？你们看，太阳系包括 9 颗行星和太阳。可是在宇宙中，像太阳系这样的星系多得数不清。想想吧，这样一来，地球在整个宇宙中不是成了小星星吗？”

“可我觉得地球很大，因为我父亲到世界各地旅行过，用了好多年都没有把整个地球走遍。”一个孩子不服气地说。

“这很正常呀，地球再小，也比人大得多。这说明人在宇宙中就更加渺小了。”

就这样，维尼夫雷特因为神话传说而开始眺望星空，然后开始喜欢上天文学，进而掌握了大量的自然科学知识。正是因为对神话和传说充满想象，然后逐渐变成了对科学的自觉探索。

PART 4

想象力的培养

培养孩子的想象力有很多有效方法，如讲故事，猜谜语，玩具游戏，听音乐，信手涂鸦，即兴表演，等等，都可以达到目的。设置某种情景，让孩子编一个故事；或者父母给孩子讲一个故事，但不要都讲完，可以中途停下来，让孩子去想象故事的发展和结局；经常给孩子一些谜面，让他们猜出谜底；父母给一幅未完成的画，让孩子去补充剩余的内容；放一段较易听懂的乐曲，让孩子想象乐曲表达的情景，并将这一情景用语言描述出来；向孩子提供一个困境的情景，让孩子想出各种解决办法……

要使孩子具有想象力和创造力，父母要放手让他们到实践中去锻炼。为了发展维尼夫雷特的想象力，我时常和她一起表演儿歌和传说故事的内容。一般来说，表演都需要有一个背景。可是，我和女儿的表演往往没有背景，因为这样更能够充分发展她的想象力。

儿童剧场的创始人阿里斯·赫茨女士曾说过："儿童剧场的布景和扮妆若过于逼真，孩子们就没有想象余地了，这样反而不能促进他们想象力的发展。今天教育的不足之处就在于过于现实，没有发挥孩子的想象力。"我认为赫茨女士的观点极为正确。

有一次我和维尼夫雷特一起表演一个王子与公主的故事。

故事的情节是这样的：年轻的公主被魔鬼抓走了，被困在一个偏远的山洞里。深爱着公主的王子寻找了很久，终于找到了那个山洞，并与魔鬼进行了勇敢的搏斗，最终打败了魔鬼，把公主救了出来。

经过商量，由维尼夫雷特演王子，我扮演公主。由于这个故事主要是表现王子的勇敢，维尼夫雷特就主动要求演这个角色，她想做一次英雄。

表演开始了，维尼夫雷特手持“宝剑”和想象中的魔鬼奋力搏斗，并不停地痛骂邪恶的魔鬼。在原来的故事中，王子是骑着马去的，但是维尼夫雷特的表演却远离了原来的故事内容。她没有骑马的动作，而是不停地用手臂做出飞翔的样子。她一边“飞”，一边用“宝剑”刺杀魔鬼，并且想把公主抱起来一起飞走。

演着演着，她忘掉了是在演戏，于是就说错了台词，不再叫我“公主”，而是叫我“妈妈”。她不停地喊：“妈妈，快跟我来，我们一起飞到天上去！”我当时差点儿笑出声来，但仍然没有打断她，也没有去纠正她。因为我认为这种表演的目的是要锻炼女儿的想象力，不一定要照本宣科地进行。

表演结束后，我问女儿：“你为什么要飞翔？故事里的王子本来是骑着马的呀？”

维尼夫雷特对我说：“我本来是骑着马的，可是我想到公主一定正在山洞里忍受魔鬼的折磨，我觉得骑马太慢了，索性就飞了过去。我飞起来去救人有什么不对吗？”

“没什么不对，我觉得你演得好极了。我也觉得飞翔比骑马好，这样更有想象力，更能够表现出王子急切的心情。”

我夸奖了女儿，以鼓励她大胆想象的勇气。

“是啊！飞翔的感觉太好了！”女儿兴奋地说。

“哦，飞翔的感觉是什么样的，你能给妈妈讲讲吗？”

“飞翔呀，让人觉得很愉快。我好像听到耳边有呼呼的风声，我好像飞得很快，并且看到了大地上的山川和森林。你想想吧，那样的画面多么美丽啊！”

“那么公主呢？你认为她会有什么感觉？”

“公主当然会高兴，因为她脱离了魔鬼的控制。我想那个邪恶的魔鬼一定在地上气得发抖，他看见我们飞得那么高、那么快而束手无策，一定会气死。哼，那也是活该，谁让他总干坏事。”

“可后来又怎样呢？”我又问女儿。

"后来？我们还没有演哪！"

"虽然没有演，但你可以继续想象下去。你想一想，救出公主后，你应该怎么办？"

"救出公主后……"维尼夫雷特想了想说，"救出公主后，我先把她带去见国王，让他们父女见面，然后……"

"然后怎样？"

"然后我一定会求国王把公主嫁给我。"

听女儿这样说，我忍不住大笑起来。

"妈妈，你笑什么？有什么不好吗？"女儿不解地问。

"没有什么不对。这是合情合理的。不过，如果公主不同意呢？"

"不会吧，一般来说，公主都是愿意嫁给王子的。万一，万一她真的不同意，那就算了。你说呢，妈妈？"

我什么也说不出来了，只是大笑。

女儿的表演那么生动，那么富有激情。甚至表演结束了，还能够按照故事的线索继续往下想象。从这一点来看，女儿的想象力真是很丰富。这种想象的能力，对她快乐性格的形成很有好处，给她的生活增添了不少的乐趣。

PART 5

无处不在的想象

为了培养女儿的想象力，我连餐桌上的机会也不放过。比如，吃饭的时候，我会和维尼夫雷特一起对食物进行想象性的描述。餐桌上有一盘沙拉，我们会说："有如秋天的景色，在那碧绿的森林里，飘落着黄叶和红叶；"一盘加入了海带的意大利面条，我们说那是"一束扎在姑娘头上的黑丝带"；一个小蛋糕，上面镶嵌着一颗颗草莓，我们就说："夜晚的星星，散落在一片甜蜜的原野……"维尼夫雷特还能给出许多奇怪的描述语言，有时候我都有自愧不如的感觉。

我还经常和女儿一起摆弄她的玩具，我觉得玩具是培养幼儿想象力的重要道具。在玩的过程中，我们会围绕一个主题进行游戏，利用玩具，创造一种模拟的生活。"勇敢的卫士""神奇的怪兽""飞翔的精灵"等，边玩边想象边编故事，让孩子的愿望设想都得到了满足。

如果游戏中没有玩具材料，游戏就无法开展。有了"娃娃"，孩子才玩起"娃娃家"的游戏；有了小碗、小刀等，孩子才能玩起烹饪宴客之类的游戏。玩具能够帮助孩子展开想象，最好是以能活动的、多变化的为好，以便给孩子留有发挥创造力的余地。

不过，玩具也不宜太多。许多父母为了让孩子高高兴兴地玩，就为他们买各种各样的玩具，虽然这样做是出于对孩子的关心，但实际上对孩子并没有什么好处。因为过多的无主题的玩具，只能帮孩子打发无聊的时间，而对他们的教育没有任何好处。因为东西太齐备反而会影响孩子发挥自身的能力，妨碍他们主动运用想象力。玩具不应该仅仅用于玩耍，而要对孩子产生积极的心灵启发。

维尼夫雷特很小的时候，我给她最多的就是布娃娃和橡胶娃娃。她可以跟这些玩具说话，还可以和它们一起睡觉，通过这些玩具，就可以锻炼她的语言想象力和交际想象力。

不仅如此，我还让维尼夫雷特自己做玩具。有时我会给她剪刀和碎布片，教会她自己缝制娃娃的服装，使她从小就学会一些基本的生活技能。

为了让女儿学会这些小“技术”，我先用碎布给她做一两个样本，然后让她照着做，以训练她的动手能力。可是，女儿往往会出乎意料地自己创作一些新的东西，并且常常比我给她的样本还要好。

有一次，女儿兴冲冲地跑到我的面前，双手举着两个不同的玩具娃娃，它们穿上了不同的“新装。”

“妈妈，你认为哪一个漂亮些？”

我仔细看了看，女儿左手拿的那个布娃娃穿的是我做的衣服，右手拿的那个，穿的是她自己做的衣服。我做的衣服很正规，像真的一样，而女儿做的那套衣服却很有创意。她把裙子做得特别长，像孔雀尾巴一样向后散开,看上去非常华丽,在颜色搭配上也有不少独到之处。

女儿见我不说话，有些着急了：“妈妈，快说呀，哪一件更漂亮？”

“当然是右边的漂亮，你看它是多么华丽洒脱呀。”

“那么，我可以穿这样的衣服吗？”

“当然，你应该穿漂亮的衣服。”

“真的吗，明天你给我做一套好吗？就照这个样子做。”

“维尼夫雷特，我很愿意为你做，可是，这样的服装太奇怪了，穿着它出门恐怕不大好。”

“你的意思是说它不好看？”

“不，我不是这个意思，我是想说，这样的服装比较适合在戏剧的舞台上穿，因为它很有艺术性。这样吧，等下一次你要参加什么演出的时候，我一定给你做一套。”

圣诞节到了，维尼夫雷特穿着她自己设计的服装，参加了一个非常精彩的节目，受到了小伙伴们的赞扬。那一天，女儿真是高兴极了。在以后的日子里，女儿不仅为自己设计表演服装，还帮别的小朋友设计。

女儿设计的那套服装一直还保存在我的衣橱里，每当我看到这个颇具意义的纪念品，就会想起女儿幼时的可爱模样，并为女儿自小形成的丰富想象力和创造力而感到骄傲。

除此之外，培养想象力还有很多其他的途径。比如，父母可以从日常生活里启发孩子，谁发明了钱包？他为什么要发明钱包？钱包可不可以有另外的样子？为什么车轮是现在这样的？这样有什么好处？星星为什么不会掉下来？人为什么不会飘到天上去？这些问题有助于培养孩子们的观察力，通过观察引发思考和想象。

改变固有思路也是培养想象力的一种方法。想象力最大的敌人是接受现实，循规蹈矩。为开导孩子，父母可以采用几种非常简单的训练方法，比如，启发孩子寻找去某个商店的新路线，尝试用另一只手写字，从中间的章节开始读一本书……

还可以给出一些简单的符号，如一条线，一个半圆，一个圆圈，让孩子根据这些来发挥想象，鼓励孩子尽可能多地组合一些复杂图案，或者编出一个新奇的故事。父母还可以鼓励孩子拆装废旧物品，比如废旧的钟表、电池、收音机等，让孩子发现其中的奥妙，进而引发他们的创造性想象。

母亲课堂
MOTHER CLASS

第七课

好习惯，好方法

就学习而言，良好的习惯更为重要，它有利于激发孩子的积极性和主动性，有利于提高学习效率，有利于培养自主的学习能力。总之，好习惯可以使孩子如虎添翼，终身受益。

习惯决定行动，行动决定性格，性格决定命运——我们可以这样说：你的习惯就是你的未来。当很多人埋怨命运的时候，其实这种结局早在幼儿时期就已经设定了——那就是习惯。习惯是在学习生活的过程中，经过反复练习、形成、发展，最终成为一种个体自动化的行为方式。习惯是一切活动的前提，更是关系到行为结果的重要因素，也就是说，习惯是导致人生成败的直接原因。

所有成功人士都有一个共性，那就是基于良好习惯构造的良好行为规范。各个领域中的杰出人士，成功的运动员、律师、政治家、医生、音乐家、企业精英以及所有专业领域中的佼佼者，从他们身上都能发现这样的共性——良好的习惯。正是这些好习惯，帮助他们开发出更多与生俱来的潜能，让他们一步步登上人生的高峰。

一个人的习惯大都是在幼儿时期养成，而且是在父母有意或者无意的引导下养成，最终伴随其一生。优秀的家长会在生活中的每一个环节重视习惯的培养，重视那些对性格养成至关重要的生活细节，并让孩子逐渐在这些细节中，理解为人处世的道理。

父母都盼望孩子学有所成，可是学习本身也是一门学问，怎样学才更有效？什么方法才会让我们事半功倍？这都要父母对孩子从小加以培养和引导，有了好的学习品质和习惯，掌握了正确的学习方法，成功就相去不远了。

PART 1

我的事我来做

在学习上，我不会轻易帮助女儿解决某个问题，甚至给她的暗示也往往很慎重。因为对于学习本身来说，真正对她有意义的是独立思考和解决问题的过程，而不一定是结果。一个人的成功与否，往往取决于这个人是否有独立思考与判断的能力，是否有主动克服困难的力量和智慧。

为了使女儿从小就养成独立思考的习惯，我采取的办法是，尽量让她自己做自己的事，并耐心倾听她陈述自己的想法。

有一天，我正在书房中写论文，丈夫走了进来，他对我说："亲爱的，你去看看我们的女儿是怎么回事，她已经在房间里待了很久，早就超过了学习的时间，现在还没有出来。"

于是，我和丈夫一起去敲女儿的房门。

"维尼夫雷特，你在干什么？"

"我在做一道智力题！"

"你看看，现在几点了，该休息了！"

"可是这道题我还没有完成呢。"

我和丈夫对视了一眼，知道女儿一定是遇到难题了，否则不会花那么长的时间。

"维尼夫雷特，我们进来好吗？让我来看看什么题目有这么难。"丈夫在门外对女儿说。

女儿过来开了门。丈夫仔细看了看那道智力题，确实难度很大。

"维尼夫雷特，我来帮你吧。你看这里，应该……"

"等一等，爸爸，"丈夫的话还没说完，就被女儿打断了，"我不需要别人帮忙，虽然它很难，但我一定能自己解答出来。”

“我不是要帮你答题，只是想提示你一下。”丈夫说。

“提示也不要，因为这种题难就难在那一点上，如果别人告诉我问题在哪儿，也就等于帮我做了。”女儿不同意父亲的建议。

见女儿这样，我知道我们着急也没有用。因为我了解她，她一定要自己解决那道难题，别人劝说是无用的。于是，我给丈夫使了一个眼色，就离开了女儿的房间。

晚饭之前，女儿终于从房间里走了出来。我和丈夫都怀着不安的心情看着她，生怕女儿为做不出那道题而不快。

不出所料，维尼夫雷特垂头丧气地坐到了餐桌前，一句话也不说，有意无意地摆弄着勺子和叉子。

“维尼夫雷特，怎么啦？那道题还没有做出来吗？”我问道。

“是的，那是我遇见的最难的一道题。无论怎样都想不出来答案，似乎是一个魔法没有解开。”

“那么这样吧，等一会儿让爸爸教教你，他可是这方面的专家。”我赶忙建议道。

“好了，我的小女儿，没关系，等一会儿我来帮助你。”丈夫为了使女儿高兴，也这样附和。

“不，我不要你们帮忙，让我自己来解决这道难题。”

吃过晚饭，维尼夫雷特立刻回到自己的房间。我和丈夫拿她没办法，只好由她去。

过了一段时间，女儿兴冲冲地从房间里跑出来：“爸爸，妈妈，做出来了，我做出来了……”听到女儿的欢呼声，我和丈夫的心情也顿时开朗起来。

那天晚上，女儿不停地对我和丈夫讲她解答这道难题的过程，她遇到了什么困难，是怎么想的，后来又是怎么发现了问题的关键所在，最后怎样解开了难点。

女儿自豪地对我们说：“今天我真的很高兴，比过圣诞节还要高兴。因为我完全凭借自己的努力解决了困难。从今以后，我再也不怕那些智力题了。”

是的，女儿应该为她的这一行为而感到自豪。不但是她自己，我和丈夫也为她感到骄傲，因为我们的小女儿已经成了一个不怕困难和坚忍不拔的人。

经过这样一次次的磨炼，维尼夫雷特的毅力和独立思考能力都得到了很大的发展。女儿总是能够自己解决自己的问题，从来不像其他孩子那样依靠别人。我想，女儿的这种品质，将会为她以后的人生道路打下坚实的基础。

作为父母，在这样的情况下千万不能性急，很多家长碰上孩子的问题，要么急着帮他们解决，要么不耐烦地催促，要么冷嘲热讽，这样做只会降低孩子的求知欲，剥夺孩子独立思考的机会，久而久之，就会让他们养成依靠和怠惰的习性。当这种习性养成之后，我相信很多父母反过来又会责备孩子，认为他们不思进取。其实，这样的结果不正是父母不当的教育造成的吗？

学习和生活永远是孩子自己的事，太多的父母不明白这样的道理。当孩子轻轻摔在地上的时候，父母心痛地去扶起他们；当孩子要一个水果的时候，父母赶快去拿来递在他们手中：当孩子要上学的时候，父母为他们取来书包，帮他们背到肩上……诸如此类的一切，其实孩子都可以自己解决。可是，父母经常要去代替孩子、剥夺孩子的这一点权利。虽然出发点都是关爱，但结果却是深深的伤害。

PART 2

不专心不成器

维尼夫雷特兴趣十分广泛，但是，她并没有因为这些爱好而影响正常的学校学习。很多认识女儿的人常常提出这样的疑问，维尼夫雷特有那么多业余爱好，怎么可能把学校的功课学好呢？她有足够的时间和精力吗？

人们有这样的疑问是很正常的，不过我认为，只要时间安排得合理，让孩子养成高效的学习习惯，就不会出现人们所担心的问题。

维尼夫雷特之所以能处理好学校与课余学习的关系，完全得益于她从小养成的专心致志的习惯。习惯都是在生活中一点一滴培养起来的，无论是好习惯还是坏习惯，都非天生。我认为在孩子好习惯的培养上，做父母的应该耐心而细致地加以引导

其实，女儿在小的时候也和其他孩子一样，虽然爱好很多却不能用心一处，这个也想学，那个也想学，但总是不能集中精力，往往什么也不能学好。

有一个假日的下午，维尼夫雷特在房间忙碌地跑来跑去，一会儿画两笔画，一会儿去看看书，一会儿又弹弹琴，把自己搞得手忙脚乱，精疲力竭。最后，她怒气冲冲地对我说："妈妈，我不想学习了！"她极不高兴地向着我喊叫。

"不想学什么？"我问她。

"什么都不想学了。"

"为什么？"

"那么多枯燥的东西，都快让我发疯了。"

"为什么，学习怎么会让人发疯呢？"

“事情太多太多，我都不知道该怎么办才好。我刚拿起笔准备画画，就想到书还没看呢。我去看书的时候，又觉得该练琴了。”

“那么你应该一件一件地做呀！”

“一件一件地做，可是没时间啊！”

我了解女儿的性格，她是个非常认真的孩子，想把所有的事情都做好，因此就产生了急于求成的心理，以至于失去了内心的平静，变得焦躁不安起来。

“怎么会没时间呢？”为了使女儿平静下来，我耐心地告诉她怎样合理地安排时间。

“你打算每天用几个小时来学习功课呢？”我问她。

“2个小时。”女儿回答说。

“那么画画和弹琴用几个小时？”

“画画用半个小时，弹琴也是半个小时。”

“对呀！总共才用去3个小时。而一天有24上小时，除了睡觉、吃饭、玩，你的时间还有很多呀！”

“可是，我怎么老是觉得时间不够用呢？”

“这是因为你自己没有安排好时间。”

“应该怎么安排呢？”

“我认为安排你的时间很容易，关键是要让你自己先静下来。”

“唉，我就是不能平静下来，总是着急。”

“我知道你为什么着急，因为你不能用心一处。我建议你在做任何一件事的时候，都要把其他的事情完全抛开。比如说，在看书的时候，就一点儿也不去想画画、弹琴，等到画画的时候，就专心想着画画。这样不就行了吗？”

“有效果吗？”

“当然。不过你要先给自己列一个时间表，把你的计划写在一张纸上。几点到几点读书，几点到几点弹琴……有了这样的计划，你就不会忙乱无序了。“

“那么我去试一试。”说着女儿又回到了自己的房间。

没过多久，维尼夫雷特又来到我的房间，她对我说："妈妈，这种办法果真有效。我一点儿也不着急，反而把每件事都做完了。"

从此，维尼夫雷特养成了专心致志的习惯。无论有多少干扰，也不能使她放下正在做的事情。随着年龄增长，这种好习惯在她身上逐渐根深蒂固。大家都说，维尼夫雷特是一个自律性很强的孩子，因为没有人可以轻易干扰她正在进行的工作。

有一年圣诞节，我们家举行一个圣诞晚会，邀请了很多客人，维尼夫雷特的那些好伙伴也在被邀请之列。晚会开始之前，大家都聚在客厅里喝茶、聊天，只有维尼夫雷特没有出来，因为她正在自己的房间里做功课。为了不让客人久等，我必须去叫她。

"维尼夫雷特，该出来了，客人们都到齐了。"

"晚会 8 点开始，现在才 7 点 40 分。还有 20 分钟，我必须先把这一段读书笔记写完，这是我今天要完成的任务。"

"可是，外面来了那么多人，你还有心思吗？"

"我不急。刚才我已经出去和大家打过招呼了，他们知道我还有事。你不是总对我说，无论做什么都要专心致志吗？"

果然，女儿认真写完了读书笔记，然后开心地度过了余下的圣诞夜美好时光。

PART 3

争取做到最好

现在回想起来，维尼夫雷特从小就是个非常好强的孩子，即使只有四五岁，她也是无论做什么都要求做到最好，这是她和别的孩子最显著的不同之处。一般来说，孩子都很贪玩，只要能够完成自己的事就已经很不错了，很少有人主动把某件事做到尽善尽美的程度。而维尼夫雷特却是例外。

由于女儿自幼喜欢画画和弹琴，所以她结识了一帮有相同爱好的小伙伴。这些孩子当中有的是我们邻居的孩子，也有的是我和丈夫的同事、朋友的孩子。几乎每个周末，这一群孩子都会不约而同地聚在一起，或是画画，或是弹琴。

为了让他们能够更好地交流，也为了让他们有一段欢乐的时光，我和丈夫决定为他们举行一次钢琴比赛。

当然，这样的活动不像正规的比赛那样严格，主要是为了让孩子们玩得高兴。孩子们演奏钢琴时，可以自己选择曲目，也可以重复别人演奏过的某一首乐曲。

那天下午，我们家热闹非凡，一下子来了七八个孩子。由于他们的年龄都比较小，几乎没有一个人能把整首曲子不出差错地演奏下来。尽管如此，孩子们还是热情高涨。他们一个接一个地走到钢琴前演奏自己熟悉的曲目，有的演奏刚入门的练习曲，有的演奏简单的民谣或儿歌，有的甚至只弹一两个乐段。

有一个名叫威廉斯的孩子，完整地弹完了一首乐曲，顿时赢得了所有人的欢呼。他非常自豪而有礼貌地向大家鞠躬行礼，其风度俨然是一个真正的钢琴演奏家。

“维尼夫雷特，你看威廉斯多棒呀！他演奏得非常流畅。”我拍拍女儿的肩膀，示意她也应该像小威廉斯一样。

“我相信你也能弹得这样好，可是上场后千万不要紧张啊。”我知道小威廉斯的演奏激发了维尼夫雷特的好胜心，所以在她上场之前特别嘱咐她。女儿听我这样说，向我点了点头，说道：“没有关系，我才不怕当众演奏呢，待一会儿你瞧我的吧。”

不一会儿，轮到女儿上场了。

维尼夫雷特走到钢琴前，做了一个深呼吸，并向我看了一眼。我知道女儿一定会紧张的，因为小威廉斯的演奏给了她某种压力。于是我也向女儿点了点头，示意她不要受外界的干扰，用心于一处。

音乐响了起来。我从传来的琴声之中隐隐感觉到女儿还是有些紧张，弹得不像平时那样沉稳，而且不太流畅。果然，在弹了几个段落之后，女儿弹错了，琴声停了下来。我始终注视着女儿，用一种支持的眼光看着她，鼓励她弹下去。

女儿可能感觉到了我的心思，她鼓起勇气，又从头开始。可是，才弹了两个乐句，又弹错了。就这样，维尼夫雷特不是出错，就是忘了乐谱，反复停顿了几次。我感到她心里焦急起来，就走到她身边。

“维尼夫雷特，今天是不是状态不好？”我小声问道。

“不知道为什么，今天总是出错。”

“那么，下来休息一会儿，先让别的孩子演奏吧，等你状态好了之后再弹。”

维尼夫雷特看了看我，又用眼睛偷偷瞟了一眼其他的人。或许因为她知道现在有很多人在看她，脸“刷”一下就红了。

看见女儿窘迫的样子，我赶忙悄声地安慰她：“没关系，大家都是很熟悉的朋友，没人会笑你的。你的钢琴弹得好，大家都知道，他们都理解你。何况谁都有状态不好的时候。休息一会儿再弹，好吗？”

“不，妈妈，我要继续下去！”女儿坚定地说道。

我刚转身离开钢琴，女儿的琴声再次响了起来，这一次，女儿真的把一切杂念都抛到了脑后，她的演奏不仅完整，而且还表现出了她对音乐的独特理解，十分感人。当她演奏完那首曲子起身向大家致意的时候，所有的人都热情地鼓掌，还有人大声地喊着女儿的名字。

“维尼夫雷特……维尼夫雷特……”

“太棒了，维尼夫雷特，太棒了！”

后来我思考了女儿起初为什么没有弹好的原因，大概是我开始对她说的话影响了她的心境。其实，小孩子本身不会有压力，大人往往格外担心，这种担心用语言表达出来之后，恰恰成了孩子心里的一种负面暗示，结果导致事与愿违。有的父母，尤其是母亲，总爱在一些重大的事情之前叮嘱孩子注意什么，小心什么，最后却总是把结果引向“不要”的方向，这种心理的负面暗示和压力是很不好的，我也是从这次弹琴比赛中认识了这样做的不良后果。学习就是生活，生活的最高境界就是轻松自如，顺其自然，永不放弃。

我问女儿，为什么接下来能弹得那么好了呢？女儿说：“当我看见那么多眼睛盯着我的时候，我一下子就像走上了真正的舞台。我想，自己就是一名钢琴家，我为此准备了好久，我只要按照自己的方式演奏就可以了。不再想威廉斯，也不再想别的小朋友，我只想着自己，我要做到最好。我就像中了魔法似的，也不知道为什么，状态突然就好了起来，似乎弹得比平时还要好。”

听女儿说完，我心里非常高兴，“我要做到最好”，这句话多么令人激动啊，事实上，维尼夫雷特一直是这样要求自己的，不仅是音乐和绘画，在别的方面也是如此。

PART 4

让思维拐个弯

一个人的能力大多是通过训练得来的，并不完全来自天赋。只要孩子没有什么天生的缺陷，只要受到正确的教育，都可以成为智力超群的人。

我在培养维尼夫雷特的时候，总是鼓励她用多种方法解决同一个问题，以培养她的快速思维能力和发散型思考习惯。

除了学习正常的功课，我常常鼓励女儿参与各种有益于身心健康的活动，尤其是全力支持她艺术方面的爱好，因为艺术是培养孩子这种能力的最好课堂。事实上，艺术在很多情况下都要靠良好的直觉，而不是用过多的时间去冥思苦想。

为了让女儿从小就有灵活的头脑，我在她学习艺术时，时常让她用不同的表现方式去展示某一种事物。

有一天，维尼夫雷特在屋外的院子里用水彩画一棵树和一簇鲜花。由于她学习绘画已经有一年多的时间了，所以有了一定的功底，不仅运笔流畅，而且形象和色彩都把握得很准确。正当女儿画得起劲儿的时候，我悄悄地走到了她的身边。

"维尼夫雷特，这幅画真漂亮呀!"

"真的吗?" 听到了我的表扬，女儿高兴地抬起头冲着我笑了笑。

"不过……"

我的话还没有说完，女儿就打断了我，问道："不过什么?你觉得有什么不好的地方吗?"

"我觉得你画得很好。只是你在这一年中，总用这同一种方法画画，恐怕不会达到足够好的效果。"

"为什么呢?"

"我认识几位艺术家，他们创作的时候总是不断地变换创作手法，希望得到不同的效果。他们对我说过，总用同一种方法创作，会使人感到厌烦，甚至会让自己的感觉迟钝。所以，我认为你也应该像他们一样，多试试新方法，也许这样会更好。"

"对呀，"女儿听了我的话之后，开始发表自己的看法，"我也有这样的感觉。我画了那么多画，可它们差不多都是一样的，现在虽然比以前要熟练得多，但有时候我也觉得不像开始时那么有趣了。"

"那么，你就试试别的方法吧。"

"可我不知道怎么做。"

于是，我尽自己所知，向女儿介绍了绘画艺术中的各种表现手法。并且还告诉她，除了用画笔和颜料绘画之外，还有拼贴、剪纸、雕塑等，并向她介绍了这些方式的具体操作过程。

女儿听完我的介绍后，顿时表现出了浓厚的兴趣，当即就要我去给她买这些材料。

第二天，我去商店里给维尼夫雷特买了各种不同颜色的纸张，还去裁缝铺要了一些各种质地、各种花色的碎布，并给她准备了一把小剪刀和一瓶胶水。

自从有了这些五花八门的东西后，女儿的创作激情就大大提高了，只要有空闲，就待在房间里兴致盎然地摆弄它们。她对这些东西的兴趣似乎远远超出其他的玩具。

大约过了一个星期，女儿兴奋地把我和她的父亲带到了自己的房间。

我们顿时被眼前的情景惊呆了。女儿房间的四壁上挂满了各种各样的作品，有古典的水彩画，有色彩斑斓的拼贴画，也有简洁明快的剪纸画。其中还有一组作品特别引起了我和丈夫的注意，就是那棵我们家门前的树，女儿用不同的方法将它表现出来，各有各的特点，但每一幅都别有情趣。

后来，我把我认识的几位艺术家朋友请到家里做客。当他们看到维尼夫雷特的作品时，也都感到十分惊讶，在此之前，他们从未想到一个未满 5 岁的孩子能有这么强的表现力。大家肯定地认为，维尼夫雷特对形象和色彩的敏锐感觉是很多成人所不及的。其中一位艺术家还对我说，从现在开始，就应该将维尼夫雷特向艺术方面进行引导，他认为我女儿很有可能成为一位优秀的艺术家。

如果维尼夫雷特能一直对艺术感兴趣的话，她将来是能够成为艺术家的。我不想用成人的方式刻意地培养她，至于她今后的专业，要让她将来长大后自己做出选择。

在这里，我只是以艺术作为一个例子，其他方面其实也可以培养孩子创新求异的能力，只要父母善于思考，愿意动脑引导孩子，这都是不难的事情。

这样做还有一个好处是，把孩子引向有意义的游戏之中。孩子喜欢玩乐，这是天性，但不是所有的玩乐都有意义，父母要善于观察孩子，如果发现他们在某一时期陷入到一些无聊的游戏中时，父母就要适当加以温和巧妙的引导，让他们把兴趣转移到有意义的事情上来。

PART 5

持之以恒的专注

女儿一天天地长大，我对她成长的每一个细节都看得清清楚楚。起初，她总会不断出现新的想法和爱好，但又很少能有足够的恒心把每一件事都坚持下来。难道其他的孩子也都是这样的吗？

由于维尼夫雷特是那种思维特别活跃、头脑也十分灵敏的孩子，也许正因为如此，她在这一点上有时表现得极为突出。小时候，她会突如其来地产生一个新念头，但等到热情消失之后又显得特别冷淡。在学习某种新的知识时，刚开始表现出极大的兴趣，但在遇到困难时又会产生退缩的情绪。

我在上文已经谈到了女儿学习钢琴的事，也许人们会认为她从一开始就是那么专心和刻苦，事实并非如此。在女儿学钢琴之初，有很长一段时间，常常表现得缺乏恒心。尤其是遇到那种所谓的“突破”阶段时，这种缺点表现得尤为突出。

大家都知道，人遇到挫折总会表现出不安和失望，有时甚至会丧失信心，这几乎是人的天然缺陷。在这种情况下，一个人的毅力和恒心往往是决定成败的关键因素。学习乐器演奏需要经过大量的练习，有些练习是非常枯燥的，必须一点一点地突破，并不是每天都会有所进步，有时还会出现很长时间的停滞不前，甚至退步。在这种时候，假如学习者有足够的恒心和信念坚持下来，随后就会前进一大步。但是，大多数人之所以学不好，就是无法忍受停滞和退步的苦恼，以至于丧失信心而放弃。

维尼夫雷特学习钢琴时曾遇到过三次这样的“台阶”。第一次是在她学琴的第 4 个月，由于不能准确地把握节拍，她差一点就放弃了学习；第二次是在学琴的一年之后，那时她好像已学完所有最基本的演奏技巧和乐理知识，但是，无法很好地弹奏完整的乐章；第三次是在她 5 岁的时候，这一次似乎是最为困难的一次，那种久久不能进步的烦恼，几乎就快要使她对音乐产生厌恶的情绪。

有一天，我听见女儿的钢琴不再发出连贯而优美的声音，只是杂乱无章的令人极不舒服的音符，其中还有几个和弦弹得极为粗暴。那种突然出现的强音把正在写作中的我吓了一跳，显然，这是女儿在发脾气，以胡乱敲琴来发泄心中的烦燥。

“维尼夫雷特，不许这样，不想弹就别弹了，为什么要这样？”丈夫忍不住走过去训斥女儿。

女儿不仅没有停下来，反而又使劲儿敲了几下，那种不和谐的声音震得耳朵嗡嗡直响，让人十分难受。

我赶紧走到客厅，把丈夫拉回他自己的房间，然后坐在女儿身边。

“维尼夫雷特，怎么啦，遇到麻烦了吗？”我关切地问。

“我不想再学了！”女儿生气地说。

“为什么？”

女儿没有说话。

“你不喜欢音乐了吗？”

“是的，不喜欢了。”

听女儿的口气，我知道这不是真心话，显然是气话。

“维尼夫雷特，我知道你并不真这么想，我可以给你一些时间来考虑，过一会儿我们再来谈这件事，好吗？”

说完，我离开了客厅去和丈夫商量这件事，并告诉他，不应该用那样的语气对待孩子。

没过多久，维尼夫雷特过来找我们。

“妈妈，我不是不想学琴，”女儿小声地说，“只是觉得它太难了，恐怕我永远也学不好。”

“为什么呢？你一直都弹得挺好呀！”

“那是以前，可现在不行了。可能我只有这么一丁点儿的天赋。”

为了帮助女儿从这种不良的心态下解脱出来，我耐心地向她讲了许多有关学习的道理。并特别给她列举了音乐大师们的例子，使她懂得毅力和恒心对取得成功的意义与作用。

“莫扎特小时候也遇到过这样的问题，他也有弹不好的时候。”

“什么？”维尼夫雷特听了我的话似乎不信，因为莫扎特是女儿最崇拜的一位音乐大师，“不会吧！他怎么会弹不好呢？”

“真的，我读过莫扎特的传记，他在小时候也遇到过特别大的难关，有时他的状态糟透了，连最基本的音阶都弹不好。”

“怎么可能？”维尼夫雷特怀疑地看着我，“我现在虽然很糟糕，但起码还能弹音阶。”

“是啊！你现在比那时的莫扎特强多了。但你有一点不如他……”

“哪一点？”

“我认为你比他差的是恒心。传记中写道，莫扎特在碰到困难时仍然没有灰心，而是一个音一个音地重新开始练习。一次次的挫折和难关，使他的信心不断增强，也使他的演奏水平得到稳步的提高。”

“真的吗？有这回事？”

“当然。我不是对你说过吗？乐器的学习过程中，遇到这样的情况是常事。你以前也遇到过这种情况，不是也顺利地度过了吗?”

“是这样的，但是……”此时，女儿陷入了一种深深的沉思。

“莫扎特曾说过：‘人们都以为我的成就来自天才，其实完全归功我的不懈努力和恒心。’”我坐在钢琴旁的凳子上，继续对女儿说，“你想想，像莫扎特这样的大师都把成绩归功于自己的努力，何况你呢？你不是很喜欢莫扎特吗？那么你应该向他学习，不仅仅学他的音乐才华，更应该学他做人的品质和坚持不懈的意志。”

从此以后，维尼夫雷特变成了一个具有超常毅力和恒心的孩子，当然，有时也会有挫折和气馁，但她总能够挺过来。

PART 6

不厌其烦地发问

经常听到一些家长这样抱怨："孩子没完没了地提问，都快烦死人了……"其实，孩子爱提问，说明他们有强烈的求知欲和探索精神，是一件好事。孩子爱提问，是受好奇心的驱使，是兴趣高涨的标志，也是其智力活跃的行为特征。家长应以十分认真的态度关注孩子的提问，并耐心启发、解答。

孩子放学回家，有的家长第一句话是："你今天向老师提过问题吗？"有的家长则这样问孩子："今天老师提问，你都会不会回答？回答正确没有?"

提出这样不同问题的家长，哪个是更合格的家长呢？

有的家长会这样和孩子交流："今天老师讲完课后，你还有没有其他的问题？"

孩子说："没有问题了。"

对于这个答案，我们应该怎么看待呢？很多家长一定会很高兴，孩子真是聪明，奖励一下吧！

其实，这是很糟糕的现象，如果孩子学过一门知识之后，竟然什么问题都没有了，那说明，这个学习是极其失败的。问题就是一棵树的新芽，有了新芽，大树才会蓬勃生长。

明智的家长一定不喜欢这个答案，因为孩子学习知识的目的，就是要他们扩大视野。视野开阔了，就会有更多的问题，孩子的目标就是要去发现问题，提出问题，这才是真正的学习，这样的学习才会有延续性，才会有动力。问题是一切知识的源泉，没有问题，就没有了创造，也就没有了思考。

孩子经常提出一些令人忍俊不禁、无法回答的问题，如果家长不采取积极的态度予以接纳，只是一笑置之，敷衍了事或粗暴制止，久而久之，孩子就不想再问了，这将导致其智慧的萌芽逐渐枯萎。因此，家长必须接纳孩子的问题，并尽可能给予回答，最好是一起展开讨论。孩子注意力不能持久，如果不马上处理，孩子或忘掉了刚刚问的问题，或兴趣降低，这都会影响其智力的发展和学习的兴趣。

当然，这里所说的立即回答，并不是主张马上把问题的标准答案直接"告诉"孩子，而是应该立即对孩子提出的问题进行回应，并努力通过对问题的受理，激发孩子对有关问题的思考，引导他们去自己解决问题。

为了鼓励孩子养成独立思考的习惯，对孩子的问题可适当运用反问，反问时要启发、引导，问题的难度要适宜。许多父母惯于用对与不对、可以与不可以、好与不好等肯定或否定的回答对待孩子的问题，这是极其愚蠢的方法。如孩子问："妈妈，你看我算得对不对？"妈妈回答说："对！"孩子问："爸爸，这朵花漂亮不漂亮？"爸爸说："不漂亮。"这样的回答虽然简洁明了，却没有给孩子留下思维的空间。如果这样回答："你认为怎么样？你可以自己核实一下正误吗？"或者问："你认为美不美？为什么？"这就更能促进孩子的思考。

维尼夫雷特刚上小学的时候，我认识了一位犹太人母亲，她叫利娅。利娅是以色列人，为人开朗大方，脸上总是带着微笑。她丈夫是美国一家公司驻以色列的代表，经常在以色列与美国之间往来。利娅自己带着儿子在美国生活，独立承担了抚育孩子的重任。

她的儿子叫拉米尔，和我女儿一个班。都说犹太人非常有智慧，不知道教育孩子会不会也有一套？我开始不知不觉地观察利娅和拉米尔，希望能够发现犹太人的一些秘密：他们精明的头脑是怎样在幼儿时期的家庭教育中养成的？

没多久，我终于发现了答案。那天，拉米尔从幼儿园的接送车上回到家，正和我聊天的利娅马上迎了出去，陪他一起走进了房间。

进门之后，利娅问拉米尔："今天你提问了吗？"拉米尔连连点头。

“那么，你都问了些什么呢？”利娅继续问他。

拉米尔开始复述他今天一天中所提的问题，有的是问老师的，有的是问同班小朋友的……问题千奇百怪：为什么树叶有红的也有绿的？为什么有的蚂蚁会有翅膀？为什么牛奶不能换你的饼干……我数了数，这小家伙一天问了二三十个问题。利娅满意地点了点头。

“这是怎么回事？”我好奇地问利娅。“提问啊，”利娅笑眯眯地说，“拉米尔就是个问题篓子，他的小脑袋里有很多问题，总是问个不停。我们经常在家玩一种提问游戏。”

“提问游戏?”随着利娅的讲述，我渐渐明白了。原来，每个犹太人在很小的时候，几乎都会在家里和父母一起玩一种游戏。家长提问，孩子回答；或者孩子提问，父母回答。问题可以千变万化，不拘一格，想问什么，想怎么问都行。

利娅小时候，她爸爸就常和她一起做这个游戏——其中一个问题利娅永远都不会忘记：为什么今天与其他日子不同？刚开始时，她认为今天和昨天、明天并没有什么不同。爸爸没有责备她，而是让她每天都问别人 10 个她不懂的问题，如果没有人回答她，就自己去找出答案。从那以后，利娅觉得日子的确不一样了，因为每天都是那样新鲜，每天都有了进步。

我忽然发现了我一直在探寻的奥秘所在：永远探求的心！犹太人崇尚创新，认为学习应该以思考为基础，要敢于怀疑，并不耻发问，自己所积累的知识自然就越来越多。

我不由得想到一则流传甚广的故事。这个故事说的是，几乎每个犹太人父母都会问孩子一个问题：“如果现在房子失火，你会带什么跑出去？”如孩子回答的是金钱或贵重物品，母亲就会再问他一句：“有一种无形、无色、无味的宝贝，你知道是什么吗？”孩子答不出来，母亲就会告诉他：“孩子，你要带走的不是钱，也不是钻石，而是智慧。因为智慧是任何人都抢不走的，只要你活着，智慧就永远跟着你。”

我得到了我想要寻找的教子之道，这种方法其实很简单：提问。

第八课

自立方能自强

全天下的父母都希望孩子长大有所作为,他们不惜把自己的所有送给子女。可是,许多父母却忘掉了一件最宝贵的东西,那就是让孩子足以终身受益的财富:自立。

一个优秀家庭的可贵之处在于,父母注重对孩子独立生活能力的培养,而不是过分地保护孩子。过分保护一方面会使孩子失去锻炼、成长的机会;另一方面也使孩子对自己失去信心。

孩子的成长不仅仅是生理发育的过程,更重要的是心理成熟的过程,这就是人的社会化。在这个过程中,父母不能总是帮孩子解决问题,而是要培养他们自己解决问题的能力。孩子是否有独立思考的习惯,而不是事事依靠别人的判断?孩子是否有稳定的情绪来应付紧张压力,而不是凡事手足无措,经不起一点挫折?孩子是否有顺应环境的能力,善于和别人合作沟通,而不是胆小退缩,内向孤僻?孩子是否有正确的价值观,而不是漠视社会道德和规范?

这一切都不是简单的空谈,要使孩子具备这些素质,必须在成长的过程中增加他们的阅历。直观地说,就是给他们尽可能多的机会,让他们多做事,多思考,在做事的过程中积累经验和见识,在思考的过程中,发现人生的智慧和方法。

PART 1

培养自信

无论在智力、体力还是处世能力上，自信心对人一生的发展都有着决定性的作用，这个道理所有的父母都明白。一个人如果缺乏自信，也就缺乏发展各种能力的积极性，而这种积极性又直接主导人的各项感官功能和综合能力的发挥。

有位教育专家做过一个试验，他让两位数学水平相当的新任教师，分别去教一个差生班和一个优生班。这位专家对差生班的教师说，你的班是全校最优秀的班级，希望你更上一层楼。而他对优秀班的老师却说："你的班是全校最差的班，希望你努力。"

几个月之后，原来成绩相差很远的两个班，在测验中的平均水平发生了逆转性的变化。原因是，不明真相的老师对差生班的学生给予了高度的信任，使他们的学习积极性空前高涨；原来的优秀班，由于老师对他们的能力没有足够重视，使他们的自信心受挫，学习态度也变得消极，学习成绩直线下降。

信心就是能力的催化剂，它可以将人的一切潜能调动起来。在许多伟人身上，我们都可以看到这种超凡的自信心，而正是在这种自信心的驱动下，他们敢于对自己提出高要求，并在失败中看到成功的希望，从而鼓励自己不断努力，最终获得成功。

以我的经验来看，自信心的培养必须从孩子很小的时候就开始进行，这就需要父母随时注意对待孩子的态度，不要以爱的名义过度保护孩子，不要什么事都替孩子做主。因为，孩子需要一定空间去成长，去试验自己的能力，去学会如何对付各种局面。教育专家告诫我们："不要为孩子做任何他自己可以做的事。"如果我们做得过多，就会剥夺孩子发展自己能力的机会，也就剥夺了他们建立自信心的机会。

刚开始的时候，我也像大多数父母一样，在这方面出现过严重的失误。要是维尼夫雷特是个男孩，情况可能会不一样，因为她是女孩，所以我总是怕她受苦，总是担心她的安全，总是想尽一个母亲的全力去保护她，为她做那些其实她自己完全能做的事。我丝毫也没意识到这是在害她，直到我遇见了另外一个女孩，我才幡然醒悟。

那一次，我带维尼夫雷特去加勒比海度假。我们上了游轮安顿好之后，就扶着船舷向远处观望。乘客还在陆续上船，大家都背着旅行包，个个兴致勃勃，在美丽的阳光下散发着健康的活力。

这时，有一家人吸引了我的注意。那是一对夫妇，他们带着 4 个子女，其中一个女孩令我不得不多看几眼。女孩的腿是跛着的，而且跛得有点儿厉害。不过让我感到触目的倒不是她的残疾，而是她背上背着的大包，显然包里面是她的旅行用品。

如果她是一个人旅行，倒也不为怪，奇怪的是她全家人都在，却没有一个人帮她。看看女孩身后的 3 个兄弟，他们轻松地背着自己的背包，很坦然地跟在这个妹妹后面。再看看女孩的父母，他们只顾说说笑笑，丝毫没有要照顾女儿的意思。

当时我不自禁为这女孩叫屈，我想，这家人实在太冷酷、太不讲情理了，怎么能这样对待身有残疾的家庭成员？我甚至推想，这女孩平日一定受到家人的嫌弃与冷遇。我的同情心极度膨胀，如果不是碍于她的父母在旁，很可能立刻冲上去帮忙了。

维尼夫雷特也看见了那个女孩，她立刻拉着我的衣角，满怀同情地恳求道："妈妈，那个小姐姐多可怜呀，我们去帮帮她，好吗？"

我也确实忍不住了，不过最后我还是没有去帮忙。我倒不是顾忌女孩的家人，而是女孩那自信的神情阻止了我。女孩尽管背着一个大背包，走路一瘸一拐很吃力，但她丝毫没有埋怨与沮丧，相反，她脸上带着愉快的微笑。她满怀自信地走在最前头，还不时兴奋地回过头去招呼在身后打闹的 3 个兄弟："哎，你们快点儿跟上，可别走丢了。

你听到没有，基姆？你总是不听话，待会儿走丢了我还得去找你。”俨然一副有威信的大姐模样。

这件事促使我思考了很多。我发现一个家庭的可贵，就在于注重培养孩子的独立生活能力，而不是过分地呵护。对于一个有残疾的孩子来说，自信心更是脆弱。假如这个家庭对女儿给予特殊照顾，生活起居全都由人帮忙，这样虽然满足了父母和兄弟对她的关爱之心，但是对她漫长的人生来说，是在帮她还是在害她？

在接下来一周的海上旅行中，我特别留意观察那个家庭，发现他们在这方面确实做得非常出色。每当有乘客试图给予她帮助时，她的父母就会很客气地阻止：“谢谢您的好心，我想我女儿自己可以应付得来。”如果父母不在身边，女孩自己也会十分礼貌地推辞别人的帮助。通过观察，我发现女孩是船上最有活力的孩子，到处都可以看到她的身影，她在船上出出进进，为自己和家庭打点所有的事务。可见她根本没将自己当成身体有缺陷的人，而是完全像个正常的孩子一样。

我特意去与她的父母进行了交谈，他们的一番话给我留下了很深的印象。他们说：“一个有残疾的孩子，很容易对自己产生怜悯。由于身体上有缺陷，她会对自己的未来产生恐惧心，甚至悲观失望。如果家人再对她特意呵护，只会加重她的这些感觉。一个连自己生活都不能自理的人，该是多么可悲可怜。在这样的心境下成长的孩子，不单单是生理上有残疾，更重要的是心理上也有残疾，心理的残疾同样难以修复。正是想明白了这个道理，我们才自起初的呵护备至，改为放开手让女儿自己生活。因为不论是我们，还是她的兄弟都不可能陪伴她一辈子。我们不希望将来有一天，女儿突然发现，她离开了我们完全没办法自立。看着她由当初最让我们担心的孩子变成了最能干的孩子，我们都为她骄傲。”

从那以后，我再不谨小慎微地呵护女儿了，而放手让她去做自己能做的事。不仅如此，只要她能做到，我还让她帮我做各种家务和处理外面的事务。

一开始，由于维尼夫雷特已经习惯了父母的帮助，所以我们遇到一些困难。每天早上，维尼夫雷特依旧习惯性地躺在床上，等我来帮她穿衣服。我告诉她，必须自己穿，否则就一直躺在床上别吃早饭了。我要她自己系鞋带，她系了好半天也没系好，于是就撒起娇来：“我不会，妈妈，你来帮我系。”我没有过去帮她，而是告诉她，不穿好鞋子就别想出去玩。

那段时间对维尼夫雷特分外艰难，每当她因为缺乏自信而哭闹着不肯做事时，我就用残疾女孩的事例来鼓励她：“你想想我们在海船上遇到的小姐姐吧，她什么事情都自己做，而且做得那么好。你不想像她那样能干，做一个人人夸赞的好孩子吗?”

“想啊，”维尼夫雷特答道，但还是哭，“可是我很笨呀。”

“不对，你怎么会笨呢？那个小姐姐的脚那么不方便，也可以把事情做好，你的手脚都很健康，难道还不如一个残疾的孩子吗？只要有信心，努力去做，你一定比那个小姐姐更棒，比她更能干。”

“真的吗？”维尼夫雷特还有点儿怀疑。

“当然，妈妈相信你！你也要相信自己才行啊，别动不动就哭，你见小姐姐哭过吗？”

“没有，她总是笑。”

克服了最初的困难后，维尼夫雷特养成了凡事自己动手的习惯，不再动不动就要别人帮忙，她发现自己的能力原来远比她想象的要强，因此越来越自信。

到了五六岁，维尼夫雷特不仅能照顾自己，还会在聚会时主动照顾比她小的孩子。我终于可以像那个残疾女孩的父母一样自豪地对亲友说：“我以我的女儿而骄傲。”

PART 2

改变从父母开始

父母必须注意，孩子们能自己做的事，就让他们自己去做，千万别替他们去做。这是一个很重要的原则，需要反复强调。

我之所以这样再三地提出这个原则，原因就在于，这是父母们最常犯的错误。父母由于对孩子怀着强烈的爱，往往情感超越了理智，保护孩子的欲望压倒一切。

我的一个同学哈里森太太，她的丈夫因意外去世了。由于他们与我距离遥远，我得到不幸的消息大概已是两年后了。我感到十分歉疚，于是决定去看望她。

表面上，哈里森太太的丧夫之痛已经平复了，但实际并非如此，她只是将这份感情转移到了儿子大卫身上。大卫已经 4 岁，可是妈妈还把他当婴儿一样看待，吃饭穿衣洗澡全部由妈妈照顾。她寸步都不离开大卫，到哪儿都带着他。因为担心儿子的安全，她还禁止大卫走出院门。在这样的教育下，大卫变成得胆小内向。

哈里森太太对待孩子的方式让我忍无可忍，我花了几天时间，才说服她把大卫送到幼儿园去。我想，如果大卫离开妈妈，到一个比较正常的环境中去生活，一定会有所改变。可是大卫去了还没两天，就吵着不肯再上幼儿园，因为在那里他完全无法自理，吃饭、穿衣、穿鞋都要老师帮忙。老师向哈里森太太提出了一个简单的要求，就是让大卫学习自己做这些事，妈妈不要代替。结果几天之后，哈里森太太还是把儿子接回了家，又继续像过去那样生活。

不要以为这是个极端的例子，这样的妈妈在我们的生活中随处可见。我们有没有考虑过，这样做对孩子的成长有什么副作用呢？我看到过许多在这样环境下成长起来的孩子，他们很难有所作为。

哈里森太太的做法其实很自私，她满足了自己爱的情感，却忽视了孩子成长的需要，她的爱最终成了大卫健康成长的绊脚石。一个真正懂得爱的母亲，关心的应该是孩子的将来，而不是此时此刻她个人的感觉。把一个百般呵护下长大、毫无生存能力的人推入社会，那将是多么残忍！要想使孩子能成功地走向生活，必须从小培养他的自立与自信。如果我们包办孩子的一切，就不可能达到这个目的。

我尽力向哈里森太太讲明这些道理，为了使她有更为直观的认识，我还邀请她带大卫和我们一起到我姐姐家去度假。

哈里森太太看到与大卫同岁的维尼夫雷特什么事都会做，感到非常惊讶。起初，她一看到我女儿自己在厨房里热牛奶，就会惊叫着跑过去帮忙，还责备我说："你怎么能让这么小的孩子去干那种事，万一烫伤了怎么办？"

但是后来，她把维尼夫雷特的自信独立与大卫的胆小无能一对比，逐渐明白了哪种教育方法对孩子更好。

一天下午，我们带着大卫、维尼夫雷特和我姐姐的孩子戴尔去海边游泳，这是孩子们最喜爱的活动。维尼夫雷特和 6 岁的戴尔很熟练地穿上了泳衣，而大卫却根本不敢下水，只是在沙滩坐着。

"快点儿，大卫，换上游泳裤。"我催促道。

"我不会穿。"大卫小声说。

哈里森太太只好说："过来宝贝，我帮你穿。"

我赶紧上去拦住，让她别去帮大卫。由于我来之前就跟哈里森太太谈了这个问题，告诉她，大卫需要找到自己的自信，他需要妈妈的鼓励而不是服务。哈里森太太按照我说的话，并不替儿子穿游泳裤，而是一边指导示范，一边等着大卫自己做好这一切。"你可以自己穿上，慢慢来，妈妈相信你一定可以。"

大卫开始还坚持着，说他不会自己穿。哈里森太太似乎犹豫不决，我赶忙对她使眼色，要她坚持。于是，她决定不理会这些，继续鼓励着："你肯定能自己穿上。妈妈闭着眼睛数 10 下，看你能不能穿上，好吗？"

看到维尼夫雷特和戴尔已经在海里玩得兴高采烈，大卫不禁开始哭起来，不再做任何努力。往常他这一招总是最管用，但今天不行了，我坚决阻止哈里森太太去帮儿子。当大卫发现他没法和大家玩，又没人同情他时，终于改变了主意，尝试靠自己解决难题。过了一会儿，大卫自己穿上了游泳裤，踏进海水和大家一起玩了起来。

这一切哈里森太太都看在眼里，她认识到该怎样对待孩子了。这天晚上，孩子们由于玩了一天都早早上床睡觉了，我们几个大人在花园里喝咖啡聊天，只有大卫还在桌边磨蹭着。我们的谈话稍一停顿，他立刻小声对妈妈说："妈妈，我想要你和我一起睡觉。"

如果在往日，哈里森太太一定会立即放下一切来满足儿子的要求。但是这一次，她平静地对儿子说："妈妈还要和阿姨们聊聊天，你自己去睡吧。"

"我害怕。"大卫不肯作罢。

"别害怕，妈妈就在这儿。"

大卫开始撒娇："我不能自己睡，我要你和我一起睡嘛。妈妈，答应我，我怕黑，妖怪会把我抓走的。"

在我们鼓励的注视下，哈里森太太耐心而温柔地说："根本没有什么妖怪。你已经是个大孩子了，以后都要一个人睡。去吧，别害怕，上帝总是保佑好孩子的。"

大卫开始闹了，他跺着脚大哭。哈里森太太看了看他，不再说话。大卫闹了一会儿，发现没有人理睬他，他也确实非常困了，只好爬起来自己去睡觉。

哈里森太太对儿子的态度改变了，因为她学到了培养孩子的正确方法。哈里森太太开始检点自己的行为，尽量让大卫学会独立。才几天功夫，大卫就发现妈妈变了，他已经不能用发脾气的方式指挥妈妈了。于是他开始尝试自己帮助自己，在走向独立的道路上迈出了第一步。

几年后，我再次见到大卫，他已经成长为一个坚强有力的大男孩，不仅会照顾自己，还会照料寡居的母亲。

其实，孩子都乐意做事，是父母以包办代替的方式拒绝了他们。维尼夫雷特总是为自己能够干一些事情感到骄傲，她经常对小朋友们炫耀她的功绩："告诉你，我会自己冲牛奶了，我还会自己洗袜子。"她能自我管理并不断学习新技巧，让她感到十分自豪和自信。

直到现在，维尼夫雷特小时候的一些事还时时浮现在我的眼前：父亲写字的时候，她也忙着找一支笔想要写写画画；当我浇花的时候，她也要提一个玩具桶来帮忙。这是一种参与的欲望，也是一种能力的表现。但是，在大多数的家庭中，孩子的这种愿望可能被恐惧、呵护和父母的包办服务所挫伤。因为父母有可能担心他们受伤，或者担心弄坏东西，或者担心他们做不好，于是就拼命阻止。父母对孩子能力的低估，放大了他们的无能，这对于孩子十分不利。

我认为，孩子的成长是每时每刻都在进行的事情，父母的教导和帮助也要贯穿到每时每刻，这就是一种"随机教育"。这种教育包括两种内容，一种是知识的教育，比如，看见一只鸟，我们可以给孩子讲一讲这种鸟的名字，它们的生活习性，与它们生活相关的自然风情；看见路牌上的一句话，可以教孩子认识上面的字，讲解一下这句话的意义。另一种是技能教育，比如，看见小狗脏了，大人可以让孩子去帮它洗一下；有人送来了信件，可以让孩子出去签收；如果家里没有鸡蛋了，可以让孩子去买回来，告诉他们怎样挑选，怎样付钱……很多人重视第一种教育，却对第二种教育非常淡化，认为这不是教育的内容，不是学习的内容，结果把孩子都培养成老爷式的无用之人。

PART 3

接纳孩子的错误

我们要鼓励孩子自己多做事情，但在这个过程中，父母要有一颗宽容的心，允许孩子犯错误。我们常常会走两个极端，一个极端是父母一边什么都帮着孩子做，一边不断责备孩子没出息，埋怨他们什么都不会做；另一个极端是一边让孩子做事，一边骂孩子没有把事情做好，指责他们不该出错。这两种情况都是不对的。

孩子在出生后的幼儿时期，面对繁杂的世界常常感到无能为力。但是，他们还是有勇气进行各种各样的尝试，努力学习各种方法，以使自己适应和融入这个新世界。但是这时候，成年人却往往在无意中给他们设置了许多障碍，而不是称赞他们非凡的勇气和努力。

造成这一现象的根本原因就在于，我们不相信孩子的能力。在我们的意识中已形成一定的偏见，认为孩子只有在某一个年龄阶段才能做某一种事情。比如，一个 3 岁的孩子，如果帮助我们收拾餐桌，当他手中拿起一个盘子的时候，妈妈会慌张地叫道："不要动，你会打碎它的！"这样你可以保存好那个盘子，但是你的举动在孩子的心灵投下了阴影，而且推迟了他某种能力的发展。一个 2 岁的孩子，如果手拿一只毛刷在墙上涂画，父母看见了，马上就会制止："别这样，你把墙刷坏了！你现在还不会画画呢！"

父母认为孩子到了某种年龄才能做某种事情，这些想法只是自己的主观臆断而已，其实，孩子的能力不是我们所想象的那样弱小，否则，世界上那么多少年天才不就成了天方夜谭了吗？我们人为地推迟了孩子学习本领的时间，这种做法会使孩子怀疑自己的能力，进而削弱他们的进取心。

很多父母只知道让孩子成功，殊不知，在孩子年少的时候鼓励他们勇敢地犯错，鼓励他们面对失败，才是通往成功的必经之路。孩子和成人一样有犯错误的权利，而且，孩子犯多少错误都有机会更正，他们的错误只能让他们积累更多的经验，让他们更好地成长。

维尼夫雷特还不会梳头的时候，每天早晨一起床，就坐在那里等我过去帮忙。后来，她干脆不想自己动手了，需要的时候就大喊妈妈。这时，如果我耐心为她梳头，或是失去耐性训斥她，这两种情况之下，维尼夫雷特会感到什么呢？她会感到自己确实太笨了，而妈妈真的是有魔法，能那么快就把头发梳好。这样维尼夫雷特又会产生怎样的想法呢？她会想，算了吧，我没办法和妈妈相比，我不用努力了。

所幸以上两种方法我都没采用，而是一次又一次鼓励她自己去学着梳头。只要她做得稍微好一点儿，我就大声地赞扬她。我会认真地看着她，对她说："这一次很好，下回肯定会比这次更好的。"即使她做的不够完美，我也会真诚地赞扬她。

有一次，我们和几个朋友计划去一个为期两天的野外旅游。在走之前，我给维尼夫雷特提出了建议，告诉她应该带一些什么东西。为了培养她的独立自主能力，我让她自己收拾行李。

到了目的地之后，维尼夫雷特发现，她忘了带高筒胶鞋，还忘了带手电筒。这里的气候阴湿，道路泥泞不平，到处是荆棘和树丛，只有穿高筒胶鞋走路才比较方便。因为忘记了带手电筒，天黑之后就无法到户外走动。

我对女儿说："你应该先了解一下这儿的天气，还有这里的地理情况，我记得我给你简单说过这件事，但是你没有放在心上。"

女儿说："我想，还是因为出发时太匆忙，就把你说的话给忘了。"

我说："你一定要记住，以后不要粗心大意，如果不认真对待每件事，你就会尝到粗心带来的苦头。"

女儿说："我知道了，以后我一定要像你们出门时那样，先列一个物品清单，这样就不会落下东西了。"

错误是孩子最好的老师，大人要多给孩子一些犯错误的机会。这样说一定会遭到很多人的质疑：父母的责任就是让孩子少犯错误或者不犯错误，你这样说不是背道而驰吗？持这种观点的父母一定要想一想，你能帮孩子一辈子吗？如果不能的话，那就趁早让孩子多一些尝试，多积累一些教训和经验，因为在幼年的时候，一切错误都不会带来严重后果，却可以让他们明白很多事理。

许多父母在孩子犯错误时，不失时机地大加谴责，这样做的出发点或许是基于促进孩子改正错误，或是希望孩子完美无缺。这种想法听起来是对的，但事实上却大错特错。

世界上没有完美无缺的人，我们首先要接受这个事实，不仅孩子，我们自己也是。其次，父母的职责绝不是阻止孩子犯错，而是在他们犯错误时，帮助他们思考错误的原因，并找到不同的解决方案。

孩子们经常因害怕受责备而不敢冒险，不敢犯错，失去学习新技巧的热情与胆量。如果父母处理得当，可以将错误转变为学习的课堂，教给他们正确的做法，学会从错误中吸取经验教训。不视错误为坏事，不因犯错而气馁，才能使孩子成为一个有智慧的人。

有一年复活节，很多朋友到我家做客，每个人都在为这次盛宴忙个不停。维尼夫雷特也很兴奋，跟在别人后面，在厨房和客厅里走出走进，很想帮上点儿什么忙。但所有的人都嫌她碍事，不时有人对她喊："让开，小家伙！""快点儿放下，你能干什么？自己玩去吧。"维尼夫雷特只好闷闷不乐地坐在楼梯上发愣。

这种情况下，孩子的自尊心最容易受到打击，如果能鼓励她积极参与进来，效果会大为不同。于是，我就叫维尼夫雷特到厨房里帮忙，因为她喜欢蛋糕，所以我派她负责这一部分。她的具体工作是，将别人调制好的原料推进烤炉，然后守在那里，到时间就通知我们取出糕点。由于维尼夫雷特极力想证明自己的价值，因此十分认真，完全是个合格的助手。

接着我又将她叫到餐厅，让她在我的指导下，把鲜花摆到适当的位置，对此她不停提出她的看法，而我都一一采纳了。我对她说，因为她工作出色，所以现在将摆放餐具的活儿也交给她。看了我的示范后，维尼夫雷特将餐具整齐而有序地摆放到餐桌上。她确实做得不错，最后我只纠正了两三个小错误。

晚餐开始后，我先向客人们介绍了维尼夫雷特的工作成绩，告诉他们，糕点是她亲手烤制的，饭厅是她布置的，餐具也是由她一手摆放好的。当朋友们向她鼓掌致谢时，维尼夫雷特的脸红红的，心里不知道有多么高兴。

从这种实践中，维尼夫雷特深深感到她是一个有用的人，她可以作出贡献，可以与别人合作，可以参与，可以帮助他人把事情做得更好。由此可见，用鼓励的方法，我们可以让孩子知道，人生的真正乐趣，在于使我们周围的人感觉到我们的存在和价值；鼓励使孩子认识到，我们都可以变成完美的孩子，只要肯尝试，就会不断进步。

孩子会犯错误，但我们首先要接受他们的错误，然后帮助他们做得更好。把错误变成人生的阶梯，变成生活的老师，变成走向成功的指南，这样的错误，难道不值得珍惜吗？

PART 4

信心的嫩芽

在现实生活中，父母往往会忽视鼓励的重要性，总是忘了鼓励孩子。很多父母错误地认为，孩子需要教育，而教育的内容无非就是训话和惩罚。

有一次，我看见 2 岁的维尼夫雷特专注地观察祖母浇花。过了一会儿，她走过去，很小心地拿起水壶，想要帮助祖母。祖母赶紧抢过水壶说："别动，维尼夫雷特，你看你，把水洒到身上了。这些事长大了才能做，你现在还小着呢。"

其实，2 岁的孩子也是可以浇花的，就算把身上衣服弄湿了又有什么关系呢？孩子如果能够识别各种花卉，并且亲眼目睹自己浇过的花变得鲜活漂亮，她会对探索这个世界产生更大的兴趣。我们应该给孩子这样的机会。

父母非常希望自己的孩子将来成为最出色的青年，但又不允许他们去发现自己的能力，而是怀疑和限制他们的发展。这样做无疑会挫败孩子的自信心。

孩子们虽然还处于学习摸索阶段，但他们都愿意努力去发现自己的长处。他们什么都想试试，好奇心驱使他们一次又一次地接受挑战。所以孩子总爱跟在大人身后，亦步亦趋地学大人做事。然而，我们却朝他们喊着："不对""快放下""到一边去"……

孩子有天生的主动性，他们从很小就认为自己有能力做事情。假如维尼夫雷特总是跟在我身后叫着"我要浇花""我要拖地""我要洗盘子"，而我永远回答"宝贝，你还太小，去玩去吧，等长大再说"，如果这样的话，当女儿 10 岁的时候，我对他说说："孩子，来，帮我打扫屋子吧！”或者说：“去帮我浇花吧！”维尼夫雷特可能会说：“妈妈，我不会打扫屋子，我也不会浇花，还是你自己做吧！”我一定很生气，认为她是个懒孩子。我可能还不明白，正是我自己把女儿教育成这个样子的。

除了上述问题，对孩子自信心不利的另一种情况，就是将孩子与他人作比较，这是大人们经常采用的“刺激”手段。父母们认为，提醒孩子别人有多么出色，可以有效地激发他们的上进心，殊不知这是非常有害的一种做法。

每年圣诞节，我都带维尼夫雷特去我姐姐家。我姐姐很喜欢维尼夫雷特，因为维尼夫雷特乐于陪她聊天。这天维尼夫雷特和姨妈又在厨房里闲聊，她很骄傲地告诉姨妈，这次学校考试，她除了科学是B，其余的学科都是A。

“你真是个好孩子，成绩总是这么好。”于是我姐姐叫了起来，“哦，我还没见到戴尔的成绩单呢。戴尔，你过来！”

其实戴尔已经在楼梯上听到了厨房里的对话，正犹豫着不愿下楼。听妈妈叫了好几声，才不情愿地走了下来。

我姐姐问他：“戴尔，你这次考得怎么样？成绩单呢？”

“在我房间里。”戴尔迟疑地回答。

看到儿子垂头丧气的样子，我姐姐有些生气了。她提高嗓门说：“是不是又要告诉我坏消息？去把成绩单拿来让我看看。”

戴尔磨磨蹭蹭地把成绩单拿来了，大部分科目都是B。

“我真为你感到害羞，戴尔。”我姐姐忍不住大声训斥起来，“为什么你的成绩总是这么糟？你看看维尼夫雷特，成绩总是那么好！你为什么不能像她一样？你的学习条件哪一点不如她？你就是懒，总是不集中精力，不专心听讲。你简直是这个家庭的耻辱！回你的房间去好好想想。去！我不想见你这个样子，听到了没有……”

虽然已经不是第一次在维尼夫雷特面前被训了，戴尔还是觉得下不了台，含着眼泪回到了房间。

维尼夫雷特比戴尔小，因为妹妹的出色成绩，戴尔觉得自己像个丑小鸭，他多么需要得到鼓励。然而他从小就感受到来自维尼夫雷特的压力，觉得自己无法比得过她。妈妈不但没给过儿子鼓励，没有想办法帮助她，反而经常这样打击他，因为妈妈总是在数落他的同时夸奖维尼夫雷特。

在这里，我姐姐犯了几个错误，对戴尔的教育十分不利。她还没能看到成绩卡，就非常肯定地认为戴尔一定得了不好的成绩，表明她对儿子一点信心都没有；然后她又告诉戴尔，她为他感到惭愧，使得戴尔更加认为自己是一个毫无价值的孩子，在妈妈心目中没有地位；最后她又拿儿子与维尼夫雷特比较，使戴尔对自己的能力更加怀疑。

也许我姐姐以为，她的责备可以产生一种激励的作用，能让儿子发奋起来。同时把他和维尼夫雷特作比较，可以促使两人竞争，以此来提高戴尔的学习积极性。但是，这种办法对一个从小缺少鼓励和自信的孩子来说，只能让他变得更加无能。唯一有效的方法，就是停止拿两人的成绩作比较，关注儿子的每一点微小进步，关注他在考试成绩之外其他方面的优秀表现，全面地肯定他。而且还要让戴尔明白，无论他的学习成绩怎样，只要努力，就能得到嘉奖。

拿孩子与别人比较是有害的，每一个孩子都有自己的独特性和多面性，因此每一个孩子都应该在自己的实际基础上发展，而不是做别人的复制品，这样才能以独立的自我和充分的自信去面对生活。

PART 5
学会承担生活

很多父母在子女教育过程中，忽略了孩子独立、自主、勇敢等方面的培养。父母总是不敢放手让孩子自己体验生活，不敢让孩子独立承担生活中的诸多风险和责任，像看护一朵花一样，放在温室里护养着，这只能让孩子天生的能力不断退化，成为一个离开父母就无法生存的弱者。

父母要尽可能地让孩子参与家庭事务，帮助父母持家守业，使他们明白父母谋生不易，自己必须为家庭承担责任，省吃俭用为家里减少负担。看见父母为照顾一家生活而辛苦劳作，孩子自然会感到自己肩上的重担，希望有一天能够为父母担当重任。这一切使孩子从小看到自己生活的意义，看到自己行为的价值，找到自己的归属感，因此而生责任心。

随着年龄的增长，孩子与社会的接触面在扩大，这种责任意识的内容也会扩展，不再局限于自己的家庭。但是，在家庭中培养出来的责任意识，是社会责任感的基础，如果家庭中没有这种基础，那么对社会和人类的责任感就无从谈起。没有责任心的孩子，将来是不可能取得很大成就的。

为了使维尼夫雷特从小就具有自我承担的意识，无论在家里还是和别的孩子在一起，我都会有意让她承担一些责任。我常常让女儿做我的“助手”，帮我一些力所能及的事。维尼夫雷特很乐于参与，在此过程中，她会为自己日渐增长的能力感到自豪。

在家中，我经常与女儿进行交流，不但倾听她的心声、感受，也把我自己的喜怒哀乐向她诉说，让她帮助我排解烦忧。虽然，这对她来说还有些困难，但这样做会让她知道，她有义务分担家里的一切，包括父母的烦恼和忧虑。

有些父母会认为这没有必要，因为他们觉得，大人的事不可以同孩子讲，还会找出自己太忙的理由，以回避与孩子的谈话。殊不知，孩子的感觉是多么的敏锐，只不过他们的心理活动有时被大人所忽略。孩子时常会很关心地问父母：妈妈怎么啦？为什么不高兴啦？但很多父母没有给予重视。我认为，对于孩子的这些表现应当积极鼓励，并耐心地与之交流。

有一天我心中极为恼火，因为马上要去参加一个重要的讨论会，维尼夫雷特的父亲却去了外地，我走了就只有女儿一个人在家，可她的晚饭该怎么办呢？

看见我焦虑不安的样子，维尼夫雷特赶忙过来问我："妈妈，你怎么啦？有什么要紧的事吗？"

我对女儿说："我马上要去参加一个会议，只能留你一个人在家，我在担心你的晚饭呢。"

女儿说："原来是这样。没有关系，你去吧，我知道应该怎样照顾自己的。"

"真的吗？"我问女儿，"你一个人在家可以吗？"

"没关系，我可不是个胆小的人。"

"可是……"我还是有些忧虑。

"没关系的。你要去工作，我照顾自己就是帮助你，这是我的责任。你不是时常告诉我要有责任心吗？"

听女儿这样说，我真的很感动，因为女儿已经是个懂事的孩子了。

当父母遇到困难时，要善于引导孩子来分担困难；当孩子遇到困难的时候，父母要激励他们去坚定地面对，并努力自己处理。

有时候，对孩子的教育，其实是对父母自己的考验。如果父母自身就害怕困难，那么培养出来的孩子就不可能有勇敢的精神。

有一次，我带维尼夫雷特和外婆一起出去玩。在爬一个小土坡时，维尼夫雷特显得很害怕，她每走一步都要回头看看我，她是想让我把她抱上去。我假装没有看到她的暗示，只是不停地向上爬，因为我知道，小维尼夫雷特虽然是第一次爬陡坡，但她是能够爬上去的，这是锻炼她胆量的一个好机会。

但是，外婆却很担心，生怕小外孙女摔下来，又怕她娇嫩的小手磨破。外婆时而停下来看看维尼夫雷特，时而担心地嘱咐她一声，时而又叫前面的我慢一点。后来，维尼夫雷特害怕了，不肯再往上走。这时，我回头对女儿说："维尼夫雷特，别怕，你看妈妈不是已经爬这么高了吗？不会有事的，我相信你能行。"

在我的鼓励下，维尼夫雷特终于战胜了恐惧，凭着自己的努力爬到了坡顶。

事后，我母亲责怪我，说我不该让女儿冒险。我对她说："要是维尼夫雷特真没有能力爬上去，我是不会让她这样做的。我们要相信孩子的能力，而且要利用一切机会让她自己学会面对生活。"

女儿虽然小，但也能够胜任很多事情。如果大人总是在她面前显出担心的样子，那么她本来具有的能力也会被恐惧压倒。

我发现，维尼夫雷特很反感别人像放风筝似的牵制着她，她期望我们不要总是表现出那种过于细腻的关心，因为这样她会觉得很压抑。看到别的孩子放心大胆地玩，而自己总是被妈妈跟着，她会觉得不公平，不体面。我们越对她不放心，她就越气恼。

很多父母为保险起见，对孩子倍加呵护，致使孩子失去自我锻炼的机会，失去心灵的自由。父母应该克服这种狭隘心理，放眼孩子的未来，鼓励他们去做力所能及的事情。

第九课

摇篮里的品德

如果说人生是一棵大树，才能是其枝干，功业是其果实，那么品性就是其根本了。所以，当我们的孩子来到这个世界的时候，父母首先就要考虑的事情是，如何让他们拥有良好的品性。

品性是无法伪造的，也无法像衣服一样随兴地穿上或脱下。一个人的品性就像木头的纹理，就像叶片上的脉络，深深地印刻在一个人的所有言行之中。品性的形成与发育需要时间和滋养，因此，在我们日复一日修炼品性的同时，也日复一日地形成自身的命运，因为我们的所为毫不留情地决定了我们的未来。

孩子一生的幸福与成功，并不取决于他们智商的高低，也不取决于他们家境的贫富，更不取决于机遇的多少，真正起决定作用的，是他们自身从小养成的品性。

孩子从呱呱坠地起，父母就应该对他们的品性养成给予最大的关注，从吃饭、睡觉、游戏这些日常生活入手，引导孩子形成良好的品性。同时父母也要加强对自身的教育，因为家长不仅是孩子的第一任教师，也是孩子的楷模，观察与模仿是一切动物的生理学本能，人也不例外。家长的一言一行都对孩子的成长起着潜移默化的作用，父母的言行举止、生活方式、价值观念，都会成为孩子的第一部人生课本。

年轻的父母们，请相信我的话，千万不要忘记，孩子的命运源于他们的品性，而这一切就掌握在你们手中。

PART 1

积极进取的态度

有些父母说："我给孩子创造了那么好的条件，从小就开始培养他，可是他一点儿也不合作，有什么办法呢？"我认为这肯定是父母的方法不对，应该在自己身上找原因，而不应该埋怨孩子。孩子的错必定是父母的错，这是一条永远不变的定律。

维尼夫雷特小时候，我也常常面临这样的问题，但我从来不把责任推到女儿身上，而是尽力用自己的行为去影响她、帮助她。

很多家庭，各个成员都生活在彼此隔离的环境中，孩子们独来独往，父母日理万机，互相缺乏交流，这种情况会妨碍孩子健康成长，也会影响亲子关系。所以，我经常在周末为孩子组织儿童沙龙，让小朋友们聚集起来，指导他们进行一些有益于身心发展的活动。

我创办这一活动的起因，是为了帮助维尼夫雷特，这一点女儿十分清楚。但是，我发现女儿虽然喜欢这样的活动，却不是积极主动地参与，甚至根本不愿承担召集组织的责任。如果我没有主动提醒，她肯定不会自觉召集那些小朋友，似乎没有这样的活动也无所谓。

而参加活动的其他孩子都十分踊跃，表现出很大的热情。我希望女儿也珍惜这样的机会，而不是用一种理所当然的享受态度来接受。

在后来聚会的策划过程中，我决定让孩子们来当主角，由他们轮流安排一切活动的内容和程序。本来我想让维尼夫雷特第一个来负责这件事，以培养她的组织能力。但再一想，为什么不利用这个机会对她进行一次教育呢？于是我采取了另一种方式。

这次表演需要大家穿上漂亮的服装，"白雪公主""睡美人"将在假想的舞台上走来走去，有的孩子要演王后，有的演卫兵，有的或许还要演一棵树，孩子们都兴致勃勃。

我把这件事告诉了另一位小朋友，将这次活动的组织和安排权都交给她。当维尼夫雷特得知此事后，立刻愤愤不平起来，并向我表示不满："为什么不把这件事交给我来办，我是能够办好的。"

"我还以为你不感兴趣呢。原来每次要你帮我，你总是很不在乎。"

"谁说我不感兴趣，我有兴趣，我在乎。"

看着女儿那种既不满又觉得不公平的表情，我反而有些高兴，因为我终于激起了她主动争取机会的热情。但是我告诉她，这样的机会是自己争取的，我要给每个积极参与的孩子一样平等的机会，每个人都要争取当一次组织者。

等到再一次活动时，维尼夫雷特再也不像从前那样漫不经心了，而是主动地要求做这做那，所以，她一个人就当了 3 次活动主持。

任何的机会都要去争取，而不应消极等候。我想，对于女儿来说，让她明白这一点非常重要。不仅现在如此，将来更应如此。女儿懂得了这个道理，她或许会迈进一步，不再对机会毫无激情。

人们往往对自己珍惜的东西利用得比较充分，从而获得更大的收益。因贫穷而失学的孩子一旦有机会读书，往往会有惊人的表现，并不是因为他们比别的孩子聪明，是因为他们非常珍惜读书的机会。

毫无疑问，维尼夫雷特的成长环境是不错的，我当然不能故意为她创造贫穷的环境来让她经受磨炼，但我有责任让她知道，好的成长环境是多么值得珍惜，而且在好的环境中仍然可以锻炼自己的。

女儿知道我爱她，愿意把世上最好的机会提供给她，这种认识使她很有安全感，这对她在情感上的健康成长是必要的。但同时，我要让她认识到，我对她的爱是应该珍惜的，当我在爱的驱动下尽力为她创造好的成长空间时，她有责任积极配合。否则，我不可能无止境地去做这些事。

作为陪伴女儿时间最长的人，我总是在生活的细节中，有意识地培养她的进取态度。因为我知道，如果只给她机会，而不让她明白机会的可贵，那么她就可能成为一个坐享其成而不知努力的人。

PART 2
教孩子信守承诺

在对女儿品德的教育上，我始终坚持这样的原则：要求她树立正确的、健康的道德观与价值观，首先我自己要率先做到。教育孩子的过程，也是父母自我教育的过程。

有一次，我的同事沃尔夫先生对我说："我儿子太讨厌了，他老是迟到，而且经常把说好的事情抛在脑后。我对他耐心地讲道理，可他总是听不进去。你女儿维尼夫雷特也是这样吗？"

听他这么说，我就要他告诉我，他是怎么给孩子讲道理的。沃尔夫先生立刻举了下面这个例子。

比如，儿子又忘记了什么事情，沃尔夫就这样对他说："恩特斯，我跟你说了多少次，要遵守时间，遵守诺言，你难道不明白吗？"

恩特斯满不在乎地回答："我当然明白，您给我讲了多少次了。"

"那你为什么还是老样子？"

"我也知道不太好，不过，我觉得也没什么大不了的。"

"什么？"沃尔夫先生有些生气地说，"没什么大不了？你从小就这样，将来谁还会信任你呢？"

看见父亲生气，恩特斯也有些恼怒："您是大人了，不是也过得很不错吗？没见您有什么麻烦呀！"

"你这是什么意思?"沃尔夫先生被儿子的话搞得迷惑不解。

恩特斯说："哦，您可能忘了，您好几次答应我要带我去海边，可是到现在，您一次都没有带我去过。这算不算不守诺言呢？"

"那是因为我工作太忙，还有……"

说到这里，沃尔夫先生自己尴尬地停住了，不知怎样说下去。

我对沃尔夫先生说："哦，这样可不好。你要求儿子守约，可自己没有先做到。这样教育孩子，肯定不会有良好的效果。"

虽然这只是一件小事，父亲工作忙，的确有身不由己的原因。可是，孩子会怎样想呢？他也许会想：爸爸不守约，过得也不错嘛，大概不守约也没什么大不了的，我也不用去纠正这个无所谓的缺点。

更糟的是，单纯的孩子还会这样想：父亲就知道对别人守约，尤其对工作上的事，但对我的事却可以不当回事，看来守约也要看兴趣或分等级，不必每件事都守约，有时不守约也许不能算错。

很多父母常常抱怨孩子不听话，不肯接受自己的道理，可就是不去想想自己有什么不对。这样的父母用自己的行为颠覆了自己的道理，使孩子对父母失去信任，从而对于父母的话就置若罔闻。

有一次，维尼夫雷特与好朋友贝蒂约好周日到她家参加一个聚会。我起初并不知道这件事，到了星期五，我同女儿商量第二天一起去郊游，并且有爬山和划船的活动，再住一个晚上，星期天晚上回来。

这时，贝蒂的父亲来到我家，转告贝蒂捎给维尼夫雷特的话，叫她不要忘了周日带上小提琴。

贝蒂的父亲走后，我问女儿："你和贝蒂约好要去她家参加聚会吗？"

"是啊，可是我更想跟你们出去玩。"

"那不行，答应了别人就一定要遵守约定。"

"可是，明天去贝蒂家的人很多，少我一个人没什么关系。"

"不，我觉得贝蒂是很重视你的，不然也不会让她父亲专门来提醒你。何况，你还答应了给她带小提琴和玩具。你想想，如果你不参加聚会，又没有把那些东西带去，贝蒂一定会很失望。上次你约她一起做游戏，结果她临时改变了主意，你忘了你有多生气吗？"

维尼夫雷特还有点儿犹豫。我继续开导她："违约是不对的，这样很不礼貌。这样吧，我们下星期再去郊游，你明天去贝蒂家，好吗？"

女儿想了想，终于接受了我的建议。

PART 3

不因善小而不为

维尼夫雷特是个善良的孩子，这是我们从小对她建立的培养目标。一个善良的人，对人、对世界都会怀有怜悯心和责任感，这是待人处世的基本条件。

孩子的善心最初可以通过饲养小动物进行培养。在女儿 2 岁多的时候，我特意为她买来两只小金鱼，让她每天给小金鱼喂食，经常给鱼缸换水。没事的时候，女儿就坐在鱼缸跟前，看着小金鱼游来游去，不时还和它们讲几句话。有时候我和爸爸走过去观察小金鱼，维尼夫雷特就格外小心地站在旁边，生怕我们把小鱼吓着了。看着她那副心疼小宠物的样子，真是让人感动。

后来，我们还让她养过一条小流浪狗，那条狗来我们家的时候很瘦小，身体很虚弱，维尼夫雷特给它洗澡，给它喂饭，还经常带着它到院子里散步。如果有别家的小狗欺负她的狗，女儿就会不顾一切地帮它。在这个过程中，我们鼓励维尼夫雷特写小狗日记，以小狗的口吻记录每天的事情。这件工作不仅加深了孩子和动物之间的感情，对她写作能力的提高，也起到很大的作用。

由于从小就有和动物一起生活的经历，女儿长大后对所有的动物都怀有真诚的爱护和同情之心。推而广之，随着年龄的增长，她对所有弱小的生命都怀着善意和关爱。遇见年老的人，维尼夫雷特就主动上前问候，对她来说，这不是礼仪，而是发自内心对老人的同情。

有一次，维尼夫雷特看见几个孩子用水瓶往蚂蚁洞里灌水，她马上过去进行阻止。可是那几个孩子根本不听她的话，于是，她飞快跑回家，拉着我就往外跑，一边跑一边对我说："妈妈，快去救救蚂蚁，快去救救蚂蚁！”

我们跑到那里的时候，几个孩子还在乐此不疲地往蚂蚁洞灌水，还用脚踩那些正在洞外逃命的蚂蚁。我走到他们跟前，严肃地要求他们停止，然后蹲下身，告诉他们，蚂蚁也和人一样，他们盖房子，养育它们的子女，它们辛苦地劳动，为了过上平安的生活。然后，我让他们看地上正在挣扎的蚂蚁，对他们说：“蚂蚁也知道疼痛，如果谁用脚踩在你们身上，你们会有什么感受？”

那几个孩子听了我这样说，羞愧地低下了头，站了一会儿，都赶忙跑开了。

维尼夫雷特之所以能得到别人的赞赏和喜爱，主要原因是她具有关心别人的良好品质。在女儿很小的时候，我就时常对她讲，一个没有爱心和同情心的人，永远也不会得到别人的尊敬和爱戴。我还告诉她，一切事物都是相辅相成的，如果一个人只关心自己，那么也得不到别人的关心。从维尼夫雷特懂事起，她就明白了这个道理，并懂得一个人具有爱心是多么地重要。

维尼夫雷特 4 岁生日的那天，我给她买回了一只小猫，那是一只非常可爱的小白猫，浑身洁白如雪，只有脑袋上有一小块黑色。女儿非常喜欢它，时常抱着它走来走去。

有一次，这只小猫生病了，维尼夫雷特焦急地大哭起来，并要求我去给小猫找医生。

医生到了我们家后，小维尼芙雷特不断地向医生介绍小猫的病情，样子特别关切，就像她生病时我所做的那样。

医生对我说：“我从来没见过像你女儿这么有爱心的孩子。很多孩子都喜欢欺负小动物，可你女儿却对小动物那么关心，的确少见。”

PART 4
节俭的美德

我时常在商店中看到这样的情景：孩子哭闹着乞求，要这要那，父母试图制止，最终迫于孩子的纠缠，不分是非地妥协了事。

有一次，我带着维尼夫雷特陪同一个朋友和她的女儿逛商场。当时，有一款浴巾在做减价活动，因为我们家的浴巾早该换了，便选了几条。同时我对维尼夫雷特说："你也给自己选一条吧。"

于是，维尼夫雷特便选了一条。

朋友的女儿露丝看见后，也走上前对她妈妈说："我也要一条浴巾。"

露丝今天已经向她妈妈要了好多东西，而且大部分在我看来都是不必要的，我决定对她的要求进行干预。看着朋友不发话，我开口问露丝："你现在没有浴巾吗？"

"有呀。"

"你要买浴巾送给别人吗？"

"不是呀。"

"那你为什么要买浴巾？"

"因为维尼夫雷特买了一条。"

"原来是这样。你知道我为什么要维尼夫雷特买一条吗？因为她的浴巾已经破了，早就该换了。可是，你为什么要买呢？"

这个平时稍不称心就在母亲面前大哭大闹的孩子，这时却出乎意料地讲理，什么话也没说就把浴巾放了回去。

后来，我和这位朋友谈起这件事，问她为什么如此放纵孩子的购物欲。她对我说："你不知道她闹起来有多厉害，她想买就买吧，免得她吵，而且我觉得她挺可怜的。"

我知道她的意思。她和丈夫已经分居好几年了，到现在还经常发生冲突。她不希望孩子再在其他方面受到伤害。

不管怎样，我还是认为朋友的做法不对，因为物质满足并不能弥补孩子在情感上遭受的伤害，反而会使受伤的心灵变得扭曲。孩子是聪明而敏感的，她能感觉到父母心中的内疚，因此会毫不客气地利用这种心理，养成一些很坏的习惯。更为严重的是，父母的这种心态，会使她夸大自己的不幸，更觉得自己可怜。

有一天我和维尼夫雷特在街上散步，碰巧路过一家文具店，就顺便带她进去看了看。女儿被一套漂亮的画笔吸引住了，看了很久，迟迟不肯离去。

她对我说："妈妈，我想买那套画笔。"

我问她："为什么要买呢？"

她回答："因为那是一套很漂亮的画笔。"

"可是，你不是有一套这样的画笔吗？"我问女儿。

"那套画笔是两个月前买的，已经旧了。"

"什么？两个月前买的画笔，现在已经旧了？我听说一位伟大的画家，他的一套笔用了大约10年还舍不得扔掉。再说，画笔的新旧和绘画的水平有什么关系吗？"

"哦，妈妈，你真小气。"维尼夫雷特脱口而出。

"我不认为省钱就是小气。省钱是对的，省下的钱可以买其他有用的东西。"

有一天，我们在报纸上看见了一个儿童储蓄有奖活动的消息，我觉得很不错，就告诉了维尼夫雷特。吃过午饭后，女儿欢天喜地吵着要去银行储存她的小猪——满满一罐子的硬币。对于一个只有5岁的孩子来说，她还不大懂得储蓄的意义，对她而言，更具吸引力的是那些五花八门的、针对儿童举办的储蓄奖励活动，比如儿童电影专场免费券，一份学习用品，一本漂亮的小画书，另外还有张贴着照片的小小储蓄会员卡。

这样的储蓄奖励活动到处都有，是银行专门为儿童设置的一项活动，旨在鼓励小孩子从小就要学会节俭。因为活动办得很有趣，所以总是会吸引很多小朋友来参加。不仅如此，每个办理了储蓄卡的孩子都会得到一些荣誉方面的鼓励，而这种鼓励也使孩子们积极参加的愿望变得更强烈了。

对于大部分小孩子而言，储蓄的概念并不清晰，对于钱，也没有什么太多的认识。但是，通过这种储蓄活动，使孩子们有了一种参与感，抽象的概念就具体化了。所以，很多家长喜欢这种方式，并且积极鼓励孩子参加。

培养孩子节俭的习惯，不仅仅局限于参加银行的储蓄活动，还可以把自己过时的玩具、图书和衣物拿到儿童旧货市场去变卖，这也是鼓励节俭的内容之一。

我很喜欢这种旧货市场，经常带维尼夫雷特光顾那里。这里出售的东西都整理得干干净净，一两美元就能到手，买上一大堆也不过10来块钱。对于卖东西的孩子来说，也可以骄傲地拿着自己赚来的钱，去买自己喜欢的东西，花通过劳动换来的钱，他们会更懂得珍惜。

维尼夫雷特上小学之后，我给她准备了一个小账本，把她自己每一笔收入和支出都写在本上，每月进行一次盘点，看用了多少钱，自己靠劳动挣了多少钱。这样做并非因为家中一贫如洗，也不是父母有意苛待孩子，而是为了从小培养孩子勤劳节俭的美德和艰苦自立的品格。那小账本上记载的，岂止是孩子打工卖力的流水账，分明是孩子的成长经历！

在生活的每个细节上，我都教育女儿养成节俭的习惯，我认为节俭是一种美德，无论是在困难年代还是富裕时代，我们都应该崇尚节俭。有些父母自己很节俭，却不惜在孩子身上浪费，虽然这体现了对孩子的爱，但绝不是一种明智的爱。

节俭不仅适用于那些衣食无着的贫穷人家，对于那些家境殷实的人家，更应该尊崇节俭的原则。富豪之家的孩子，因为衣食无忧，很容易滋生奢靡骄横的习气，如果父母不教育他们从小节俭，任由他们屈从于虚荣心的驱使。结果，就会养成放荡不羁、游手好闲的生活习惯，美好的人生就会被富有的家境断送。

PART 5

勤劳的品性

社会竞争，绝不仅仅是知识和智能的较量，更多的是意志和毅力的较量，没有吃苦的精神和能力，是不可能在生存的竞争中获胜的。大自然是这样的规律，人类社会更是这样。

我还特别赞赏一些明智的父母，无论家里多么富有，孩子从小的时候开始，就让男孩给邻居或自己的家剪草、送报，女孩则去给老人当保姆。这样做，不仅帮助孩子自立，也让孩子从小就认识劳动的价值，尊重劳动和一切劳动者。有一个 14 岁女孩詹妮，每周六都要去餐馆打工，母亲告诉她，你完全可以在家里帮妈妈干活儿，照样可领取工资。但詹妮觉得，在家赚自己母亲的钱不是本事，她一定要去外面赚钱，表示自己有自立的能力。

在我们家，只要是女儿能够自己做的事情，我一定不会去帮她做。比如，全家人外出旅行，我让女儿自己背上小背包，并要告诉她："你自己的东西，应该自己来收拾整理。"冬天冷了，要让她自己找衣服添加，我绝不把一切准备得好好的，等着他来享用。

在维尼夫雷特 2 岁时，有一天她在客厅中蹒跚地走动着，东摸摸，西看看，仿佛对一切都有浓厚的兴趣。

忽然，维尼夫雷特手里的点心掉在了地上，她没有去理会，自顾自地向前走，似乎没有看见。我用手指着垃圾桶，示意她把地上的点心放到那里去。

女儿好像没有弄懂，好奇而吃惊地看着我，但就是不按着我说的那样去做，一动也不动。

"听见妈妈的话了吗?" 我再一次对她说。

这时维尼夫雷特的爸爸插进了话："女儿又不懂事，干吗非让她去做。"说着就要去帮女儿捡起地上的点心。

我用手臂挡住了他："亲爱的，不要这样，让她自己来。"

维尼夫雷特看了我一眼，身子往前挪了挪，似乎要试探一下：如果忽略妈妈的要求，会有什么结果？于是，我看见她准备试图走开。

"维尼夫雷特，"我立即走了过去，在女儿身边蹲下，"点心是你掉的，你应该自己捡起来，对吗？"

看着我柔和但坚定的神情，女儿终于妥协了，慢慢蹲下去，捡起那块点心，又蹒跚地向前走到垃圾桶边，小心地丢进去，然后向我投来灿烂而顽皮的一笑。

很多父母往往认为孩子太小，遇到问题就帮他们解决。实际上，父母应该相信孩子的能力，相信很多事情孩子都能自己做好，只不过他们有时需要指导罢了。多给孩子体验生活和锻炼自己的机会，孩子才会乐于做事，养成勤劳的好习惯。

有些孩子在慢慢学会做事之后，家务劳动会被他们认为是既没有新鲜感、更没有学习价值的事情，于是家务事就成了他们的负担。这时候，父母不能像以前那样简单地指派和命令，而要循循善诱。

维尼夫雷特两三岁时就经常到厨房来帮我做一些事，虽然这些事不算什么，但她仍然兴致勃勃，这是因为她有一种兴趣。就像前面所说的那样，她是在满足自己的好奇心和求知欲，也可能是她的一种别出心裁的玩法。

等到她五六岁时，反而没有了那种热情，甚至有时会"偷懒"，故意不做我给她安排的事。

有一天，我看见维尼夫雷特悠闲地躺在床上看一本有插图的书，房间里乱七八糟，袜子扔在地板上，手绢也胡乱地放在桌子上面。

"维尼夫雷特，妈妈告诉过你，要把房间收拾好，并洗干净你的袜子和手绢，记得吗？"

"知道，我等一会儿就去收拾。"

"还要等一会儿？我可是早上就对你说了，你也答应了呀。"

“我在看这本书，没有时间，等会儿我叫安娜帮我收拾。”她说的安娜，是我们家请来临时佣工。

“不行，你自己的事怎么能让别人帮你做呢？”听见女儿的话，我有些生气了，但仍然尽力控制自己不要发怒，“维尼夫雷特，这样吧，反正你这会儿有空，我给你讲一个故事吧。”

女儿一听说我要给她讲故事，马上就从床上跳了起来。

“从前有一位母亲，非常爱她的两个儿子，从来都不肯让他们做任何事情，担心累着他们。”我才开了个头，女儿就打断了我，“你看，人家的妈妈多疼孩子，哪像你，总是让我干活儿。”

“别打岔，先听我说完。那两个孩子，哥哥很愿意享受妈妈的关心，什么事都不做，整天在床上睡觉，养得又白又胖；而弟弟呢？他不愿意整天呆着什么也不干，就经常帮妈妈做很多的家务。渐渐地，他学会了很多本领，会做饭，会洗衣，还会自己做家俱。

“后来，妈妈去世了，两个孩子也都长大了。由于他们是大人了，兄弟俩就分开生活。弟弟每天在外面辛勤劳动，挣了很多的钱，还娶了妻子，生了孩子，过着幸福的生活。而哥哥呢，还是像小时候一样，成天在家里睡觉。

“有一天，弟弟有事去找哥哥，发现他还住在以前的旧房子里。弟弟一推开门，你猜他看到了什么？”我停下来，看着女儿。

“一定是那个哥哥饿死在床上了。”我话音未落，女儿就回答了我。“因为那个哥哥太懒，就知道在家里睡觉，不会自己养活自己，只好饿死喽。”

“那么，你希望以后被饿死吗？”

“我才不会呢！”说完，女儿开始收拾房间。

“你不要干活儿，躺着多舒服呀。”我见女儿开始收拾房间，心里非常高兴，但嘴上却这样逗她。

“妈妈，别把我想得那么傻，这些道理我都知道，你以前说过的话我也都记得：一个人最好的品德就是勤劳。”

不知道为什么，很多父母竟然把帮孩子做事当成对孩子的爱，其实，他们不知道，这是对孩子最大的坑害。

第十课

做一个幸福的人

孩子幸福与否，并不在于他们在物质世界里拥有什么，而在于他们在心灵世界里拥有什么。一些家长认为，给孩子提供应有尽有的物质财富就是给他们幸福，可事实并不是这样。

家长是孩子最好的老师，在孩子很小的时候，家长如果能教给他们判断是非的能力，激发他们追求真理的热情，培养他们正确的人生观和价值观，将来他们会受益无穷。同时，还要注意培养孩子的良好性格，如果可以的话，让你的孩子做一个善良的人。

孩子不会永远在家庭或者在学校，他们总有一天要走向世界。而世界上永远充满了未知，所以，家长要帮助孩子拥有学习的能力，拥有正确探索世界的方法。一个人不能总是迷失在现实之中。所以，父母还要帮助孩子拥有一个梦想，站在大地上仰望星空。对于孩子来说，他们还应该具有坚强的意志，敢于面对失败和挑战，能够在100次失败之后，第101次站起来。

记住，要从孩子的角度思考问题，尊重，信任，沟通，理解，这都是养育孩子未来幸福的最好养分。我不能完全有把握给予女儿幸福，但我相信，自己能够给予她正确的幸福观，以及追求幸福的信心和能力，这也许比幸福本身还要重要。

当我们给孩子们传授各种知识和技能的时候，千万不要忘记一门最重要的课程：幸福生活的奥秘。

PART 1

懂得幸福才拥有幸福

尽管我对维尼夫雷特满怀期待，但我最在乎、最希望的还是女儿能够拥有幸福的一生。无论她将来成为什么样的人，从事什么职业，我都希望她快乐、开心。

我认为，做一个幸福的人有很多条件，其中一条就是必须敢于追求快乐和幸福。我不能完全肯定自己能给女儿幸福，但我相信我能够给她对幸福的正确认识，还有追求幸福的信心和能力。

有人会问：难道还有人不懂得或不敢去追求幸福和快乐吗？我想，在生活中能肯定回答这一问题的人没有几个。其实，不是每个人都会，而是很多人都不会。尤其在这样一个工业发达商业繁荣的时代，许多人都丧失了这种追求快乐的能力。

人的一生就像树的年轮，是一圈一圈依次展开的。婴儿的一圈代表爱与享受；童年的一圈，代表创造与幻想；少年的一圈是玩耍与嬉闹；青年的一圈是爱情与探索；而成年人的一圈则象征着现实与责任。如果有任何一圈没有完满，我们的人生就存在缺憾。

一个人未来的生活状态与他童年的成长轨迹息息相关。如果一个孩子从小被剥夺了以天真之心享受单纯生活的权利，就会在他的个性上造成难以弥补的裂痕。一个不会享受生活、欣赏生活的人，不可能成为一个幸福的人。很多父母都知道要为孩子的未来着想，往往是着眼于孩子的成就，却忘了最重要的一面，就是孩子的幸福。一个完全失去了童趣的人，无论他在事业上有如何的成就，都难以得到真正的幸福。

幸福一方面来自现实生活施加给我们的感受，就是说，有的时候生活本身的样子会把幸福或不幸福强加在我们身上。这时候他们就应该努力去改变生活，让它变成我们喜欢的样子。幸福另一方面来自我们对生活的态度，同样的人生，态度不同幸福感也不一样。对于孩子来说，从小让他们学会调整心态是至关重要的。

有一天，我发现女儿不安地坐在书桌旁，时而挠挠头，时而踢踢腿，显得非常焦虑。

我走过去问她："维尼夫雷特，你怎么啦？是哪儿不舒服吗？"

她没有回答我，仍然是一副焦急的神态。

"怎么啦？告诉妈妈，好吗？"

"这里有一道智力游戏题，我想了好半天就是无法破解，都快急死我了。"女儿说。

"那么，你休息一会儿再来做吧。"

"不，我一定要把答案找出来。"

女儿的好胜心很强，遇到困难总是要解决之后才肯罢休。但今天这个智力游戏似乎太难了。

"没关系，可能太难了，不要勉强自己。"我摸着女儿的头说道。

"你不是说过，要不怕艰难吗？怎么今天劝我放弃呢？"女儿问我。

"是的，不怕艰难是件好事，但更重要的是，你不能太难为自己。这不过是一个游戏，解决不了也没关系。"

"可是……解不出来不是显得我太笨吗？那会让我痛苦的。"

"不，维尼夫雷特，仅仅凭一道智力游戏题并不能说明什么，证明一个人的能力有很多方面。你也不应该因这件事而痛苦，因为它不是你生活的全部。"

女儿对我的话似乎并不明了，于是我告诉她："除了智力游戏，还有音乐和绘画，还有朋友，还有爸爸妈妈……我希望你做一个快乐的人，假如智力游戏题让你感到痛苦，我宁愿你做点儿别的事情。"

听了我的话，维尼夫雷特停了下来，她去弹了一会儿琴，又到院子里追了一会儿蝴蝶。当她回过头再去解那道题时，居然轻松地找到了答案。

我们周围有很多人，只知道工作而忽略了生活中的快乐。在我看来，光会工作的人不仅得不到快乐，就连工作也做不好。而懂得从生活中寻找快乐的人，却往往能把工作做得更好，并且还能从工作中找到幸福的感觉。

PART 2

接受挫折迎接希望

在女儿成长的过程中，无论她做了什么事情，我从来不以“失败”定结局，哪怕看起来像是真的失败了。我关心的是，通过自己所做的事情，得到了什么经验？学到了什么知识？如此看待一切，哪里有失败可言？人生中有很多令人失望的事情，为了让女儿能够在将来有幸福的一生，我总是有意识地让她学会接受失望，迎接希望，勇敢地面对生活。

在维尼夫雷特 6 岁时，她和附近的孩子们一起组织了一次体育比赛。这个比赛不光是孩子们参加，父母们也要参加。

比赛的规则是这样的：每个家庭选出 3 个人来进行接力赛跑，一个孩子和两个大人，由于我们家总共才 3 个人，只好全部上阵了。赛跑时，由维尼夫雷特的父亲开始，然后是我，最后是女儿。维尼夫雷特的父亲身体很好，因此开始时我们领先。轮到我跑时，对手都是十六七岁的大男孩，我感到有些力不从心，但也没有落后。维尼夫雷特接过我手中的小旗时，大喊一声“我一定要赢”，就全力向前奔跑，可是由于她太紧张，眼看要到终点了却不小心摔了一跤。

我们本该得第一的，却在关键时刻输给了别人。维尼夫雷特非常沮丧，吃晚饭的时候还在不停地埋怨自己。

丈夫对我使了个眼色，示意我关心一下女儿。我拉过女儿的手说：“维尼夫雷特，今天虽然是由于你的失误而输了比赛，但我们都没有怪你。我认为你已经尽了力了。你摔倒了，这是谁都想不到的意外，何况，你的对手都是比你大的人。大家都说你很勇敢，居然敢跑第三棒，很多孩子都不敢这样。”

“无论怎么说，我也是失败了，输了。”女儿垂头丧气地说。

“不，你不能这样想。虽然输了，你也不应该失去信心，失败只是一个过程，它不是持久的。你有这次经验，在下次比赛的时候，就能做得更好。我想，下一次你一定会赢的。”

听我这样说，女儿开朗起来，并就今天的失败做了详细的分析，说自己不应该那么紧张，如果能放松一些的话，或许不会摔那一跤，那样就会得胜了。

我认为，人活在这个世界上会不断体验到两件事：成功和失败。父母应该想一想，自己对孩子到底有多高的期望，在孩子身上施加了多大的压力。很多孩子在面对竞争时发挥不好，常常可以从父母那里找到原因，如果父母给孩子定的标准和要求太高，并且经常批评、责怪孩子，就会使孩子的自信心受到损害，这样一来，孩子就会接连不断地品尝失败的苦果，直到他们的自信心完全崩溃。

有一年万圣节，我给维尼夫雷特买了一身漂亮的衣服和面具，准备让她晚上到邻居家去要糖果。看着各家门口摆出的南瓜灯和魔鬼服装，维尼夫雷特和所有的孩子一样，兴奋极了。可是到了傍晚，突然下起了雨夹雪，维尼夫雷特在窗口看了一阵子，跑过来问我：“妈妈，这雨和雪会停吗？”

我知道，如果今晚维尼夫雷特不能出去讨糖吃，一定会大失所望。

“等等看吧，也许会停的。”我对她说。

但是，晚饭后还是没停，而且一点儿停的迹象也没有。看到这情形，维尼夫雷特开始掉起眼泪。

我很为她难过，走过去抱着她说：“我知道，你心里很难过，但是没有办法。好在万圣节每年都有，我们可以等到明年，好吗?”

“明年，那还要等一年啦。而且，我什么都准备好了……”女儿失望地说道。

“是的，我知道，可有什么办法呢？今天下雨，真是糟透了。”

“我不干，我要出去玩。”维尼夫雷特一下子变得非常不可理喻，大哭大叫起来。

看到她这样，我便不再去安慰她，而对她说："今天下雨是个事实，我也没有办法。我知道你真的很失望，我同样也很失望。你要明白，在失望的时候，没有谁能够同情你，只能自己想办法解决。"

听我这么一说，维尼夫雷特就停止了哭泣，到另一个房间去玩别的东西去了。过了一会儿，她兴冲冲地跑过来对我说："妈妈，我们来玩万圣节讨糖果的游戏好吗？"

对于孩子来说，由于天气原因不能参加万圣节的活动，的确让人失望，但维尼夫雷特起初的反应，在很大程度上因我的同情而扩大了。当我不再理睬的时候，她反而自己找到了解决的方式。这说明孩子不是无能的，他们知道怎样解决问题，怎样面对困境，只是在很多时候大人剥夺了这种能力。

当我告诉女儿，天气不好是一个无法改变的事实，并让她学会面对后，女儿就摆脱了那种失望的情绪，并开始考虑解决的办法，最终想到了玩讨糖果游戏，也算是对失望的一种弥补。这样，她不仅找到了摆脱困境的办法，还找到了走进快乐的途径。

一些父母在大多数情况下，都低估了孩子的承受力，他们会认为自己的孩子太软弱了，根本无法对付生活中的难题。这种态度将会使孩子形成对自己的错误认识，认为自己真的没有能力。

如果父母能够平静地对待孩子的失望，并对他们施展正面的积极的影响，就会使他们更容易接受失望和挫败，然后产生迎接希望的信心。这样，孩子在未来的人生中，才会真正拥有生活的快乐，而不只看到失望和不幸。

PART 3

怜悯只会伤孩子

一个靠别人怜悯而生活的人绝对不会幸福。这种人只能是懦夫，是软弱的人。从维尼夫雷特很小的时候起，我就教育她做一个坚强的人，不要接受别人的怜悯。

汤姆森是维尼夫雷特要好的朋友，有一天他在玩耍中不小心扭伤了脚，很长时间不能参加小伙伴们的活动。

不仅汤姆森自己很难过，他的母亲也为此而着急，她常常对儿子说："我知道你的感觉不太好，我也为你难过，我真希望你的脚会马上痊愈。为什么偏偏是你受伤，这太不公平了，太不公平了。"每当此时，他的母亲还会流出伤心的泪。

孩子对母亲的反应是很敏感的，汤姆森的妈妈对儿子表现的同情，加强了孩子的不幸感。本来只是一次意外事故，因为自己不小心导致，结果，妈妈的怜悯不仅没有让儿子反省，反而让他觉得自己受了委屈。

汤姆森受了伤，不能和别的孩子玩游戏，失望是难免的，也是正常的，但伤很快就会痊愈。假如母亲能够保持理智的心态，就可以帮助儿子正视现实，如果她自己都感到沮丧，就不可能对儿子有所帮助。

我认识一个 7 岁的小女孩，叫米娜，在一次车祸中失去了一只手臂。因为她在医院里已经学会了怎样照顾自己，当她回家见到邻居和小朋友的时候，脸上依然露出可爱的笑容，热情地和大家打招呼，似乎什么事都没发生一样。

医生特意嘱咐米娜的妈妈，不要为女儿做过多的事，因为她完全有能力自理。

可是，这位好心的母亲却为女儿而伤心，她总想替女儿干点事来安慰自己，从感情上弥补女儿的不足。她把能干的事全替女儿干了，帮她换衣服、洗澡、洗衣服，帮她把饭送到房间里，有时还帮她梳头。

妈妈干得越多，米娜就干得越少。米娜干得越少，就越对生活失去自信。加上妈妈整天的悲叹，慢慢地，米娜真的以为自己成了一个无用的废人，于是，她就只想待在自己房间，连大门也不想迈出一步。

就这样，米娜从一个总是面带微笑、勇气十足、自己帮助自己的孩子，变成了一个常常发脾气、动不动唉声叹气的孩子。

有一天，我见到了米娜，了解了她的情况后，我找到她的母亲，告诉她："你不应该把女儿当成一个残疾人来对待，应该让她做一些她自己能做的事，也许那样会对她更有好处。"

米娜的母亲接受了我的建议，给女儿安排了她力所能及的事，并经常鼓励她，让她逐渐树立起了自信心。

我再一次见到米娜时，她不仅恢复了往日的开朗，还学会了很多从前不会的技能。她可以用一只手洗衣服，用一只手穿衣服、穿鞋，她甚至可以用一只手弹琴。后来，她还参加了纽约的音乐节，并获得了优秀奖。

事实上，孩子有足够的能力和勇气与困难搏斗，他们要用奋斗来弥补自己的缺陷。如果父母一再怜悯或过多帮助，孩子就会失去进取的动力，停止努力，这对孩子极为不利。身体上的缺陷无法弥补，但如果他们有一个强健有力的精神支柱，有健康的心理，有战胜困难的毅力与决心，不自怜自艾，这样的孩子长大后，一定会比在父母的怜悯之下长大的孩子要幸福得多。

PART 4
如果你的孩子胡闹

有的父母看见自己的孩子当众使性子、发脾气，就觉得很没面子，会在心里产生这样的念头：真丢人，别人肯定会说我没有能力管教好孩子。几乎所有的父母都有这种想法，当孩子在公共场合有异常表现时，父母首先想到的是自己的体面，却很少真正去关心孩子此时的内心感受与需要。父母会立刻认为那是胡闹，并立即加以制止，甚至用强硬手段要孩子停下来。

其实这种做法很不妥当。作为一个理智的成年人，脑子里不免有成套的清规戒律：什么样的行为可以接受，什么样的行为不可以接受。在情感表达上也有明确的区分：什么样的情感值得称道，什么样的情感是不对的。当然，教会孩子懂得这些是很重要的，但只用强迫手段而不主动走进孩子的内心，孩子是不会接受的。

有一次，我带着维尼夫雷特做了一次长途旅行。在火车上，我看见了穿着打扮都很讲究的一家人。这家人有两个儿子，一个大约 7 岁，另一个 4 岁左右。

一上火车，我看见这两个孩子，就不由心中叫苦，预计这次旅途肯定安静不了，准备好应付喧闹和进进出出的骚扰。然而，出乎意料的是，两个孩子竟然是危坐不动，桌上也未摆放任何玩具和书本，小的有时探过身逗逗哥哥，但绝不发出吵闹之声。

火车走了很久，两个孩子就一直那样地坐着，不笑，也不说话，我感到很奇怪。若在以前，我一定会夸奖这家父母管教有方，甚至会探问良策。但此时我看看那两个坐着不动的孩子，不禁感到担忧。

后来，我和那位母亲搭上了话，经过交谈我了解到，这两个孩子小时候都很活泼好动，但他们的父亲不喜欢孩子打闹，只要他们有一点超出大人要求的举动，父亲就会对他们实施严厉的惩罚。久而久之，他们无论在哪里，都不敢轻举妄动，生怕引来父亲的愤怒。

使孩子接受纪律的约束，这是不错的，但是，这不等于剥夺孩子的活泼天性。况且，孩子的自律必须经历一个循序渐进的过程，通过引导，让他们慢慢改善自己的行为。但是，怎样去引导，应该引导到什么程度，是父母需要仔细思量的事情，绝不能以扼杀剥夺孩子的天性为代价。

但是，如果孩子不听话，或者无理取闹，父母又该怎么办呢？是惩罚还是责备？我认为，首先应该意识到，这是孩子向父母发出的某种信号，他们在表达自己内心的一种需要，这是很正常的。人人都有需要发泄的时候，只不过成年人懂得控制自己，而孩子却不懂得注意方式和场合。如果父母能够理解孩子的心理需求，就不会草率地加以纠正，而是设法找出孩子这么做的原因。只有当孩子知道别人能理解他的心情时，他才会平静下来，才能听从父母的解释和引导，否则只会和父母对着干。

维尼夫雷特有时也会和我们作对，无理取闹，我对此曾十分头疼。

有一次家里来了许多客人，其中也有和女儿差不多大小的孩子。维尼夫雷特本来很开心，但不知是什么惹恼了她，突然胡乱发起脾气来。

我想她一定是有原因的，就立刻把她带到外面问她："妈妈知道你心里不高兴，能不能告诉妈妈是为什么呢?"

女儿说："你只顾招呼别人，就是不理我。"

原来是这样，听了她的话，我把她抱了起来："傻孩子，妈妈怎么不理你了？因为他们是客人，我当然要对他们热情一些，否则以后别人就不会来我们家了。对客人热情，是一种礼貌，我不是教过你，要成为有礼貌的孩子吗？妈妈对别人热情，并不等于不理你，这是两回事，你懂吗？"

维尼夫雷特的心情顿时开朗了，不仅没有再发脾气，还帮着我去招呼客人。

很多父母经常会为孩子的愤怒感到吃惊，简直不知如何是好。但是，我们应该知道，如果父母也像孩子一样不能控制自己，那么事情会越来越糟。父母作为成年人，应该采取一种轻松幽默的方式来对付孩子的无理取闹。维尼夫雷特之所以特别招人喜爱，与我对她的引导是分不开的。

维尼夫雷特长大后，曾在日记中讲述了当年我教育她的一件事："还记得小时候，有一次我无缘无故地发脾气，还摔坏了一些玩具。妈妈并没有责骂我，反而坐在椅子上和我开玩笑说：'维尼夫雷特，我看你火气大得快要把头发燃着了！你一定看我不顺眼，我是不是先躲一躲，免得你把我吃了？'听了妈妈的话，我突然觉得自己的举动很可笑，于是就放松了，心里的烦恼似乎也少了许多。

"还有一次，妈妈并没有使我平静下来，相反我还说了让妈妈十分难堪的话。我看见她的脸色很不好看，但她没有发火，而是慢慢地说：'你不知道你的话多伤我的心，以后我们再找机会谈这件事，好吗?'也许从那时起，我真正懂得了如何理解他人，如何以友好的方式对待他人。"

PART 5
什么对孩子最重要

也许世上所有的父母都曾满怀希望地为孩子制订各种计划，但在做这些努力的同时，却很少有人仔细考虑过，对孩子最重要的究竟是什么？

父母在不辞辛劳培育孩子的时候，因为常常忽略孩子的内心感受，反而给孩子的童年蒙上痛苦的阴影，带来不必要的烦恼。邻家有个孩子叫吉娜，她的母亲希望她成为一个有修养并有多种爱好的人，于是就给她买了一把名贵的小提琴，还请了老师来教她。

有一天晚上，吉娜在做功课。按照常规她已经超出了结束功课的既定时间，但她仍然没有完成作业。母亲看着钟表着急起来。

“吉娜，你不要忘了今天还要练琴。”

“知道，可是我的功课还没有做完，你总不会让我不完成老师布置的任务就练琴吧。”

“那你为什么不快些做，功课不是不多吗?”

“可我一直在做呀。”

吉娜的母亲无话可说，但看着女儿满不在乎的样子，她的心中不禁开始生气。

终于，吉娜完成了功课，这时离规定睡觉的时间只有半个小时。

“能不能快点儿，再过半小时就要睡觉了。”母亲焦急地催促道。

“好了，好了，马上开始。”说着，吉娜拿起小提琴。

母亲看在眼里，气在心头，忍不住开始责备女儿：“你怎么那么不认真，练琴都要我来管，不觉得羞愧吗？”

“你别来打扰我，不是说好了不管我练琴的吗？”

吉娜此时心情也极为不佳，气鼓鼓地拉着琴。

母亲看着女儿的样子，心想，睡觉的时间就要到了，若让她现在停止，练习便毫无效果；若是继续练下去，便会影响休息。想到这里，母亲终于不能再控制自己，怒气冲冲地对女儿说："你如果不想练就别练，简直是在浪费时间！"

"不练就不练，本来就是你要我练的。"吉娜也火了，把琴胡乱地放进了琴盒。

"把乐谱收好再走！"母亲说。

吉娜极不情愿地整理那些乐谱，故意做出磨磨蹭蹭的样子。

"快点，慢吞吞的像什么话。"

"我已经够快的了，还要多快！"吉娜终于也吼了起来，"烦死人了！"

"你说什么？你说谁？"

母女俩开始大吵起来，谁也无法控制自己的情绪。很快，吉娜委屈地哭了，抽泣着上了床。这时已经过了睡觉时间，母亲的心里非常难过，想到女儿琴没练好，睡眠时间也没有保证，还弄得母女俩心情恶劣，越想心中越懊恼。

我认为，用这样的方法去培养孩子的爱好，还不如不让她有这些爱好。培养孩子爱好的目的，正是要让孩子在成长中获得乐趣，而吉娜母亲的做法，根本不可能让女儿在学习音乐中得到快乐，相反还会成为一种负担，使她对音乐产生厌恶。

如果父母急于求成地让孩子学会某种技能或知识，只会引发他们对学习的反感，造成心情抑郁，会从根本上影响他们对生活的看法，这是得不偿失的事。很多父母都没有在内心深处意识到这些，又往往无法面对这种隐隐的愧疚与懊悔。

对于孩子，成长中最重要的是乐观积极的生活态度，还有活泼健康的体魄，这两点是培养所有其他能力的基础。

在这里，我奉劝那些还沉浸在教子烦恼中的父母，应该常常问自己：什么对孩子最重要。如果连这一点都没有弄清的话，你的教育还有什么意义？

第十一课

孩子成长的心灵生态

孩子的成长和一棵树、一朵花的成长一样，需要适宜的环境。所谓“适宜”，就是恰到好处，不缺少，也不太多。对孩子来说，优良的成长环境不是宽敞奢华的豪宅，也不是享受不尽的财富，孩子需要的环境是——和睦温馨的家庭，善解人意的父母，严谨而不失亲切的学习要求，智慧而又生动的启发指导。

好的成长环境，能够激发孩子自由奔放的思想，能够滋养孩子心灵深处潜藏的美质，能够推动孩子自动自发的创造力，让他们在不自觉的状态下发芽、开花、结果。其实，孩子的成长环境归根到底就是孩子的心灵环境：自信、自尊、勤奋、自律……这一切都需要父母细心培植，细心呵护，于无声处给予阳光、雨水和甘霖。

如果我们只注意了孩子成长的外在表现，忽略了心灵环境的养成，就会对孩子的成长生态造成威胁。用不切实际的要求，用严苛的指责，用迫不及待的催逼，最后，就会使孩子本来安详宁静的心遭到破坏，让他们的智慧和品性受到污染，本来完好的人格逐渐被扭曲，这是很多父母无法理解却不得不面对的一种后果。

孩子可以自己成长，他们的心里本有供他们成长的一切必备元素，父母只要尊重孩子的意愿，根据孩子的需求加以牵引，一切都会水到渠成。

PART 1

孩子的自尊心

孩子的心是稚嫩的，需要格外地呵护，尤其是他们的自尊心，我想，只要是有责任心和爱心的父母都会注意到这一点。但是，很多父母经常在不经意之中伤害孩子的自尊，他们自己却不知道。

每个孩子都有自尊心，而且孩子的自尊比成人还要强烈，如果做父母的能够认识到这一点，一定能够避免许多不必要的心灵伤害。有些父母对自己的自尊心非常敏感，当孩子对自己有叛逆行为时，便会怒不可遏，一发为快。然而，当孩子们觉得委屈或遇到有可能伤面子的事情时，父母们却不会想到他们的尊严。大人总认为：小孩子，有什么面子不面子的，有什么自尊心！而且有时还有意挫伤他们，认为这样可以作为惩戒，甚至父母会以此为快意——这样的状况几乎是有点变态了，但是不少父母都有过这样的情形。

这种做法非常不明智，因为这不但不会起到训诫启发孩子的作用，反而会对孩子造成心灵上不可磨灭的创伤。幸运的是，从女儿出生到现在，我从来没有以这种态度对待过她。

我的一位熟人有个儿子叫哈里斯，是个聪明又懂事的孩子，才6岁就开始帮母亲做家务了。有一天，哈里斯和母亲购物回来，帮着母亲把东西从外面搬进厨房。母亲见他抱着一堆玻璃瓶，不禁有些担心。

“分两次拿，这样会打碎瓶子的。”

哈里斯说：“不会，我以前也拿过这么多。”

母亲说：“你不听妈妈的话，瓶子肯定会打碎的。”

哈里斯装作没听见，只顾往厨房里走。刚走进过道，瓶子就接连不断地掉了下来，有些摔碎了，里面的流体食物和调料洒得满地都是。

他母亲看着被弄脏的地板，忍不住开始大发脾气：“我告诉过你的，可你就是不听！你看你把这里弄成什么样了？”母亲停了一会儿，看见几个瓶子都碎了，又接着吼道，“你以为自己很聪明，结果怎么样？你今天别想出去玩了，你这个猪猡！”

哈里斯本来已经有些惭愧，可是听到母亲的训斥，顿时恼羞成怒，扔下手中的瓶子，跑到自己的房间去了。从那以后，哈里斯再也不帮母亲干家务了。

当哈里斯不慎摔坏瓶子后，已经认识到自己的失误。我认为，这种结果比母亲事前警告与事后教训的效果都要好，孩子会记住这个教训。可是他的母亲没有意识到这一点，她本应该体会到哈里斯的心情，在这时候给孩子一些安慰，然后告诉他，以后应该怎样做才不会出现这样的情况，让他在错误中学会做事的方法。但她却采用了责骂的方式，使儿子感到难堪又委屈。

维尼夫雷特 5 岁时，已经是一个非常有主见的孩子，几乎在所有事情上，包括吃、穿、住、行都有自己的观点。

但这也令我时常感到头疼，因为她在某些方面显得过于有主见了，往往不能把事情做好。

有一次我们和一些朋友去郊游。因为是春天，大家都穿上了轻松的春装。可是，维尼夫雷特非要穿她的那件绿色大衣不可，因为她觉得那件衣服很好看。

我对她说：“现在已不是冬天，天气热了起来，如果你穿大衣出去，会很难受的。”

固执的女儿没有采纳我的建议，仍然坚持自己的想法。

等我们到了游玩的地点，其他的孩子都穿上了轻便的衣服，只有维尼夫雷特一人穿着厚厚的大衣。在温热的天气下，维尼夫雷特闷得满脸大汗。这时，她注意到别的孩子在用奇怪的眼神看她。

维尼夫雷特对我说：“妈妈，我有些肚子疼，我们回家吧。”

我明白女儿的用意，知道她想找借口离开这里。

“哇，春天真让人感到舒畅。”我假装没有听到她的话，只是自言自语的样子。然后，低头对维尼夫雷特说，“我想，你可能会改变主意，所以我把你的春装也带来了，要是你也改变了主意的话，现在就可以到树林里去把它换上。怎么样呢？”

维尼夫雷特的脸上顿时洋溢出快乐的笑容，原来的苦恼之色荡然无存。她亲热地吻了我一下，并要求我带她到树林中去换衣服。

从此以后，维尼夫雷特再也不那么固执，并养成了善于接受别人意见的好习惯。

我在不露痕迹的情况下把女儿从尴尬中解救出来，她当然会感激我，也为自己意外摆脱了困境而庆幸，更为自己当初的固执而懊悔。

我想，如果那天我不给女儿带上春装，任由她忍受因穿得太厚而带来的难受，或者当着众人的面责骂或嘲笑她，一定就会对她的自尊心造成伤害，这只会让她变得更加固执。

很多母亲都有一种奇怪的心态，当孩子没有听从她的劝告时，她会暗自盼望着出现她之前警告过的那种后果。当那种预言性的后果发生时，母亲心里似乎有一种快感，然后就借题发挥，带着得意的口吻将孩子怒吼一遍，甚至恶狠狠地羞辱一番。这种心理是非常不健康的，而且对孩子心灵的伤害也是巨大的。

PART 2

用“暂停”摆脱不良情绪

在培养维尼夫雷特的过程中，我发现年幼的女儿有时会陷入一种不能自控的状态，似乎失去了任何可以使自己镇定下来的能力。有时候会被没有理由的要求占据着，不能解脱，伴随而来的是无休止的哭闹和不顾一切的反抗。我想，这大概是所有小孩子的通病，或许也是孩子们的普遍现象。

可能很多父母都有这样的经历，在向孩子大叫“不能这样”的时候，孩子似乎没有听见，仍是一味地我行我素。接下去可能是大人充满怒火的呵斥，希望由此制止孩子“不能这样”的行为，但如此的处理方法只能使孩子更加任性，做父母的也更加不能自制。于是，亲子战争就会爆发，哭闹声和责骂声搅在一起的局面便会出现。

遇到这种情况，我认为最好采用“暂停”的方法。这个方法的出发点并不是要惩罚孩子，而是用非暴力的手段使孩子停止某些不当行为，父母也停止自己的愤怒。

有一次，我准备带女儿去一位朋友家做客，一切都收拾停当准备出门的时候，3 岁的维尼夫雷特仍然拉着我发疯似的喊：“我要穿那条短裙子，你快给我换上！”

之前我已经向她做了足够的解释，为什么现在不适合穿那条裙子，因为天气很冷了。

“维尼夫雷特，如果你再这样胡闹下去，我就不带你出去了。”

“不去就不去，反正我就是要穿那条短裙子！”维尼夫雷特喊道，嗓子已经哭得有些嘶哑了。

我把已经打开的房门关上，冷静地说：“维尼夫雷特，我们现在停一停，好吗？”

然后我把她带到她的房间，让她坐在床边的小凳子上。女儿没有反抗，乖乖地坐在那里，尽管还在哭叫。

“5 分钟。”我对女儿说。

维尼夫雷特坐在那里没有动，我走出了她的房间。

过了 5 分钟，维尼夫雷特停止了哭泣，在房中喊道：“妈妈，我可以出来了吗?”

“可以了，你还想去安迪叔叔家吗?”

“想去。”女儿走到我的面前，看着我说，“妈妈，我们走吧。”

我时常用这种“停一停”的办法，让女儿从狂躁的情绪中解脱出来，从经验来看，每一次都非常有效。

让女儿“停一停”，为了使她从自己不安的状态中走出来，抚平她的情绪，忘掉她的无理要求。如果在“停一停”的时间内，女儿发现了其他可以令她高兴的玩具和游戏，只要没有任何危害，可以尽随其便，让她高高兴兴地玩一会儿。

有一次，维尼夫雷特拿着画笔到处乱画，我为她准备好的画纸却被她扔在地上。我劝告了几次，她似乎控制不住自己。我拉着她的手说：“你是想规规矩矩地玩呢？还是想到你的房间待上 5 分钟？也许到房间去呆一会儿，你会感觉好一点吧？”

在这之前，我向她解释过“暂停”的方法和内容。调皮的小维尼夫雷特好像要试探我，依然用彩笔往家具上涂抹。

我对她说：“看来，你选择了回房间待一会儿。要我送你去，还是你自己去？”

女儿没有动，于是我拿下她手中的画笔，拉住她说：“你选择了让我送你去。”

到了她的房间，我对她说，“等你觉得好一点后再出来找我，我们可以玩别的游戏。”

后来，我给女儿买了一个计时器，让她自己设好“暂停”的时间，通常是 5 分钟。

有时她拒绝在自己的房间里待着，跟着我跑出来，但我会立刻送她回去，并且延长时间。有时我会问她："要不要我在房间里陪着，直到你感觉好了为止？"

到女儿 4 岁时，她已经习惯了这种"停一停"的命令，每次都会自动地走向房间，直到平静下来。

我从不会让女儿感到这种"停一停"的方法是对她的一种惩罚。我告诉她，每个人都有失去理性的时候，"停一停"可以让我们冷静下来，或者有时间进行反思，这个过程是给我们的坏情绪找到一个发泄渠道。

不要在孩子犯错误的时候一味想到"惩罚"，这样的心态，只会让孩子拼命地抵制，这样不仅不能帮助孩子摆脱原有的恶劣情绪，反而会加深这种情绪的强烈程度。这个时候，父母要帮助孩子，诚心地为他们找到解决的办法——因为在孩子发脾气的时候，他们自己也不好受。

对于父母来说，"停一停"也是有益的。当我们自己被孩子激怒时，我们所采取的一切措施都可能带上非理智的情绪色彩，在这样的心态下处理任何事情，都可能有失偏颇。

当我们让孩子"停一停"时，我们自己也安静地"停一停"，想想孩子为什么会这样，想想我们应该怎样去帮助孩子而不是实施惩罚。

PART 3

向孩子表达自己的感受

女儿有时候非常顽皮，每当我被她弄得不胜其烦时，我就会告诉她我的感受，让她知道她正在给我带来烦恼，并让她学会理解和尊重别人。我认为，父母完全有理由让孩子知道自己的心情，这样做无论对大人还是孩子都是明智的。

很多父母都有体会，有时候孩子的自以为是简直令人惊讶。父母觉得他们已经到了应该懂事的年龄，但他们仍然还是那么不懂事，这常常让父母很生气。即使是很有耐心的父母，这种富于自我牺牲精神的忍耐也是有限的，这种积累的烦恼终究会爆发出来，造成父母与孩子双方的不愉快，于是，建构正确的沟通方式就十分重要。

在维尼夫雷特的成长过程中，我不断在改进我和她之间的沟通模式。起初，我总是以说教训导的方式对待她，可是收效甚微。因为，我总是站在自己的立场上，告诉她这样或者那样，可是，她是怎么想的呢？她对这件事有什么体会呢？我不得而知。我想，她之所以对我的话无动于衷，并不是她要反抗我，而是她不理解我为什么要对她的言行产生这样的反应。

后来，我慢慢找到了一个办法：告诉女儿我的感受。当她不认真读书时，当她一味地提出无理要求时，当她固执地把事情弄砸时……我不再批评她，而是真诚地向女儿明确表达我的感受，我甚至让她设身处地：如果你有一个女儿，她现在拉着你胡搅蛮缠，你会怎么办呢？没想到，这样做常常会收到意想不到的效果。我一向认为只看重自己的情绪的女儿，突然变得有理智，开始照顾别人的感受了。

不过，在向孩子表达自己的感受时，一定不能让它变成控诉和指责，不掌握好这种区别，就达不到意想中的效果。

维尼夫雷特的小伙伴安娜与母亲达成一个协议，每星期六如果没有什么特殊的活动，安娜应首先打扫自己的房间，将它收拾干净整齐后再做其他的事。

但有一天，在这个协议执行两个星期之后，母亲到安娜的房间去检查，发现屋子里一团糟。安娜已经同小朋友到外面玩去了，而且很晚才回家。

安娜一回来，母亲就生气地问她："你今天的做法让我感到很难过，你知道吗？"

安娜问："怎么啦？"

"你说话不算数，该做事的时候却悄悄溜掉，我认为，这是不负责任的表现。"

"我怎么不负责了？我有什么做错了吗？"

"什么？你还说怎么不负责了？你去看看自己的房间吧！你没有做错什么吗？你竟然还这样说话！"

"我的房间怎么啦？不就是忘记收拾了吗？值得你这样发怒吗？"安娜毫无愧意地回击母亲。

"我发怒？到底是你错了，还是我错了？"

母亲还想说服女儿，没想到安娜撇了撇嘴，就走进了自己的房间，把门一关，留下母亲独自在那里生闷气。

安娜的母亲有什么地方做得不对吗？她说那些话是指责还是表达自己的感受呢？我认为，这位母亲一开始确实是想表达自己的感受，可是说着说着就变成指责了，而正是这种指责激起了女儿的反抗。

假如安娜的母亲这样说："我们应该履行协议，先收拾完房间再出去玩儿。我希望，我的女儿是一个重视承诺的人。"这样说，效果就会完全不一样，既表达了自己对孩子的不满，又没有给孩子发脾气的理由。

有一天，维尼夫雷特和小伙伴们出去玩，很晚才回家。由于她还太小，我真是担心死了。

听到维尼夫雷特的敲门声，我连忙冲过去为她开门，当时我很想斥责她一番，狠狠地教训她一下，但我还是控制住了。

一见到她我就说："感谢上帝，你总算平安回来了。"女儿说："怎么啦？我一直在罗茜家玩呢。"

我说："你应该早些回来，刚才妈妈真为你担心，你从来都不会这么晚还在外面，我真害怕你出什么事。"

女儿看着我担忧的神情，突然张开手臂扑向我，一边亲吻我一边说："对不起，我以后一定早些回来。"

我认为，父母在表达自己的感受时，应该采取合理的方式和语气，否则孩子会认为是言不由衷。由于我采用了正确的方式，让女儿从内心深处认识到了自己的错误，也让她感到了我对她的爱，由此她就懂得理解我和尊重我。

PART 4

多一些鼓励

每当维尼夫雷特做了一件值得嘉奖的事情时，我就会充分肯定她，指出这样做对人、对己、对社会的好处，不失时机地表扬和鼓励她。

父母对孩子的赞赏，在很多情况下，倾向于他们天资的方面。比如说，你真聪明，你长得真漂亮……但对于孩子后天的努力，尤其是因为主观上的努力而取得的成果却很不在乎。我认为这是父母价值观的错误，应该予以纠正。

当孩子学会了一门知识，完成了一项任务，或者为他人提供了某种帮助，父母应该对孩子说："你真努力，你真棒！"而不要说："你真聪明。"

对每个人来说，成功都是来自努力，而不是来自聪明。相反，很多人因为聪明而失败，就是古人说的"聪明反被聪明误"，这已经得到无数事实的验证。

所以说，聪明的父母赞美孩子时，绝对不说"你真聪明"，而说"你真努力"。

还应注意一点，当孩子做错事受到批评后，他们改正了，父母最好及时给予赞杨和鼓励。克丽亚特夫人曾对我说过一件事，我觉得可以供父母们借鉴。

一天早晨，克丽亚特夫人去洗漱间时，看到儿子亨特的牙刷又扔在台子上，便叫他："亨特，你怎么把牙刷又放在外面了？我对你说过，牙刷用过后要放到杯子中，你不记得了吗？"

亨特正在摆弄自己的玩具，听见妈妈的话，心不在焉地答道："知道了。"

克丽亚特夫人见儿子并没有认真听，就想再强调一下，以巩固效果。

"亨特，你过来一下。"

"干吗呀？"亨特很不情愿地放下玩具走了过去。

"请把牙刷放到杯子里去。"

亨特很快放好了牙刷，转身就走。

"以后记住啊。"

"知道了。"

第二天，亨特把牙刷放到了杯子里，但母亲并没有注意；第三天，牙刷又放到了台子上。

"亨特，你又没有把牙刷放进杯子，你是怎么搞的？"

"我以为你不记得了。"亨特说。

"什么叫我不记得了？"母亲不解地问。

"因为昨天的牙刷是放在杯子里的，你什么也没说呀！"

听完克丽亚特夫人的讲述，我意识到孩子是非常需要关注和表扬的。当孩子做错事时，我们应该提醒和纠正他们，但是，当他们改正了错误，养成了好习惯后，更应该给他们及时的肯定，使他们对自己的正确行为有信心，并有足够的兴趣去巩固自己的成果。

在养育女儿的过程中，我深深地感到，让孩子在愉悦中学会好的行为，比在受责备的不快中学习好行为容易得多。

每个人对别人的斥责生来就有排斥的本性，成人如此，孩子也是同样。尽管大多数孩子会接受成人的权威，但过多的责备仍然会引起他们的反感。这种反感自然会产生反面的力量，削弱管束的效果。

有一天，维尼夫雷特看了一本有趣的书，书中讲到水的重要性，并提到，人类对水的浪费，将造成未来水资源严重匮乏的危险。

往常，维尼夫雷特洗澡的时候总是把水龙头拧到最大，有时甚至让浴室里的水一直开着，让水白白浪费掉。我多次告诉她不要浪费水，但这些话就像云雾消散在风中一样，毫无效果。但是这一天，女儿居然很快就洗完了澡，并主动关上了水龙头。

"今天怎么这样懂事？"我问女儿。

“因为书上说，应该节约用水。”女儿回答说。

“了不起，我女儿知道节约用水，太好了！如果每个人都能像你一样，那将会节约多少水啊！”

从此，女儿不仅自己节约用水，还常常提醒她的父亲也节约用水，并向他宣传浪费水的危害。

我认为这种鼓励很有必要，当孩子发现自己的好行为引起了大人注意时，就会在心里调整自己的行为取向，使好行为一直延续下去。

的确，长期关注孩子一点一滴的进步，并及时予以鼓励，是一件不容易的事。但我还是要劝告那些年轻的父母，应该懂得恰当地表扬自己的孩子，不要错过生活中能促使孩子进步的每一次机会。

PART 5
探索世界的勇气

维尼夫雷特曾在她的祖母家住了一段时间。祖母对小孙女极为疼爱，为了让维尼夫雷特过得开心，祖母专门为她布置了一个安全又有趣的房间作为她的娱乐室。那个房间的地上铺了厚厚的地毯，连墙根也摆放了柔软的垫子,地上的玩具都是干净而安全的布娃娃之类的东西。

刚开始，女儿非常喜欢这个属于自己的空间，可时间一长，慈爱的祖母发现孙女渐渐对这里失去了兴趣，女儿喜欢去别的房间玩，到那些她不熟悉的房间里钻进钻出，她觉得那些地方似乎更有吸引力。

有一天，女儿偷偷地跑到了厨房，忽然对一把小刀产生了兴趣，就拿起来把玩。

当祖母发现孙女的这一举动后，顿时紧张起来，赶快冲上去从维尼夫雷特的手中夺下了刀子，并大声地说："天啊！你怎么敢碰这个，太危险了！太危险了！"

可是，女儿在受到惊吓之后，就对祖母的做法反感起来。祖母越是禁止，她就越是不顾一切地冲上去要拿那把刀。

尽管祖母严加防范，可是事故还是发生了，女儿有一次终于在和祖母的争夺中被刀子割伤了手指。

气愤之极的祖母简直拿她没有办法，不顾孙女的哭闹，用强迫的方式把她关进了那间娱乐室。可是，从那以后，维尼夫雷特不仅没有变得老实起来，还故意去损坏其他的东西。

后来，祖母对我说："不让维尼夫雷特走出娱乐室去玩儿，她就会没精打采；让她出去吧，又担心她弄坏家里的东西，还怕伤着她自己。可是自从那天把手割破后，她又变得过于胆小了。唉，我真不知道怎么办才好！”

这的确是个难题。当孩子在屋里到处乱翻乱摸的时候，他们并不是在故意捣蛋，他们其实是在探索这个对他们来说无比新奇的世界。很多父母并不想阻止孩子去探索这个世界，都希望培养和满足他们的好奇心，谁也不想由于阻止孩子的探索而使他们害怕外面的世界，但又不能让他们弄伤自己或毁坏东西。

我认为，大人应该告诉孩子，有的东西不可以碰，某些东西绝对不能碰，告知这些道理是很重要的。但在进行这番告诫之前，必须先控制好自己的情绪，不能表现得过于紧张，仿佛大祸临头似的。这样，要么让孩子产生偏执的好奇，要么就会使孩子感到恐怖，使他们对环境缺少正确的判断。

维尼夫雷特回到我们身边后，有一次又去玩小刀。我发现之后，尽量用平静的语气对她说：“这是做菜用的工具，不是玩的东西。刀子可不是玩具，不适合小孩子玩，它很锋利，会把手割破。”

每当女儿到厨房看我做菜，我总会不时地提醒她说：“你可以在这儿玩，也可以学妈妈做菜，但是有些东西你不可以动，如果你动了，我就只好让你到外面去。”

这样重复多次后，女儿就慢慢知道为什么有些东西不能碰了，如果在那种情况下，我用严厉、愤怒的态度来禁止女儿动某样东西，就会激起她的逆反心理，还会使她产生更强烈的好奇心，为什么这个东西不能碰？如果我碰一下会发生什么呢？往往因为这样的好奇，使无知的孩子受伤。

只要是对女儿没有伤害的东西，我从不会阻止她去玩。把孩子局限在狭小的空间，对她自信心和勇气的形成极为不利。用心的父母都会发现，孩子喜爱模仿大人的举动，有时还会拆卸东西，这在他们的成长中是很自然的事，它可以帮助孩子了解这个世界，激发他们的探索精神与想象力。

有一天，维尼夫雷特在我的书房里待了很久都没有出来，我走进去看她在做什么。一进门就发现自己的文件夹、手稿和卡片都散落在地。女儿正在玩一个很漂亮的文件夹。

当时我感到自己都快要大叫起来了，但想到自己以前并没有告诉她不能玩文件夹，便竭力控制住自己。

我对女儿说："维尼夫雷特，这不是用来玩的东西，这是妈妈工作用的工具。"

女儿不解地问："为什么呢？我喜欢这些东西，我想知道它们是用来做什么的。"

为了满足女儿的好奇心和求知欲，我仔细对她讲了这些东西的用处，并给她演示了具体用法。之后，我另外拿了几个文件夹送给她，对她说："这样吧，我分一些卡片和文件夹给你，在你的房间里也放一个书架，你玩你的，妈妈用妈妈的，好吗？"

"好啊！"女儿高兴地回答。

在那以后的很长一段时间里，维尼夫雷特都在自己的房间里摆弄那些文件夹和卡片，一副专心工作的架势。由于女儿喜欢模仿我的一些行为，所以我就尽力为她创造一个可以模仿成人的环境，这样既满足了她的好奇心，也可以防止她去动不该动的物品。

我们家有一台打字机，它曾经帮女儿学会了拼写，所以她一直对这台机器充满好奇，总想弄清它的工作原理。在她的要求下，她父亲专门把打字机拆下来，仔细给她讲解内部的结构。尽管很麻烦，但为了帮助女儿探究事物的好奇心，我认为非常值得。

PART 6 学会等待

耐心不是与生俱来的，它需要培养。当孩子还在襁褓之中时，她的哭声就是命令，没有哪位父母会违抗，往往是迫不及待地把吃的东西送给他们，总是以最快地速度满足孩子的愿望。我认为父母采取这种方法对待孩子是不正确的，因为如果不去寻找哭闹的原因，只是简单地用食物来解决问题，这样做仅仅满足了孩子的生理需要，却忽视了其他方面的需求。

有一位专家告诉我，在孩子的婴儿时期，父母要有意识地利用他们对食物的需求培养他们的耐心。当孩子啼哭时，即使知道一定是饿了，也不要立刻给孩子吃东西，而是让他们哭一会儿再喂，以此来训练他们学会等待。

女儿小时候性情急躁，她只要想到或听到了什么，就立刻要去实现，否则就会纠缠不休，直到我不耐烦了，不得不满足她的要求或做出某种让步为止。

有一次，我在厨房里烤面包，女儿闻到香味就跑进厨房。

“妈妈，我要吃面包。”

“面包还没烤好，需要等 5 分钟。”

3 岁的维尼夫雷特不干了：“我不等，现在就要吃。”

“维尼夫雷特，面包没烤好怎么吃？你要是饿了，就先去吃点水果吧，好不好？”

“不嘛，我就要吃面包，我现在好想吃面包！”

我了解女儿此刻的心情，知道她等不及了。为了让她明白什么是等待，我就把她带出了厨房，不再理她。

过了5分钟，女儿又跑进厨房，焦急地对我说："5分钟已经到了，快给我面包。"

这时面包确实是烤好了，但我并没有立刻给她，而是让她再安静地等待一会儿。"再等一等吧，虽然面包烤好了，但它现在很烫，还不能吃。"

"不，我不怕烫，现在就要！"女儿大吵大闹起来。

"维尼夫雷特，你要学会'等一等'，如果再这样，我可真的不给你吃了。"

女儿生气了，一下子就冲出了厨房。

过了一会儿，我把烤好的面包放在了餐桌上，对女儿说："哇！面包真香呀，现在可以吃了。"

我看女儿没有反应，知道她还在生气。我也不理她，继续做其他的事。不久，女儿悄悄从房间走了出来，在餐桌旁开始吃面包了。

我走过去对她说："维尼夫雷特，你要知道什么事都不能太过着急，必须要有一定时间的等待。刚才没到时间，所以你不能吃面包，现在我允许你吃，是因为时间到了。你要记住，做任何一件事，都要等到它能做的时候才可以做好。"

我之所以这样，是要让女儿知道，世界不是以她为中心，这一点非常重要。因为每一个人都有要求，即便是父母非常爱她，也不能让她认为自己的要求非排在第一位不可。我希望女儿能够懂得，人生中等待是必不可少的，失望也是必不可少的。明白了这些，对她将来的成长会起到积极的作用。

许多父母在教育孩子时自己缺乏耐心，那么，结果也就可想而知了。训练孩子的耐心，自己首先要有耐心，这一点是极为重要的。当孩子用不停的哭闹来迫使父母满足他们的要求时，父母一定要沉得住气，提醒自己正在训练孩子，而不是在和孩子赌输赢。只有自己耐心，才能把孩子培养成有耐心的人。

有一个著名的"蜀葵糖实验"，在这个实验中，孩子们被领到放有蜀葵糖的房间里，在大人离开期间，忍住不吃蜀葵糖的孩子可以得到奖励，忍不住要吃的就没有奖励。结果只有1/3的孩子能够抵抗诱惑。而在时隔20多年后的回访中，实验者发现了非常明显的不同，忍住没有吃糖的孩子长大后，在各个领域比那些不能等待的孩子有更出色的表现。

在女儿的成长过程中，常常发生这样的事：正当我工作的时候，她却要求我带她出去玩。有一次女儿对我说："妈妈，我想到公园里玩。"由于我当时正在写一篇文章，就对她说："等妈妈把这篇文章写好再去，行吗？"

"我想现在就去。"

"维尼夫雷特，这是一篇很重要的文章，妈妈必须按时把它写完。你先自己玩一会儿，之后我一定带你去。"

大约15分钟后，女儿又来催我："妈妈，还要多久？"我告诉她还要再等1小时，她一句话也不说就走了出去。文章写完后，我就去叫维尼夫雷特："我的工作完成了，我们走吧，妈妈带你去玩。"

"不，请您也等我一会儿，我把这一篇故事看完就走。"女儿学我的口气说。

由于终于完成了工作，我也想放松一下，很想出去走走，可这时女儿却偏偏给我摆起架子来了。有什么办法呢？我只有坐在客厅的椅子上等她。

最后，女儿看完了书，我们这才一起出门。

有的父母只让孩子服从规则，而自己却不愿意遵守规则，这对孩子价值观的养成非常有害。如果我让女儿等我，我却不愿意等她的话，女儿就会认为，大人只会要求别人却不约束自己，这样的父母怎么能以理服人？

任何人都有控制自己生活的愿望，面对许多事情都要依赖父母的孩子，他们的不安全感很强，所以更加需要施展自己的控制力。也许当女儿说"等一等"时，是有意显示自己的权力，这时父母不妨以宽容的态度对待。大部分时间，孩子确实在做着自己感兴趣的事情，这时毫不客气地打断他们，的确是一种不妥的方式。

这个时候，父母也要耐心"等一等"。

PART 7

多给孩子一点时间

很多的父母似乎总是匆忙的，总喜欢催促孩子："快点儿！快点儿！"他们永远都在这样生活，他们已经习惯了，但从没有去考虑孩子的感受。

父母的催促常常使孩子感到自己的自由被侵犯了，就像一直在被压迫着干一件事一样。这种被逼的感觉不但不会使孩子"快"一些，反而会让他产生逆反心理，有意拖延时间，以显示自己有支配局势的能力。

在很多情况下，父母同孩子的争执，常常因为父母没有给他们应有的控制权，在不经意中让他们成了父母的仆从和家庭的附庸，他们怎么会心甘情愿呢？我认为，给孩子足够的时间和空间，给他们一点心理缓冲的余地，会使他们感到一种自主的快乐，这样他们反而会加快做事的节奏。孩子在父母的宽容下，反而会对自己严格起来。

在维尼夫雷特的成长过程中，无论是学习还是外出游玩，我都会给她足够的时间。这不仅是一段具体的时间，更重要的是在她的心理上给了一个自由的天地。有了这种心理上的准备，女儿往往更乐意接受我的安排。

有一天，维尼夫雷特在家门口和邻居的孩子玩游戏，玩得特别高兴。由于我和她约好今天要去姑妈家，在我准备好之后就去叫她："维尼夫雷特，我们该走了。"

"到哪儿去？我不想去。"女儿头也不回地说。

"昨天不是和你说好了去姑妈家吗？"

"知道了，我再玩一会儿。"

“再玩多久？” 我问女儿。

“不知道。”维尼夫雷特说完又继续玩游戏。

我等了一会儿，女儿却毫无停止的意思，于是我便对她说：“维尼夫雷特，我们要走了，不能再等，否则到那里就太晚了。”

“再玩一会儿。”女儿仍然这样说。

“不行，现在就走。”我冲过去拉着她的手，想把她强行带走。

女儿哭了起来。邻居的孩子也被我的“粗暴”吓得呆住了。

我突然意识到自己的做法极为不妥，可能是因为我太着急，担心耽误了时间，所以在不自觉中采用了和我平时相反的做法。我在自责和内疚中不得不改变态度，转而温和地对维尼夫雷特说：“那好，你再多玩一刻钟好吗?”

“好的。”女儿破涕为笑，又投入到了游戏之中。

我不停地看着表，在一旁耐心地等她。又过了 10 分钟。

“维尼夫雷特，再过 5 分钟我们出发，知道吗?”

“知道了。”女儿回答道。

又过了 5 分钟，我对女儿说：“维尼夫雷特，时间到了。”

“妈妈，再玩 5 分钟好吗?”

“不行，我们是约定好的，你要遵守约定。”

“那好吧。”女儿再也没有多玩一会儿的理由，就和我出发了。

去姑妈家玩是维尼夫雷特自己要求的，但她在玩耍中忘掉了这件事，只觉得现在玩得很好，不愿打断目前的游戏。

我后来多给了她 15 分钟的时间，使她有了足够的精神准备，所以当约定的时刻来临时，她能果断地结束自己的活动，参与到我和她事先约定好的行动中来。

根据我的经验，维尼夫雷特经常提出的那些小要求，诸如“让我再玩一会儿”之类，主要是为了找到一种自主的感觉，希望拥有控制自己行为的权利，并不仅仅是为了玩。遇到这种情况，我总会她给一点小小的满足：“好吧，再玩 5 分钟。”

PART 8

重新开始一次

在我们的生活中，父母与孩子之间的争论是时常发生的，争论激烈起来会讲出过激的话，于是讨论就变成了争吵。事后，父母们常常会懊悔，对自己说：如果我当时不讲那一句话就好了。但话一出口就收不回来，往往在心中留下阴影。

和孩子讲道理经常会讲得激动起来，当孩子顶嘴时，有些父母会更加不理智，常常抛出强迫意味的话。我经常听一些父母对孩子这样说："按我说的去做！哪来那么多废话！""是听你的，还是听我的？""这里我说了算！""你懂什么？"如果孩子的胆子还没有大到敢于反抗大人权威的地步，这种霸道的做法也许还能暂时维持局面，否则的话只能使争执不断升级。

在这种时候，我们应该改变一下节奏，并不是向孩子道歉或让步，而是让愤怒平息下来，找一个更好的起点重新开始。我常常采用这种办法，我给它定义为"重新开始"。

有一次我看见维尼夫雷特在房间中摆弄玩具，于是便问她："我给你安排的事情做完了吗?"

"做完了。"女儿回答道。

"练琴了吗?"

"没有。"

"没练完琴不能玩玩具，先去练琴！"我以命令的口气对女儿说。

"我等会儿再练。"

"我知道你就是不想练琴，如果你这么讨厌练琴，干脆不要再学琴了。"因为那天我心情不太好，就说了这样不应该说的话。

“可以，我不学了。”女儿对我的话产生了极大的反感。

当时，我由于在气头上，并没有意识到自己的错误，冲过去抢过女儿的玩具，并把她拉到了钢琴前。女儿胡乱地弹起来，在这种情绪下练琴，当然不会有好的效果。

见女儿不再像往常那样认真，我突然意识到了自己的过错。其实女儿平时并不总是贪玩，只是今天比平时多玩了一会儿而已。

我对女儿说：“维尼夫雷特，我们重新谈谈这件事好吗？”女儿停下来不解地看着我。

“我只是不希望你把太多的时间花在玩具上，希望你理解我。之前你玩了多久？”我问女儿。

“我刚拿起玩具。”

“妈妈刚才的做法是不对的，请你原谅。”

女儿看了看我，怒气顿时消了很多。

“你打算玩多久呢？”我再次温和地问她。

“一会儿。我本来打算玩一会儿就开始练琴的。”女儿委屈地说。

“那么，去玩一会儿吧。玩半小时，然后开始，可以吗？”

“好的。”女儿哭丧着的脸上又出现了笑容。

我想，这种方法之所以能够见效，是因为无论我还是女儿，都不希望进行一场战争。女儿表面上显得很镇静，占了我的上风，但暗地里，她还是害怕激怒我。所以我宣布重新开始谈论问题时，女儿也松了一口气，这样我们就创造了一个比较合适的新开端。

我这样做，也给女儿起了榜样的作用，让她懂得人应该勇于改正错误，并在适当的时候做出理智的让步。人们都习惯于“坚持到底”，似乎没有结果就不能停下来，一直争论到水落石出。但如果结局不是希望的那样，为什么一定要走到底呢?

我时常这样想：一个勇于承认错误、探索新路径的父母，远比固执、专横的父母要可爱得多。

第十二课

赏识你的孩子

阳光照耀花朵，是对花朵的赏识；雨露滋润禾苗，是对禾苗的赏识；我们用肯定的话语评价孩子，是对孩子的赏识。

赏识是家庭教育中非常重要的方法之一，每个孩子都需要积极的赏识才能获得自信、勇气和上进心，这就像植物需要阳光和雨水才能生存一样。孩子在大人的赏识中，才能发现自我的价值，才会茁壮成长。

赏识教育是呼唤善良、启迪智慧的教育，赏识既是理念，也是方法。赏识是一种爱，它要求我们注重孩子的优点和长处，让孩子在“我是一个好孩子”的心态中觉醒，树立“我能行，我能成功”的自我信念。

赏识教育的方式多种多样，可以是赞扬、鼓励的语言，也可以是爱抚、友善的动作，甚至可以是欣赏、赞许的目光。赏识一定要发自内心，让孩子感觉到他确实值得赏识。在尊重、信任、理解孩子的同时，适当地给予激励和包容。

有人说，“离开赏识，孩子就无法生存”，“鼓励是最重要的成长维生素”，可见赏识对于孩子有多么重要。

妈妈的咒语

父母学会不失时机地赏识孩子是非常重要的。在培养维尼夫雷特的过程中，我总是把赏识她、充分肯定地把她的优点放在第一位，而尽量避免伤害她的自尊心。

有一段时间维尼夫雷特似乎对绘画失去了兴趣。对这种情况我感到很奇怪，因为女儿一直都对画画有很高的热情。为了帮助她找到原因，恢复自己的热情，我专门找她谈了一次话。

“维尼夫雷特，我发现你好几天都没有画画了，是怎么回事呢？”

女儿听到我的问话后，并没有立刻回答，而是低下了头，嘴里不停地嘟嘟囔囔着什么。

“告诉妈妈，你是不是现在不喜欢画画了？没有关系，如果你不想画画，妈妈也不会强迫你的。”

“不，妈妈，我仍然喜欢。”

“那为什么我很少看见你画了呢？”

“因为……因为我画不好。”

“不会吧，我看你一直都画得很好的。”

“不，就是画不好。”

“那么，把你的画拿给妈妈看一下好吗?”

“不行，那些画一点儿也不好。”

“没有关系，给妈妈看又不是给别人看，说不定我还能帮你呢。”

于是女儿把她的画全都拿了出来，样子很难为情。

“哦，多美啊！这么好的画，怎么还说画得不好呢？”看了女儿的画，我赞叹不已。

“可是，那个太阳画得不圆。不知为什么，我画圆的东西总是画不好，像小球呀、苹果什么的。”

“可是，这些东西没有必要画得那么圆呀！”

“卡特就画得很圆，他还老嘲笑我呢。”

“维尼夫雷特，我不是带你看过画展吗？你想想，有哪位画家把苹果、太阳这些东西画成正圆的？”

“没有。”女儿想了想说。

“对呀，那些艺术家都不这样做，为什么你非要画那么圆呢？依我看，好的画应该是生动又有感情的，而不是讲究线画得直不直，苹果画得圆不圆。只有绘图员才那么画，你又不是绘图员。”

女儿似乎没有听懂我的话，好奇地看着我。于是，我给她讲了画家和绘图员之间的区别，并告诉她卡特对她的评价是错误的。我从女儿的每幅画中找出了诸多优点，并且一一说出我的理由。

一开始，她甚至怀疑我的夸奖是假的。“妈妈，我的画真的很好吗？你没有骗我吗？”

“妈妈怎么会骗你呢？如果你真的画得不好，我会说出来的。”

“那么说，我还是有天赋的啰！”

“当然啦，没看见妈妈是多羡慕你吗？”

女儿听得津津有味，心中的疑惑顿时解开，维尼夫雷特又兴致勃勃地开始画画了。

我认为，对于像维尼夫雷特这样的小孩子，她画得好不好根本不重要，重要的是她有信心画下去。当然，在鼓励孩子的同时，能给他们传授一些正确的方法，那就再好不过了。

从我的经验来看，当孩子感到内心痛苦或失去信心的时候，严厉指责是很愚蠢的办法。父母如果能够给孩子一点儿温暖，并不失时机地鼓励他们，那么他们做不好的事情也会在父母的关心之下重新做好，能做好的事情一定就会做得更好。

赏识可以是非常简单的，并不是有些父母想象的那样难，那样麻烦。给孩子一个拥抱，他就会感到一些安慰；给孩子一个真诚的微笑，他们的心就会觉得明亮。小孩子常常哭哭闹闹，有时也会愁眉苦脸，或不高兴地嘟嘟囔囔，似乎什么都不能使他们的心转阴为晴。在许多时候，父母会对这种情况十分恼火，甚至要责骂孩子，以为惩罚就可以制止。其实，责罚常常是最不明智的做法，而且实际上也毫无作用，或者是相反的作用。

维尼夫雷特在小时候也常常闹别扭，但我从不使用责骂的方式，而是时刻注意她的表现，给她一点正面的激励。我会将女儿抱在怀中，告诉她，她是一个多么可爱的孩子，我多么喜欢她。这时，她也许会继续闹一会儿，但是很快就会改变态度。我也会继续努力，直到一切转变为正常状态。对于孩子，关键要明白她真正需要的是什么，女儿的哭闹可能是需要得到我的关注，所以一句赞美的话就使她安静下来。

母亲的法宝不是责罚，而是赞赏，我可以用一个故事作为这个论断的佐证，希望所有的妈妈能从中得到启发。

幽暗的树林里，男孩遇到了一个女巫。女巫用长着尖尖指甲的手指着他尖声喊道："不要动！我要把你变成一个笨蛋！"男孩不相信女巫的魔力，用劲儿"呸"了一声，扭身飞快地跑了。

他继续在林子里无忧无虑地玩耍，觉得自己还是和原来一样聪明，一点儿也没有变成笨蛋的迹象。一直到太阳要落山了，小男孩才恋恋不舍地回到家。

他气喘吁吁地向妈妈跑去，一进门就跌了一跤，妈妈正埋头做事情，她看了一眼儿子，脱口斥责道："看你那个样子，跟你爸爸一样，天生是个笨蛋！"

妈妈刚把话说完，男孩的心里就升起一种奇怪的感觉，之前满心的喜悦顿时消失，眼前可爱的景象也变得模糊不清。于是，他垂下头，坐到地上，从此，他真的成了一个笨蛋。

因为，这个咒语是慈爱的妈妈发出的，是比女巫灵验十倍的咒语，男孩稚嫩的心不能抵挡，无法逃脱。

其实，许许多多的母亲天天都在发出这样诅咒——"你总是这样懒惰""你又在巧舌如簧""你是个骗子""像你这样，永远不会有出息”……当她们发出诅咒的时候，还以为是在关爱自己的孩子，是在指引自己的孩子，岂不知，她们正在用这样的咒语把孩子变成她们诅咒的样子。

现在大家明白了吗？妈妈的咒语，指的是母亲对孩子的评价或期望，它们始终左右着孩子的一生。孩子接受并内化了母亲对自己的看法，并依此形成固定的自我评价，这个自我评价主宰了他们的心理和行为，于是在不断的心理暗示中，就不断朝着母亲“诅咒”的方向发展，成了妈妈舌头底下常说的那个孩子——这就是妈妈们给孩子施加的黑色魔法。

孩子天生都是一样的，就像白板，只不过是后期的教育有所不同，而最终导致孩子的千差万别。如果你想让孩子成为什么样子，正面告诉他你的期望，正面引导孩子，孩子一定会展示你所期望的结果和成绩。不要用负面语言，否则，孩子就成了“妈妈的咒语”的牺牲品。

为了孩子，请母亲们共勉——让我们做孩子“善良的魔仙”，让孩子在我们正确的引导下，朝着正确的方向前进，实现我们美好的期待。

PART 2

夸孩子有方法

许多家长经常不自觉地在行动和语气上表现出对孩子的不满意。如孩子拿着扫帚像大人那样扫地，结果总是不能把垃圾聚拢，父母就干脆自己拿过来，对孩子说："你不会扫，让妈妈来。"小孩子帮助大人晾晒衣服，不小心把一件衣服掉到地上，大人马上说："快离开，毛手毛脚的。"

这些言行无疑使孩子心中刚刚萌生的信心受到打击，也阻碍了孩子尝试展现自我能力的意愿。如果不让孩子去尝试和学习，他们长大后也不可能会做这些事。因此，家长必须明白"做"和"做成功"是两回事，"失败"只是表示技巧不够熟练，但它不应影响"做"的价值。家长应对孩子"不完美的勇气"给予不断的鼓励和培养，否则孩子会随时产生挫折感，影响心智的发展。

维尼夫雷特小时候就有强烈的参与欲望，她希望能加入到大人的一切活动中，同大人一样能够做许多事。我认为这几乎是所有孩子的天性。这种欲望就是学习的动力，是一种可贵的探索精神的源头。但是，作为年轻的妈妈，那时的我却做得并不好。

有一次，我正在收拾房间，并为一个好看的花瓶插上刚买回来的鲜花，然后，在玻璃花瓶的底部铺上一层小石子作为装饰。

"妈妈，我来帮你吧。"维尼夫雷特走过来，不由分说就抓起了一把小石子。

"不，你会打破花瓶的。你在旁边看妈妈铺，好吗?"

"我不会打破花瓶的。"女儿仍然坚持要帮我。

这时我一把抓住她的手说："到别的房间去玩，不然妈妈要发火了。"

维尼夫雷特很扫兴地离开了客厅。看着女儿的样子，我突然意识到自己的做法不对，于是，马上把维尼夫雷特叫了回来。

“我认为你帮妈妈干活儿是一件好事，这样吧，我教你干。”

维尼夫雷特眼中闪现出兴奋的光彩，立刻又过去抓了一把小石子。

“这样，维尼夫雷特，不要一次拿那么多，应该一个一个地放，不要使劲儿扔，要轻轻地，这样瓶子才不会被砸碎。”女儿在我的指导下终于把石子摆放得非常漂亮。

做完之后，我在心底感慨万分，一个玻璃花瓶的价值远远不如女儿的自信心珍贵，我起初为什么那么在乎那个花瓶呢？很多父母和那时的我一样，根本不知道让孩子做事对他们的成长是多么重要。他们把书本的学习叫作学习，可是不知道书本之外的锻炼，对小孩子恰恰是更重要的学习。

我在日常生活中时刻都在注意女儿点滴的变化和进步，这些变化和进步都是在诸多家庭生活实践中取得的。哪怕是微不足道的进步，也会让我感到欣慰。

培养和鼓励孩子的自信心，要注意方法与时机。有的方法看似鼓励，却因使用不当，而起到副作用，有时对孩子的赞扬反而会打击他们。可能有人会奇怪地问：这怎么可能呢？赞扬孩子，怎么会打击孩子的自信心呢？但是，这不是我的错误论断，这是事实。

有一位名叫爱伊娜的母亲，一天早晨走进 11 岁女儿的房间，发现女儿正坐在桌子旁安静地读书，而且，她的阳台上还晾着刚刚洗好的衣服。这位母亲高兴地对女儿说：“你今天表现不错。”可是，爱伊娜发现，女儿听了表扬，并没有她想象的那么高兴。她很纳闷，就问女儿怎么了，女儿头也不抬地对妈妈说：“没什么。”然后只管又去看书。

为什么会这样呢？原因出在爱伊娜的赞美方式不正确。赞美孩子要注意细节，不要笼统地说“你真聪明”“你真棒”“你很不错”等。女儿第一次自己洗了衣服，这是她最为得意的事情，她本希望给妈妈一个惊喜，并能在这个方面得到妈妈的夸奖。没想到妈妈就那样模糊地说了一句“不错”了事，她的成就感顿时消失。而且，她觉得妈妈说“你今天表现不错”的语气一点儿都不真诚，所以，她很有点儿委屈。

表扬孩子一定要真诚而且具体，让孩子明白父母到底赞扬什么，在父母眼里自己到底好在哪里，为什么受表扬。表扬越具体，孩子就越能巩固好的行为，越容易找准努力的方向。

表扬孩子还要适度。适量适度的赞扬，对于鼓励孩子、帮助他们建立自信是非常重要的。但过多、过高的赞美对孩子来说却是一种伤害。

有一个名叫凯萨的孩子，妈妈总是没有原则地夸奖他："儿子真了不起，你弹奏钢琴的水平和贝多芬差不多了！"儿子很高兴，经常对人说，他已经超过贝多芬了。可是，当他参加钢琴比赛时，成绩却是最差的一个。为此，凯萨非常生气，一方面他觉得母亲是在骗他，另一方面又觉得老师在压制他。在这样的心情之下，他竟然放弃了音乐的学习。

有的父母不会表扬孩子，把好话坏说，明褒暗贬。比如："你今天终于没有出错，了不起！"这样的表扬听起来比批评还难受。再比如，我们把照顾金鱼和给盆栽西红柿浇水的任务交给了孩子，可孩子不是一天喂两次金鱼，就是 3 天忘记喂食，更想不起要给西红柿"喝水"。但是，随后的几天，他却很用心地完成了任务。父母心里虽然满意，嘴里却说："你总算记住了自己该做的事，明天可别再忘了！"这样的表扬很勉强，而且隐含着批评，让孩子觉得好事做了也白做，爸爸妈妈的眼睛总是盯住自己的弱点，无形中打击了孩子的积极性。

有时，表扬孩子做事的过程，比表扬他们做事的结果更能引起孩子的共鸣，这使他明白你更重视他是否努力，关注他的点滴进步。

赞美和鼓励是一门艺术，有的家长经常把"你真棒"挂在嘴边，过多过滥的表扬却让孩子迷惑、麻木。究竟什么时候给予掌声最合适呢？孩子踢足球的时候已竭尽全力，但他的球队仍然输了的时候；孩子跌倒了，自己爬起来的时候；孩子第一次登台表演，紧张得说不出话的时候；孩子射门 10 次，唯一一次进球的时候；孩子打碎了邻居家的玻璃，自己去主动道歉，并帮爸爸割草坪领取报酬赔偿别人的时候；孩子自己动手捏了一个很丑很丑的泥人的时候；孩子参加了教堂唱诗班的时候；孩子奔忙了一天，一份报纸也没卖出的时候；孩子带回来一条流浪狗的时候……

当孩子需要鼓励，而且他所做的事值得鼓励的时候，父母的鼓励会变得格外温馨感人，事半功倍。

PART 3

什么是最好的奖励

我的邻居安斯丽太太有一天激动地对我说："斯特娜夫人，我也学会你的教育方法了，今天我对儿子进行了鼓励！"

我问她："是吗？那太好了，能讲给我听听吗？"

于是，安斯丽太太就开始描述那天她对儿子的鼓励过程——安斯丽太太从外面回到家中，一进门，发现所有房间的地板都被擦得干干净净，房间里的东西全部都被收拾得整整齐齐。而当时家里只有 9 岁的儿子吉姆。

她感到非常高兴，因为她没有事先要求儿子这样做。并且，吉姆的这一行为是他有生以来的第一次，以前他一直被父母认为是个不爱清洁的懒孩子。

安斯丽太太激动地亲吻了儿子，并对他说："你简直太好了，做了这么多的事，这可是我没有想到的。哥哥有没有帮你？"

吉姆回答说："哥哥到外面去了，只有我一个人在家。这些全是我自己做的。"

"啊！太好了。你真是个好孩子，我以前说你懒，真是错怪你了！我多么爱你啊，你哥哥也能像你一样勤快就好了。"

吉姆不好意思地说："这不算什么，反正我今天也没事。"

安斯丽夫人说："这样吧，因为你今天的表现，我给你两块钱，你可以去买任何东西。"

听了安斯丽夫人的话，我差点儿晕过去。她那么兴奋，以为自己对孩子进行了正确的教育，却不知道自己同时也犯了一个严重的错误。她听说过我是怎样鼓励维尼夫雷特的，但她并不明白鼓励的真正含义。

为什么呢？吉姆主动地做了家务事，这是他完全自愿的，没有得到别人的帮助，做母亲的当然会夸奖他。她不应该把孩子的某一次优良表现和母亲的爱联系起来，和“好孩子”的评价联系起来，这样做，孩子会对自我的认知产生迷惑，难道我原来就不是好孩子吗？难道哥哥就不是好孩子吗？不仅如此，孩子还会对母亲的爱产生怀疑，是不是我们只有处处表现好妈妈才爱我们呢？

安斯丽夫人因孩子做了一件本该做的事而给他两元钱，也是不应该的。这种做法会让孩子认为，如果自己做了什么事，就一定要得到报酬，以后他会有意识地去期望别人给他物质上的奖励，同时会贬低他从事劳动的价值。他主动劳动的那份心是无价的，两元钱是有价的。

对孩子的鼓励和赞赏，应该把注意力放在孩子的行为本身，强调这件事情的客观价值，从而使孩子产生心灵的满足感和成就感。

我在教育维尼夫雷特的过程中，也时常碰见这样的事。维尼夫雷特经常帮我做一些家务事，也偶尔会自己做一些额外的、使得赞赏的事情。每当这种时候，我都会对她表示鼓励，但在方式上和安斯丽夫人有很大的区别。

有一个星期天，维尼夫雷特趁我不在的时候收拾了屋外的花园。她不仅自己动手除去了花园中的杂草，还清扫了那些从树上掉下来的枯叶，并且给花浇了水。

当我回到家时，看到如此清洁的场面，心中说不出的高兴。因为只有女儿一人在家，我断定是她做的。

“维尼夫雷特，有人把花园清扫干净了，你知道是谁做的吗?”

“你猜猜看。”

“让我想一想。如果不是仙女做的，那么一定是我可爱的女儿。”

“你猜对了！就是我。”

“收拾得不错。你是怎么做的?”

见我对这件事如此关注，维尼夫雷特赶忙给我讲述了她怎样扫地，怎样清除落叶，怎样拔掉杂草，还有怎样用小水桶为花草浇水的一切细节，生怕漏掉了一点点。

我牵着女儿的手，和她一起来到了花园里。

“哦，太漂亮了。我还从没见过我们的花园有这么好看。”

“真的吗？”女儿兴奋地问我。

“当然，我以前还以为我们的花园不好，前些日子还在和你爸爸商量要不要把它拆了。可是，现在我改变主意了。”

“是吗？”女儿听了我的话更加高兴了，她自豪地说，“我们的花园是最漂亮的花园，我不准许有人破坏它。”

我拍着女儿的肩膀说：“当然，我也不让人破坏它，这都是你今天的功劳。说真的，你做得真是棒极了，我真为你感到高兴。”

“那么，有什么奖励吗？”

“奖励？”我故作惊讶地睁大了眼睛。

“吉姆做了好事都是有奖励的。他妈妈会给他钱。”

“维尼夫雷特，你想想，还有什么比一座美丽的花园更好的奖励呢？有什么比我女儿的勤劳更值钱呢？”

女儿是个非常聪明的孩子，立刻明白了我这句话的含义。她高兴地跳起来对我说：“妈妈，我们家的花园以后就由我来照料，它是我的花园，我们把它叫作‘女儿花园’好吗？”

如果一个孩子看不到生活的真正价值所在，看不到自己行为本身的重要性，那他就容易为一些物质的、外在的事物所吸引，把生活的意义倾注在那些并不重要的事物上，那么他未来的生活就会失去真正的动力。

尽管我们不断地教育孩子，要做一个对社会和人类有用的人，但是，由于没有心灵的力量来鼓舞和激励他们，这些目标就会显得空洞，缺乏实际的意义。我认为，家庭是儿童教育的最佳场所，通过日常生活中那些具体的事情，使他们树立正确的人生价值观无疑是最有效果的。

PART 4

不拿孩子比别人

每一位做母亲的人，都忘不了孩子走出第一步时的激动心情，都会在脑海中牢牢记住这个激动人心的画面。如果父母留心孩子发展的每一个阶段，那么这样为孩子感到骄傲的场面不知道有多少次。因为，在孩子成长的所有其他方面，如同让孩子迈出第一步一样的过程，总在不停地重复着。

在孩子刚刚学步时，孩子一步一步向母亲靠近，这时，母亲会用各种表示来鼓励孩子。母亲乐于给孩子空间，让他们尽自己的努力向前走，最终看到孩子怀着激动之情扑到自己的怀中。在那时，孩子每前进一步，都会得到父母的赞赏和鼓励。

这样的教育其实应该延续到以后的岁月。可事实上，很多父母在孩子长大之后却不知道怎样帮助孩子前进了。他们要么就是责备，要么是包办代替，因为对孩子的期望过高，而且没有给他们留下逐渐进步的空间。所以，父母常常埋怨孩子进步太慢，喜欢把自己的孩子与别人的孩子相比较，拿自己孩子的短处去和其他孩子的长处相比较。这样一来，不仅不能使孩子得到良好的发展，反而使他们停滞不前，甚至还会退步。因为父母总是在关注孩子的短处，结果，长处不见了，短处越来越多。

威利是一位邮局职员的儿子，小时候人们都夸他聪明、漂亮，但是现在，这个12岁的孩子却表现平平。他妈妈时常拿自己儿子与邻居家的孩子比。

“威利，你认识你们学校的鲍尔吗？”有一天母亲回到家对儿子这样问道。

“怎么啦？”威利迷惑不解。

“怎么啦？鲍尔考上大学了，他竟然只有14岁。你明白吗？14岁已经上大学了，你14岁能考上大学吗？”

威利知道母亲又开始责怪他了，于是埋下了头。

“怎么不说话，你不是很有本事吗？我看你只会吹牛……”

威利平时的学习成绩不太好，但他也很想成为一个优秀的孩子，就时常向母亲保证，一定要努力学习。现在听见母亲这样说，马上产生了反感情绪。

“好啦！我就是没有本事，那又怎么样?”

“什么？你还敢顶嘴，我从来没有见过你这样没出息的孩子。明知自己不行，还一副自以为是的样子。”

“我就是没出息，你不喜欢我就不要理我好了。”

“我不理你谁理你？我是你的妈妈。”

“哼，我的妈妈？我不要这样的妈妈。”接着母子俩就开始了激烈的争吵。

不久，威利就开始和外面的坏孩子混在一起，有人经常看见他在街头和他们一起吸烟、打架、骚扰过路的人。

威利为什么会变成这样呢？其实原因很简单，因为他在家庭和学校中总是得不到肯定，而孩子在一定成长阶段却需要这样的肯定。于是他就会在生活中寻找这种肯定，找到他的自信。恰恰是街头的这些流浪群落让他的心灵渴求得到满足，至少在这里没有人像他妈妈那样对待他。威利的妈妈不懂得如何正确地对待孩子的缺点，不能用正确的方式去教育他。当儿子需要关怀的时候，她不仅不用爱心去鼓励，反而用与别人比较的方式来打击儿子的自信心，致使儿子自暴自弃。

在孩子成长过程中，作用于孩子心理的有外驱力和内驱力两种，外驱力来自环境，内驱力则是孩子内心深处的成长需求。孩子在成长中应树立自己的价值观，形成个性化的追求目标，而有时候，因教育不当，外在压力却剥夺了孩子自身的能动性，使孩子的内驱力失去作用。

父母有责任帮助孩子从不良的状况中走出来，而帮助孩子最好的方式就是鼓励他，给他面对失败的勇气。拿别人的长处作比较，容易使孩子产生挫败感，不利于培养自信。

有一天，维尼夫雷特独自坐在桌子旁发呆，我感到非常奇怪。

女儿一定是有什么不顺心的事，于是我就走过去问她："怎么啦？维尼夫雷特。"

"我觉得自己好笨。妈妈，你觉得我笨吗？"

"为什么这样说？"

"因为今天我和小朋友一起做游戏，我发现他们都比我做得好。"

"你是和谁一块玩的?"

"卡特、吉姆、科斯特还有米娜……"

"哦，我还以为是什么不得了的事。"我听她这样说，几乎笑出声来。

"有什么好笑的，本来嘛，他们都会说绕口令，还会玩纸牌。"

"可是，你想过他们为什么这方面比你强吗？"

"因为……他们聪明……"女儿听见我这样说，还没有明白我的意思，只是迷惑不解地看着我。

"还不明白吗？卡特6岁，吉姆8岁，科斯特7岁，米娜也快6岁了，而你才4岁。你没玩过那些小游戏，所以，不会玩很正常啊。"

"哦！原来是这样。"听我说完，维尼夫雷特顿时摆脱了自卑的情绪。

很多人在青少年时期都有一个"敌人"，这个"敌人"的名字叫"别人家的孩子"，因为，许多父母都有拿自己孩子比"别人家的孩子"的坏习惯。这个"别人家的孩子"不仅没有让自家的孩子变得更好，反而让自家的孩子更加颓废，更加失败。作为父母，我们难道不应该反思吗？

PART 5
惩罚的分寸

孩子会犯错误，其实，犯错误是孩子成长的重要部分，他们就是在犯错误的过程中了解世界，了解环境，了解处世之道和生活之道。但是，如果父母不能认识这一点，把错误看成十恶不赦的东西，不能够正确加以引导，孩子的错误真的就只是错误了，而且会错一辈子。

2 岁以下的孩子，对家长说的“不要”“别这样”常常会置若罔闻，惩罚也不一定会有效果。那么，父母应怎么办呢？幼儿时期，父母可以转移其注意力，对他们说“快过来，看这个”，提前避免他们做错事；年龄稍大些了，如果他们固执地“犯错”，可以通过语言批评、皱眉、减少买玩具、停止讲故事、暂时隔离等方式对其进行阻止；到了学龄期，则可以采用减少零用钱、写信或便条、取消喜欢的活动等方法对“错误”进行适当惩戒；当年龄更大一些的时候，当孩子有不良行为时，最好采用暗示性的动作或表情，这会使他们感到自尊心受到了保护，也就较易接受家长的要求。

有一天，司各特律师请我们一家吃饭，在餐厅里，他的儿子强尼一坐下就开始玩他的刀叉，并故意将刀叉扔到地上。司各特先生不动声色从地上捡起刀叉，将它们放在原来的位置，并坚定地对强尼说：“儿子，不能这样！”但是强尼继续拿起刀叉往餐桌下扔，并大声而生气地喊叫起来，引来很多人的注意。司各特平静地对儿子说：“你这样做很不文明，你打扰了别人用餐。”可是，强尼没有在意父亲的话，又一次把刀叉掉落到地上。

这次，司各特坚定地命令儿子把刀叉捡起来，然后把儿子拉到外面。他将强尼放进自家的汽车，严肃地对他说：“强尼，你刚才的表现很不好，我告诉过你不能这样做。因为我爱你，所以我希望你学会服从。现在我要让你明白我说‘不’究竟什么意思。”说完，司各特在强尼的屁股上打了几巴掌。受了惩罚的强尼安静下来，明白了父亲并没跟他闹着玩儿。再进餐厅的时候，他就变得很乖了。

家长在惩罚孩子时，一定要考虑孩子是在什么情况下产生不良行为的。不分青红皂白进行惩罚，极有可能伤害孩子。有时候，孩子犯错不一定就要实施惩罚，沟通、讲道理、找原因，应该是父母优先选择的处理手段。

比如，维尼夫雷特小时候，经常想“自己的事自己做”，结果，很多次倒水时不小心将水洒了一地，还有两次差点儿烫了手。这时，如果我一顿批评，她也许就不敢再尝试自己做事了。我每次总是心疼地拉着她的手说：“维尼夫雷特，你想自己做事，这很好。但是，倒水的时候要先把水瓶抓紧，还有，水可以少倒一些，倒半杯就不会泼洒了。”听了我的话，孩子的心情就放松了，而且慢慢就掌握了做事的技巧。

女儿 4 岁的时候，我给她买回一只特别漂亮的玩具小闹钟，它会发出多种小动物的叫声，维尼夫雷特对那只小闹钟爱不释手。为了弄明白闹钟“肚子”里的秘密，她将闹钟拆了，可是，里面什么动物也没有，女儿失望得哭了起来。再想装好的时候，她却毫无办法。我平静地对她说：“你把闹钟拆散了，可以自己试着把它修好。如果需要帮助，你可以找妈妈。但是不要哭，因为哭是没有用的。”

听了我的话，她真的动手开始组装小闹钟，虽然最终没有把小闹钟装好，但是整个过程给了她不少特别的体验。我没有处罚女儿，但是，我让她试着重装，她就明白了，自己必须对所做的事情负责到底。

如果必须对孩子实施惩罚的话，家长一定要注意分寸。以我的经验，建议只在下面几种情况才考虑惩罚：当孩子故意犯错的时候；当孩子反复犯同样错误的时候；当孩子对温和的说教不敏感的时候；当孩子听不进道理的时候。

即使如此，父母还是要反思几个问题：孩子为什么故意犯错？孩子为什么反复犯同样错误？孩子对温和的说教为什么不敏感？孩子为什么听不进道理？这样可以找到错误背后的原因，也可能就是父母自己的原因。

莫勒医生 3 岁的儿子总喜欢往鱼池里扔鹅卵石，并且屡教不改。起初莫勒医生对儿子说："你看看，你把小鱼砸痛了，它们也是妈妈的宝宝，它们很害怕，你知道吗？"然后莫勒医生就要求儿子把扔下去的石头捡出来。有的时候，儿子可能会耍赖，不肯去捡石头。这时候，莫勒医生就告诉他，如果不捡回石头，晚上的小点心就取消。这时候，儿子会马上下去捡石头。莫勒医生告诉儿子，如果下次再往池子里扔石头，就关禁闭一刻钟，重复一次增加 10 分钟。结果，等儿子被关了 45 分钟的禁闭之后，他终于停止了扔石头。

莫勒医生认为，孩子并非我们想象的那么不懂事，也不是我们感觉的那么"坏"，他们只是控制能力差而已，因此，他主张父母从孩子小的时候起，教他们学会遵守规则，学会承担责任，学会约束自己。

即使对孩子进行处罚的时候，父母也要尊重孩子，要理性，而不要动怒。孩子毕竟是孩子，他们不成熟，没有经验，需要父母的引导。假如孩子意识到父母尊重他们，他们是很愿意接受教育的。他们年龄虽小，但心理是健全的。他们有时候固执己见，只不过是需要更有说服力的道理。父母应不断学习，找到更有效的方法来管教，而不是滥施惩罚。

在教育孩子的时候，还要把约束和惩罚区分开来，先实行约束，然后再实行处罚。约束是为孩子制定合理的规则，让他们明白规则的内容和道理，从而按照规则行事。处罚是指孩子违反规则之后，对他们实行的惩戒措施。

父母要经常和孩子交流沟通，让他们逐渐明白道理，逐渐形成自我管束的能力，这样，惩罚就可以尽可能减少。只要孩子明白了道理，就会乐于接受约束，这种效果是惩罚不可能达到的。

第十三课

了解是教育的钥匙

爱孩子，从了解孩子开始，了解孩子是教育孩子的前提！很多父母在遇到孩子的诸多问题时，常常不知所措、困惑不已。其实，只要做父母的注意观察孩子的一举一动，了解他们的内心世界，就不难明白他们的秘密，也就知道该如何去引导自己的孩子了。

只有你了解了这种充实的、活泼的、幼稚的生活，只有你细心观察了这种生活，并且愿意参加到这种生活里去，你才能理解这种生活，才能在这种生活中发现乐趣——这种生活就是孩子的生活。想了解孩子，就要让自己的心灵蹲下来，保持和孩子的心一样的高度，对他们的思虑、怒气、担忧、喜乐感同身受，而不是当成无关紧要的儿戏，更不会用成人的心态去判断、去评价，这样才可能成为比较合格的父母。

作为家长，你了解自己的孩子吗？你知道孩子最要好的朋友是谁？孩子最崇拜什么样的人？最讨厌什么样的人？除家人以外，什么人对你孩子影响最大？你的孩子最害怕什么？最烦恼的事是什么？你的孩子最喜欢什么娱乐活动？喜欢什么颜色？假如让你的孩子任意挑选世界上的东西，你肯定他会挑什么？你的孩子长大后想干什么？什么事情最易让你孩子生气？你孩子性格中最突出的优点和缺点是什么？你的孩子喜欢你吗？……

PART 1

孩子就是孩子

经常听到妈妈们唠叨："这孩子怎么这么不听话！"可专家们告诫父母："太听话的孩子问题更大，因为他们很可能缺失更重要的东西——创造力。"很多孩子"招人厌"，他们顽皮、淘气、荒唐、放荡不羁，所作所为时逾常规，处事固执，时而幽默但难免带有嬉戏态度……哪个父母喜欢这样的孩子呢？不过，如果你了解孩子的话，你就会为拥有这样一个孩子而欣慰，因为这正是孩子拥有创造力的特征。

如果说孩子应该有创造力的话，父母更要有创造力。也许很少有人想过这个问题：教育子女需要创造力吗？是的，有智慧、有创造力的教育和平庸的、简单化的教育相比，效果千差万别！

一天，9 岁的埃里克怒气冲天地回到家里，他的班级本来打算去野餐，但是学校因故临时取消了。他的妈妈知道孩子心情不好，决定用一种新的方法来开导他。以前她总是说一些让事情变得更糟的话，比如："情况发生了改变，生气能帮你吗""以后还会有玩的时候""又不是我取消了活动，你为什么要冲我发火"……但是，这一次，埃里克的妈妈没有这么说，她心里想：我的儿子对错过了野餐反应很强烈，他很失望，他用怒气向我表现他的这种失望，我应该帮助他，而不是简单地训斥。于是他对埃里克说："你看上去很失望。"儿子硬生生地说："我当然很失望了！"妈妈说："我知道你的心情，其实我也有点儿失望，看妈妈帮你准备了很多好吃的。"埃里克情绪缓和之后，出现了短暂的沉默，接着埃里克说："算了吧，以后出去玩也不错。妈妈，你别失望啊。"他的怒气消失了，在下午剩余的时间里，他表现很好。

通常，只要埃里克生气，一家人都会心烦，迟早他会激怒家中的每个成员，直到深夜他睡着了，家里才能重回宁静。这次却没有这样。

这个方法有什么特别之处呢？它在哪些地方产生了作用？

当孩子处于强烈的情感之中时，他们听不进任何人的话。他们不会接受任何意见或安慰，也无法接受任何建设性的批评。他们希望父母能够理解他们心里在想什么，希望明白在那个特别的时刻他们的心情。而且，他们希望不用完全说出自己的遭遇，父母也能够体谅他们。他们的情绪只会透露一点点，父母必须猜出剩下的部分。

这就是孩子，他们就是这样的，你不能要求他们像成人一样，遇到不顺心的事可以泰然处之。他们还是孩子，他们还不知道那样的处事方式，他们只能凭自己的感觉表达自己的心情。

上面这个故事，就是我一个朋友家孩子的故事。原来，他们家经常因为这个孩子发生矛盾，后来，这个妈妈向我倾诉，我就帮她分析，然后建议她采用新的办法。没想到，这个办法凑效了，从此，她就用这个办法“征服”了埃里克。

这说明一个问题，教育的前提是了解孩子，知道他们内心的所思所想，不要总是站在自己的立场上判断孩子的内心。

如果一个孩子跟我们说：“老师冲我嚷嚷。”我们不必再问更多细节，也无须说：“你干了什么事让老师这样对你？如果老师冲你嚷嚷，那你一定做了什么。你做了什么？”我们甚至也不要说：“哦，我很抱歉。”我们需要向他们表明，我们理解他们的痛楚、尴尬和气愤。只要有耐心，只要真诚，孩子会告诉你全部，并且会反过来安慰你。

维尼夫雷特 8 岁的时候，一天回家吃午饭时生气地说：“我不要回学校了。”我说：“你看上去很烦，能告诉我怎么了吗？”她说：“老师把我的卷子撕了，我那么努力地答题，她居然只看了一眼就撕了。”我看着女儿，她以前可不是这样，今天是怎么了？我平静一下，问她：“没有得到你的允许吗？怪不得你这么生气呢！”我没有发表任何评论，也没有提出任何疑问。我知道，如果我想帮助女儿消除怒气，就必须带着理解和同情跟她说话。

原来，维尼夫雷特的地理课刚换了一位新老师，这位老师脾气很暴躁，而且，就在前一天，她与丈夫离婚了。那天上课，她撕碎了好多学生的卷子。

在我们附近的一家幼儿园，发生过一件非常有意思的事情。一天放学后，老师帮一位淘气的男孩穿靴子。她使尽浑身解数，靴子仍然很难穿上。等穿好第二只靴子，她已满身是汗。

她终于高兴地站起身，小男孩却说："老师，您穿错脚了。"她几乎要哭出来，仔细看了看，发现确实穿错了。脱靴子并不比穿靴子省力气。她努力保持镇静，帮孩子又把靴子换过来，穿上，这次总算穿对了脚。可孩子又说："老师，这不是我的靴子。"

她极力遏制住自己的怒火，差点儿要冲孩子喊道："为什么你不早说?"但她没有这么做，她怕伤害他。她再一次帮这个学生脱掉蹩脚的靴子。但他又说话了："这是我弟弟的靴子，是妈妈早晨让我穿的。"此刻，她感到欲哭无泪。她鼓足仅剩的宽容和勇气，使劲地把靴子重新穿上他的脚，说道："好了，没问题了。"

"可是，我还没有戴手套。"孩子睁着清澈的大眼睛看着老师。"那么，你的手套呢？"老师问。小男孩有点儿沮丧地说："我把它们塞在靴子里了……"

看，这就是孩子，他们有自己的行为方式，难道我们没发现，他们是多么天真无邪，多么可爱吗？但是，在这样的天真无邪中，有人只发现烦恼，有人却能够发现快乐。

PART 2
相信你的孩子

说到相信孩子，我确实有很多感想。

我觉得“相信”的含义应该是这样：当孩子出现问题的时候，父母在心理上首先要从正面去看待问题，永远把孩子放在正面角色的位置，绝对不要把他们推向反面角色；如果孩子在学习和生活方面表现不佳，父母要坚信这只是暂时的状况，孩子一定能够变得更好，通过努力一定能够不断改善；如果孩子犯了错误，父母一定要首先站在孩子角度，找到他们犯错误的原因，相信他们一定不是故意捣乱……这样的心态，才能让孩子有安全感，才会让孩子真正体会到父母在关心自己，而不是在责难，在怀疑，在失望。

麦琪的女儿琳达数学成绩一直不好，麦琪经常当着琳达的面说：“我们家的琳达智商不高，她的数学永远都不行。”每次琳达听到这话，心里都很不好受。时间长了，连琳达自己都以为自己真的是智商有问题，数学成绩越来越差。

为了帮助女儿，琳达的爸爸聘请了一位数学很棒的老师辅导琳达，那位老师和琳达交谈之后，发现她数学成绩不好的原因，并不是什么智商问题，而是自信心有问题，因为她面对所有的题目都觉得自己一定不行。

每次老师给琳达布置题目之后，什么都不做，就鼓励琳达大胆说出自己对题目的理解，然后就根据自己的理解进行解题。不到两个月的时间，琳达的数学成绩就有了很大的进步。

麦琪感到很吃惊，就去咨询老师，到底有什么诀窍。

“老师，你觉得我的女儿能学好数学吗？”

“当然啊，她学得很好呀，你没看到吗？”

“我觉得是你帮助了她的缘故，如果你没有帮她，她能学得很好吗？”

老师听了这话，感到很吃惊，他告诉麦琪说，我没有辅导你的女儿，我唯一给她的帮助，就是坚定无误地信任她，相信她有解决这些问题的能力，并且一定能够解决。麦琪简直不相信老师的话，她不敢相信事情会是这样的，可是，事实就是这样。

通过这件事情，让我感受到，父母对孩子要信任，要适当放开，让孩子自己去走路，去尝试，去犯错误，这对于孩子是一种锻炼，是一种成长的自由。孩子会以他们自己的方式尝试生活中的百般滋味，也会因为父母的信任而做得更加出色。

有些父母生怕孩子出问题，时时处处都要把他们放在自己的监管之下，这样做的结果，只能让孩子的翅膀越来越羸弱。

让我们回忆一下孩子是怎么学会走路的吧。他们最初独自站立时，两腿颤颤巍巍，迈出第一步的时候就马上跌倒，学了很久依然步履蹒跚……那个时候，我们会笑话孩子走路走得慢吗？会责备孩子走得不够好吗？会怀疑孩子学不会走路吗？会担心孩子以后不能像大人一样健步如飞吗？不会！那我们为什么没有这些顾虑担忧呢？因为我们坚信孩子一定能学会走路。在这个阶段，你做到了发自内心地相信孩子，所以，你可以耐心地陪伴着他学走路，开心地看着他们告别爬行，哪怕走路的样子很滑稽，你会在他前面拍手掌等着他一歪一扭地走过来，然后满心欢喜地拥抱他，情不自禁地说：“宝贝，你真棒，你可以自己走路啦！”孩子对自己的进步很开心，即使摔跤也不会感到痛苦，也不会失去信心，因为父母相信他。

孩子学习说话的过程也几乎相似，当父母听到第一声含混不清的“妈妈”时，我们是多么开心！哪怕他的发音并不准确，只是有几分像而已，就足以让我们兴奋不已，因为我们相信，他们迟早会说正确。

可是，当孩子长大之后，父母的心态为什么就变了呢？我们总是不相信孩子能独立生活，不相信他们能完成自己的事情，我们总是给他们提出过多的要求，总是把他们的某些方面同别人相比。父母的这些做法，让孩子慢慢失去对自己的信心，而父母无意间产生的焦虑，也会投射在孩子身上，让他们更加无所适从。

相信不只是一种虚假的承诺，相信绝对要发自心底。不要以为孩子总会被大人的话语所左右，他们有自己的独特意识，他们会依照直觉判断父母的言行。

对孩子的信任，跟相信一棵果树的成长一样。当你放进了种子，你就一定相信它会长成一棵树，一定会开花，并且结出果实。在这里，我们相信的是一种生命状态，是大自然的定律。其实孩子也是一样，我们只要相信孩子是一颗种子，相信孩子一定会按照一定的自然机制去生长，就不会把自己的焦虑传导给孩子，就会让孩子去自由发展自己。如果我们不相信婴儿会自然地成长，我们就会用我们能想到的所有方法去扭曲他们，最终破坏他们的自然特性，使他们受到身心的伤害，给他们的一生带来痛苦。

很多看似有责任感的父母，他们却会对孩子的成长设置障碍。那种障碍是什么呢？就是按照自己的观念养育孩子，要孩子走父母认为他们应当走的路，或父母希望他们走的路。这听起来好像没什么错，毕竟，哪个父母不想把最好的东西给孩子？问题在于，父母所认为的最好，不过是要孩子依照成人的脚本来生活，父母不过在试图导演孩子的人生。这样做实际上是对孩子的不信任，是对生命的怀疑，是对自然力量的蔑视。

面对我们的孩子，父母永远要相信他们一定能行！只有这样，才能不断发现孩子的优点，才能激发孩子深藏的潜能，点燃他们心灵的智慧火花。哪怕天下所有的人都看不起你的孩子，父母也应该坚信不疑，满怀真诚地接纳他们，拥抱他们，赞美他们……

PART 3

怀疑和撒谎

对于孩子，我还想谈谈“相信”的另外一层意思，那就是“不怀疑”。很多父母喜欢怀疑孩子的诚实和信用，总是把孩子置于被防范被监督的处境，久而久之，孩子就真的变成我们怀疑的那种人，这种结局是非常可怕的。

我的好朋友伊丽贝莎很担心自己11岁的儿子染上了不良习惯，因为她在儿子的房间发现了一个成年人用的烟斗。

有一天，她拿着那只烟斗走到儿子面前问：“这是什么?”

她的口气严厉得吓人，似乎并不需要儿子的回答，便要准备开始进行更深的盘问及训斥。

儿子满不在乎地说：“这是一只烟斗。”

“从哪儿来的?”

“捡的。”

“在哪儿捡的?”

“就在门外的大路上，今天早上我一出门就看见了它。”

这时，伊丽贝莎以一副坚信不疑的语调说：“你不要和我耍小聪明，给我讲讲这是怎么回事？是不是跟那些坏孩子学会抽烟了?”

“不是，我才不抽烟呢！”

“是吗？你以为我会相信？”伊丽贝莎说道。

儿子生气了，大声说：“信不信由你，我不在乎！”儿子说完就走进了自己的房间，把门“砰”的一关。

这让伊丽贝莎非常恼火，她认为自己完全是为了儿子好，可儿子却不理解。

我认为，出现这样的结果，不光是由于伊丽贝莎的说话方式和语气有问题，而且她的心态和谈话的出发点就不正确。她没有表现出她对儿子的关心，而只表现了愤怒和对儿子的不信任。

后来，伊丽贝莎认真考虑了这件事，反思了自己的态度，意识到是自己先入为主的观点和审问的架势让儿子对自己的动机产生了怀疑。于是，她决定找儿子好好谈一谈。

第二天，儿子一回来，伊丽贝莎就对儿子说："我们谈一谈，好吗？"

"谈什么？"儿子很淡漠地说。

由于有所准备，伊丽贝莎仍然保持着镇定："昨天我因为怀疑你抽烟而向你发火，你一定很生气，以为我故意挑你的毛病，是吗？"

这话正好说中了儿子的心事。儿子顿时哭了起来，抽泣着说："是的，我觉得我只是你的一个负担，只有我的朋友才真正理解我。"

"当我看到那只烟斗的时候，特别愤怒和不安，我担心你和一些不良的孩子混在一起。但是，我不该向你发那么大的火，我真的很抱歉。"伊丽贝莎没有反驳儿子，而是真诚地承认自己的过失。

儿子一愣，他没想到妈妈会向他道歉，于是说："没什么，妈妈，那只烟斗确实是我在外面捡的，你应该相信我。"

"好吧，儿子，我相信你，我只是怕你会做什么对自己不好的事，这种担心有时候会让我变得偏激，你能不能理解我呢？"

儿子走到她的面前，伸开双臂拥抱了她。伊丽贝莎非常高兴，因为信任与爱的气氛完全改变了他们之间的关系。这一次谈话，使儿子懂得了母亲的询问是出于对他的爱与关切，而并非是对他个人权利的侵犯，母亲也认识到应该相信自己的孩子。

很多家长总是不相信孩子，担心孩子撒谎。其实很多问题都是从家长的不信任开始的，而我们却习惯从孩子身上找原因。即使孩子真的时有撒谎的毛病，我们每次在训导孩子之前，也要先信任孩子，这样，孩子才会朝着我们信任的积极方向良性发展！

撒谎，是每个孩子在成长过程中都不可避免的通病，父母通常认为，说谎是一种不诚实的表现。当孩子出现说谎话的现象时，大多数父母都会火冒三丈、气急败坏：小小年纪就骗人，长大了还怎么得了！其实，孩子说谎并不一定就是不诚实，其中原因很多，最常见的原因是：逃避批评与惩罚，为获得某种利益，满足自己的虚荣心。

当怀疑孩子说谎时，父母首先应该仔细地了解，弄清楚孩子是否真的在说谎，说谎的原因是什么。对无意识的说谎行为，要进行耐心的交流和沟通，而且最好不要用"说谎"这样的词语和孩子讨论问题，因为在孩子的心里，可能还没有"说谎"这个概念。

要防止孩子说谎，首先必须营造温馨的家庭氛围，让孩子拥有一个自由安全的环境，从而避免孩子从内心产生说谎的动机和需求。其次，父母要做好表率，承诺了孩子的事情应该尽量办到，不要随便欺骗孩子。父母也不要对别人说谎，以免变成孩子的不良榜样。如果父母错怪了孩子，就应该向孩子认错，教育孩子不要故意赌气，也不要说谎。父母对孩子的说谎行为，应该进行正面的引导，教给孩子做人的道理，告诉孩子，说谎会带来各种不利的后果。就像那个放羊的孩子，他用"狼来了"哄骗村人，最后真的狼来了时，却没有人帮助他。

父母应该以宽容之心去对待孩子，这样孩子才有得到信任的感觉。被信任的孩子，他会将自己的心扉完全向父母敞开，如此父母与孩子之间才不会有心理的隔膜。即使孩子做了什么错事，也容易在交流沟通中给予帮助，并得以改正。在这样的家庭里，孩子为什么还要说谎呢？

即使大人之间，也只有在相互信任的情况下，才能建立友谊和良好的合作关系，何况是孩子呢？我认为，要想把孩子培养成一个优秀的人，必须首先给孩子足够的信任，这是教育的前提条件。我们应该相信孩子的能力，相信孩子的才华，相信孩子的品质。只有这样，才能使他们在人生的旅途上走好第一步。

PART 4

走进孩子的内心

在孩子出生之前，父母就像等待自己亲手塑造的作品一样，带着忐忑不安的心情企盼着他们的到来。将要成为母亲的女人，在怀孕的过程中经历了焦虑、怀疑、肯定、欣喜、放松等不同的心路历程，等到孩子终于用小手叩开人世间的门扉来到这个世界后，再看着他们一天一天长大，这也许就是每一个母亲一生中最幸福的感受了。有了孩子之后，年轻的父母也逐渐成熟起来，从此，帮助孩子、抚养孩子就成了义不容辞的责任。

父母通过每天的观察、体验和摸索，逐步了解了自己的孩子，一点一点地熟悉他们的一切，片刻也不曾放松，直到他们长大成人。可是，在整个过程中，父母是否就真正了解他们了呢？

真正了解孩子是件很不容易的事。每个孩子的性格都不相同，有的生性腼腆、内向，有的生龙活虎、开朗顽皮，有的胆小怯弱，有的则从小天不怕地不怕，有的孩子喜爱运动，整天不知疲倦地蹦蹦跳跳，有的则温顺得像只羔羊……

作为父母，除了对孩子给予各方面的关心和照顾外，还要注意从细小的方面观察自己的孩子，走进孩子的内心世界，然后采取不同的方法去指导、帮助和培养。

在不同的家庭环境，孩子受到的教育也不相同。虽然每个父母都要求孩子从小善良、好学、勤奋，但使用的方法不同就会有不同的结果。有的孩子经常遭到父母的批评，有的孩子被父母无原则地溺爱，有的孩子从小得不到关心，有的孩子被娇惯放纵……不同的环境最后造就了千差万别的性格。

很多自以为了解孩子的父母，其实并不真正了解孩子，因为他们不愿花时间在这方面多下功夫，只是凭借自己的臆想去判断孩子。他们宁愿花时间去和知己诉苦，诉说孩子不听话、不上进，也不愿去和孩子进行耐心交谈，询问他们为什么这样或者那样。

维尼夫雷特 4 岁多的时候非常淘气，她经常把房间弄得一塌糊涂，并且动不动就发脾气。有一天，我看见她又开始“发作”了，就走过去问她：“维尼夫雷特，你这是在做什么？为什么把房间搞得这么乱？”

女儿听我这样说，并没有立刻停止下来，反而当着我的面把桌上的一本书故意弄到地上。

“你在干什么？快把它捡起来！”我指着地上的书说道。

“不捡！”

听女儿这样说话，我没有再说什么，头也不回地走开了。

我走后，维尼夫雷特更加放肆起来。我听见她的房间不时传来“砰砰”的声音。

我极力按捺住自己的愤怒，告诉自己不要发火。过了一会儿，维尼夫雷特的吵闹声突然停了下来，随之而来的是女儿伤心的哭泣。

这时，我再次走进房间，温柔地对她说：“怎么啦，维尼夫雷特，有什么事让你伤心了吗？”

女儿没有回答，低着头只顾哭着。看她那样子，我忍不住把她从地上抱了起来。“我一直认为你是个乖孩子，所以你乱扔东西时我没有骂你，我想你一定遇到了什么不顺心的事，告诉妈妈，好吗？也许我还能帮你呢。”

我说了这些话，维尼夫雷特的心情似乎好了不少，但仍然在哭泣。

“好了，别哭了。有什么事不能解决呢？”

女儿突然扑到了我的怀里，放声大哭起来。她一边哭一边说：“妈妈，我觉得自己好孤独呀！”

这话从一个小女孩口中说出来，着实让我大吃一惊。

“怎么会呢？妈妈不是经常陪着你吗？而且你还有那么多朋友。”

“可是，你总不理我，成天就在书房里写字，你一点不在乎我……”

原来是这样。因为那一段时间我的工作比较忙，所以没有像平时那样经常陪女儿。没想到，这居然会让她那么痛苦。

我突然感觉到孩子的心是多么的脆弱，而且他们内心世界又是那么的复杂，这是在我以前从来没想到过的。于是，我就对女儿详细讲了我的工作，并让她理解我。

“噢，维尼夫雷特，妈妈是最在乎、最爱你的，你千万别那么胡思乱想。等妈妈忙完工作后，一定要好好地陪你，但是，你也要理解妈妈。妈妈相信你是懂事的孩子，你那样发脾气非常不好，知道吗？”

就这样，在女儿知道我仍然爱她之后，就停止了无故捣乱的举动。

类似的事情也经常发生在其他家庭。一次，10 岁的安迪问他的爸爸：“在哈莱姆，有多少孩子被抛弃？”安迪的父亲是一个律师，他很高兴看到儿子对社会问题感兴趣，于是就这个问题发表了一通长长的议论，然后又去查了一些相关数据。但是安迪还是不满意，继续问同样的问题：“在纽约被抛弃的孩子有多少？美国呢？全世界呢？”

安迪的爸爸觉得儿子问得有些无聊了，一个小孩子需要过问那么多不相干的东西吗？但是，他还是耐着性子再次回答了儿子的问题。没想到安迪沉默了一会儿之后，突然问道：“我会被遗弃吗？”

安迪的爸爸终于明白了，他的儿子并不是关心社会问题，他关心的是个人问题。他并不是想得到被遗弃孩子的数字，而是想得到确认他不会被遗弃的答案。

于是，爸爸仔细考虑了一下安迪的担心，然后回答道：“安迪，我爱你，我向你保证，我们永远在一起。如果你还有什么烦恼，请你告诉我，这样我才能帮你消除担心。”

南希 5 岁时，第一次去幼儿园，她的妈妈陪着她。到了幼儿园，她看着墙上的画，大声问道：“谁画了这么难看的画？”南希的妈妈感到很尴尬，她不满地看着女儿，赶紧对她说：“把这些漂亮的画说成难看是很不友好的。”一个明白南希问题含义的老师笑着说：“在这儿，你不必一定要画得漂亮，如果你喜欢，你也可以画这样难看的画。”南希脸上露出了灿烂的笑容，现在她已经得到了她想要的答案，因为她有点儿忧虑，“如果有一个孩子画得不好，会怎么样呢？”“如果我画得不好，会怎么样呢？”这才是她的担忧。

接下来，南希顺手拿起一个坏了的玩具消防车，唐突地问道：“谁弄坏了这辆消防车？”她的妈妈回答说：“谁弄坏了它跟你有什么关系呢？这儿你谁都不认识。”事实上，南希并不是真的对那个弄坏玩具车的人感兴趣，她想知道，弄坏玩具的孩子会有什么样的后果。

理解孩子心理的老师听了这个问题之后，给了一个恰当的答复：“玩具就是拿来玩的，有时候它们会坏，就是这样。”南希看上去很满意。她面谈的技巧让她得到了必要的信息：这个大人很好，即使画得难看，即使玩具弄坏了，她也不会生气，我不需要害怕，待在这里很安全。

南希高兴地和她的妈妈挥手告别，然后亲热地走到老师身边，开始了她在幼儿园的第一天。

试想，这样的情境之下，有多少父母能够读懂孩子的心？倘若在我们不懂的情况下，随意批评孩子，或者自以为是地“指导”他们，那有什么意义呢？那样的结果又会是什么样的呢？

PART 5
跳过交流的障碍

很多父母在与孩子交谈时，当孩子问“你生气了吗”或“你不高兴吗”，父母就会板着脸说“没有”，当孩子关切地问“妈妈，您怎么啦”的时候，有的母亲会很不耐烦地说，“不关你的事”。表情和语气都表明父母是在生气。孩子是敏感的，他们很快就能分辨出大人在说话时所传达的真正意思。但是，父母们似乎并不敏感，或者他们故意这样，他们意识不到自己说话时的语气对孩子的影响。

孩子应该受到尊重，大人应该与他们交流，这是很多人的共识。但事实上，很少有人能够做到与孩子真正地交流，因为他们不能用平等的态度来对待孩子。父母总是用教训的口气、哄骗的口气、引诱的口气同孩子说话，这样怎么能与孩子平等交流呢？即使孩子表示愿意合作，也不是发自内心。这种方式，不可能使孩子完全信任父母，也不可能让孩子说出自己的心里话。

我认为，只有父母从内心去改变自己，以平等的、对待朋友般的方式对待孩子，才能够顺利与孩子进行思想沟通。父母总是希望能利用一切机会向孩子灌输道理，而这种强行灌输的道理根本不可能让孩子接受。不仅如此，这种强硬的方式还会使孩子产生厌恶和反感。父母们总是盼望孩子事事听从自己，但并没有让孩子明白为什么要这样。这不但不能让孩子“服从”，还会使他们产生反抗、抵制。

同孩子的谈话应该讲究合理的方式。良好的交流是一门艺术，做到这一点的前提是认同、理解、尊重孩子的意志和认识。

维尼夫雷特 6 岁生日时，我准备为她办一个生日晚会。在发邀请卡的时候，我和女儿发生了一次小小的争吵。

“你知道南希的地址吗？”我问女儿。

“我不想请她参加。”女儿说。

“为什么？她是你最好的朋友啊？”

“可是，我真的不想请她，因为……”

“因为什么呢？你可以告诉我呀。”

“我就是不请她。”女儿不耐烦地说。

见女儿这种态度，我有点儿生气地说：“如果你不高兴，就别举办生日晚会了。”

“不举办就不举办。”

我突然意识到了自己的错误。南希是女儿最好的朋友，女儿这个态度后面一定有原因。我说话的语气很不妥，一定是惹恼了女儿。

过了一会儿，我等自己的情绪平静下来之后，就去和女儿谈心。

“怎么，你们吵架了？”

“嗯，她总是乱动我的东西，上次来还把我的小提琴弄坏了。”

“她那样做让你不高兴，是吗？”

“是的，我和她讲过很多次了，可她还是老样子，我很不喜欢她这样。她每次来都要去弄小提琴。”

“那么，能不能想个办法不让她动你的小提琴呢？”

女儿想了一下，说：“我可不可以把琴盒锁起来放到你的卧室去，那样就谁也动不了？”

“这是个好主意，要是这样，还请不请南希？”我追问。

“我想，可以请。”

由于我改变了说话的口气，使她敞开了自己的心扉，说出了心中的不快，并让她自己找到了解决问题的办法。

要想让孩子完全说出自己的想法和感受，父母一定要首先以真诚和理解的态度去对待他们。有的父母和孩子交流的时候，经常会使用偏激的语言，不仅不能达到沟通的目的，反而严重阻碍了彼此的理解。父母声称自己在纠正孩子的错误，可是在这个过程中，自己却在犯更严重的错误。

我认识一个母亲，她的儿子每次上厕所总忘记关灯，她每次看见就会愤恨地斥责他：“你到底怎么回事？为什么永远都记不住上完厕所关灯？”后来，我告诉她，你不能这样说，你要换一种方式。孩子需要训练，他需要养成习惯，最好还要明白关灯的道理。

可是，尽管每次她都发誓，下次一定改变表达方式，然而，只要一看见儿子从厕所出来没关灯，她马上就会大发雷霆，而责骂孩子的内容依然是那句话，“你到底怎么回事？为什么永远都记不住上完厕所关灯？”这位母亲每次发过脾气之后又开始后悔，下决心不再那样说话。但是，又忍不住，接着，又后悔。

于是，我就劝诫她说：“你是成人，连一句话都改不了。你想想，一个孩子，要改变一个习惯，是不是也需要时间？需要耐心？你自己都是这样，为什么却对孩子发火？”我告诉她，你应该说：孩子，厕所灯还亮着呢。或者对他说：孩子，请回去把灯关上吧。或者说：开着灯会浪费很多电呢。相信孩子很快就会改正过来。

有一个爸爸，他的锯子不见了，晚上，他问儿子：“波比，看见我的锯子了吗？”

儿子说：“没有。”

爸爸很恼火，就大声逼问道：“真没有吗？”

儿子说：“我发誓，我从来没见过锯子。”

爸爸脸色铁青，指着院子的角落说：“为什么我看见它在外面，上面都是锈，而且旁边还有你的手推车？”

儿子突然恍然大悟地说：“哦！爸爸，我想起来了，我们前两天用过，后来下雨了，我们就跑回家，结果给忘了。”

这时，爸爸怒不可遏了：“你胡说！你撒谎！”

儿子委屈地申辩：“我没说谎，我真的忘了。”

爸爸把脚一顿：“哼！上周你忘了我的锤子，上上周你又忘了我的螺丝刀！”

儿子继续申辩：“爸爸，我不是故意的。我真的是忘了。”

爸爸：“你还巧言令色，还和我对辩，我会让你记住的！你再也别想用我的工具。还有，最不能让我容忍的是，你还撒谎！明天晚上我们都去看电影，你自己留在家里！”

父亲出气了，儿子却大哭起来，他紧握着小拳头，恨恨地说：“爸爸，你冤枉我，我真的不是撒谎！”

试想，这样的对话会给孩子带来什么后果？这样的指责和惩罚难道真的会让孩子变得更好吗？如果我们改变一种对话方式，是不是会好一些？

爸爸：“波比，你看见我的锯子了吗？”

儿子说：“没有。”

爸爸：“想一想，也许你用过，忘记了吧？”

儿子说：“我发誓，我从来没碰过锯子。”

爸爸：“要不我们出去一起找找？或许在外面什么地方？”

儿子高兴地跟着父亲出去，在院子角落，儿子看见了锯子，上面都是锈，而且旁边还有自己和小朋友的手推车。

爸爸：“锯子怎么在这里呢？好奇怪呀！”

儿子：“哦！爸爸，我想起来了，我们前两天用过，后来下雨了，我们就跑回家，给忘了。”

爸爸：“我想你一定是忘记了，下次要记住用完拿回家，如果弄丢了，就没用的了。”

儿子：“对不起爸爸，下次我一定记住。”

这样的对话听起来是多么温馨愉快呀！这样说话难道让父母格外受累了吗？没有。让父母失去什么了吗？也没有。那我们为什么就不想用这样的话语和孩子交流呢？

PART 6

告诉孩子我爱你

在培养维尼夫雷特的过程中我体会到，只要我愿意付出时间与女儿交流，她就会感到亲情的满足，并愿意把自己的心事说给我听。有了这种真诚的坦白，我就对自己的孩子有真正的了解。女儿愿意让我完全走进她的内心，因为她知道我是最爱她的人。我们都知道，没有人愿意让陌生人或不相干的人了解自己，没有人会把自己的心扉向无关紧要的人敞开。

很多的母亲往往忙于家务而不能陪孩子玩耍聊天，更多的父亲则为了工作四处奔波，很难静下心来与孩子交流，尤其是那些事业有成的人更是这样。他们总可以找出很多理由拒绝与孩子一起共同度过一些时光。

有一天，米尔斯丽特太太向我讲述了她和儿子的一件事。

“那天我因为有事很晚才回家，一进门，儿子卡夫的笑脸就迎了上来。他兴奋地告诉我：‘妈妈，我写的一篇关于小动物生活习性的文章在报纸上登出来了！’

就在这时，我发现儿子把喂猫的碗打翻了，食物撒了一地。我当时特别疲倦，一见这个情景，顿时就火了。我瞪了儿子一眼，‘还说什么动物的生活习性，猫的碗都被你打翻了……你总是这么毛手毛脚……你看看你的房间，像个狗窝似的。我跟你说了多少次……’

儿子的笑容顿时不见了，兴味索然地去收拾那只打翻的碗，并垂头丧气地开始整理房间。

见儿子大失所望的样子，我心里也不禁有一些愧疚，可是又不知道怎样挽回局面。到现在他还不大理我。”

米尔斯丽特太太的做法和她说的那些话，在她自己看来没有什么错，也是事实，但她不知道这样会使孩子多么沮丧。

卡夫本想和母亲高兴地谈一下，或者向母亲讲一讲文章的内容，或者想发表一些自己的见解，或者想让母亲来分享他的快乐，最重要的是想从母亲那里得到夸奖，但母亲的话就像一盆水一样，浇灭了他心中的激情。

米尔斯丽特太太说，儿子从那以后就不想和她讲话，我想这也是理所当然的事。孩子会想：我有那么高兴的事和你分享，你却这样对待我，看来平时就是根本不关心我。这样，卡夫在内心就形成了母亲不愿和他交流的想法，那么他也自然不会再去自讨没趣了。

我在前面说过，父母要教育好孩子，就必须真正了解自己的孩子。那么，父母要想与孩子达到良好的沟通，必须让孩子知道父母很爱他，这一点特别重要。

孩子需要得到爱的保证，他们要确切地知道父母是爱他们的，这样，他们才能完全地向父母敞开心灵的大门。有时候，孩子会莫名其妙地纠缠大人，既非有什么话要说，也非有事要做。但他们会殷切地望着正在忙碌的妈妈，非常认真地问："妈妈，你爱我吗？"有些母亲可能会奇怪孩子为什么这样问，只是敷衍地说一声：我爱你，你到别处去玩吧。这时，孩子可能会这样想：如果你真爱我，为什么要让我走开呢？

众所周知，父母不可能时时刻刻与孩子在一起，孩子也并非要如此。他们可以独自做自己喜爱的事情，并不需要父母成天陪伴着。但有一点，他们时刻都在关心一件事，那就是父母现在想到我没有，爸爸妈妈是不是真的像他们说的那样爱我。

维尼夫雷特小的时候，我非常注意倾听她的谈话，无论是学习上的事，还是小朋友玩乐方面的事，我都要仔细听她讲，只要是她乐意表述的东西，我都会鼓励她讲下去。并且像对待成年人一样对待她，从不对她的问题或讲述的事敷衍了事。

在孩子成长的某个阶段，他们可能会对父母产生特别的依恋，这一点在维尼夫雷特身上表现得很突出。在她会讲话以后，随着语言表达能力越来越强，察言观色的本领也越来越强，每次做错了事情，她就会看着我的脸问："妈妈，你爱我吗？"我如果不说话，她就表现出担心害怕的样子。这时我会告诉她："妈妈爱你，但是妈妈希望你以后做事小心认真，少犯错误。"听了这话，维尼夫雷特就如释重负地欢颜而笑。如果我因为忙，或者因为遇到烦心的事情，女儿看我不是很开心，就会问我："妈妈，你爱我吗？"这时候，无论我有多少烦恼，无论我手上有多少事情，我都会停下来，看着女儿，确定地对她说："妈妈很爱你，永远都爱。"每次得到这样的确认之后，她才会安心地去玩。

有些时候，她可能对我的答案还不满足，就会加上一句："妈妈，你亲我一下可以吗？"那个阶段，这样的场景每天至少会演练两三次。也许有的母亲会对这样的事情不以为然，或者表现出不甚其烦，要是那样，那真是辜负了孩子的心。

其实，孩子需要母爱，母亲更需要孩子的爱；孩子需要从母亲那里得到爱的确信，母亲不也需要从孩子那里得到爱的确信吗？知道孩子很在乎我的爱，在乎我的感受，作为母亲，我也感到非常甜美，非常踏实。我经常会站在床前，看着女儿熟睡的小脸，庆幸上苍赐给我这样一个可爱的孩子。

女儿的表达欲望特别强，喜欢向我和她父亲讲述自己的事，她常常向我们讲她一天的生活，讲她在这一天里有什么感受，她学到了什么，发现了什么。在这个过程中，女儿的表达能力发展得特别快，语言能力比同龄的孩子要强得多。而我和丈夫呢，不仅通过这种交谈对女儿有了更深的了解，同时也享受到了天伦之乐。

有一天，维尼夫雷特指着一只飞向远方的小鸟对我说："妈妈，假如有一天我像那只小鸟一样飞向很远的地方，你还爱我吗？"

"当然，妈妈本来就希望你有一天能像鸟儿那样自由飞翔。"

"为什么？"

"因为妈妈最爱你，也最了解你。"

第十四课

教育铸造美好未来

一个个天真可爱的孩子逐渐长大，这个过程似乎没有多少人特别关注。因为，这是大自然的规律，每个人都会成长，每个人都会由孩子变成大人。可是，如果我们稍微用心想一下，我们马上就会为一个司空见惯的事实所震惊：原来那些同样可爱、同样聪明的孩子，最后却变成了千差万别的人——有的成了政治家，有的成了音乐家，有的成了商人，有的成了流浪汉，有的成了罪犯，有的成了碌碌无为谋生者……是什么在主导他们的人生轨迹？是什么让他们变成了这样或者那样的人？

是教育！是学校！是父母！是家庭！

每一个孩子都有可能成为总统，每个孩子都有可能成为罪犯——教育可以主宰他们的命运，父母可以主宰他们的命运，家庭可以主宰他们的命运。每当想到这些，我就会产生无限的感慨，因为，我总是看到那么多和维尼夫雷特年龄相仿的孩子，他们有的父母全心全意地为他们的成长而努力；而有的父母，却根本没有把孩子的未来放在心上，他们随意地在孩子面前说话，随意地做那些伤害孩子成长的事情，我眼看着这一切却无能为力。

要知道一个孩子会怎样长大，就看看他们的父母在怎样对他们实施教育，在怎样对他们的心灵产生影响，我们简直就可以眼看着一个孩子成功，眼看着另一个孩子走向失败，这是多么直观的人生啊！然而有多少父母会思考这样的事情呢？当他们发现孩子逐渐在远离自己的期望时，他们不会反思自己，而是认为，这是孩子自己的过错！

孩子如果是花朵，父母就是园丁，就是阳光，就是甘露，就是泥土……这是一种形象的描述。但是，现实的养育从来没有这样诗情画意，只有用心、用脑、用最大的努力，我们才能成为合格的父母，我们的教育才可能成为美好的教育，我们的孩子才会拥有美好的未来。

PART 1

分清爱的界线

爱是一种伟大的情感，在家庭教育中，无处不印刻着爱的痕迹。但是，家庭中的爱，如果实施不当，不仅不能带来孩子的幸福和快乐，相反会成为毒药。我经常在思索一个问题：为什么世界上有那么多糊涂的父母，为什么在爱孩子的时候，就不想一想这样爱的结果是什么？为什么不能把爱的动机和爱的目的联系起来？

比如说，很多父母因为爱孩子，就无限度地满足孩子的要求，无论这种要求是多么不合理；或姑息孩子的恶习，无论它是多么危险。在当时，这样做好像是一种爱，殊不知，父母这样做的时候，实际上正在把自己的孩子变成一个贪婪的人，变成一个无法满足的人，变成一个缺少自尊和廉耻的人，这样的人会有什么命运，这样的人将来会拥有什么样的人生，父母难道就不能料想一下吗？

和很多其他孩子一样，维尼夫雷特小时候也经常毫无节制地向我要东西，玩具、衣服、零食……起初我也会经常心软，不就是一个小玩具吗？不就是一件衣服吗？后来我发现，事情并不是这样，随着她不断地得到了想要的东西，女儿的心没有感到更多幸福，没有得到更多快乐和感激，相反，她越来越不高兴，因为，她的要求越来越多了，愿望也越来越高了。

记得女儿2岁生日的时候，我给她买了一个蛋糕，我悄悄拿回家，想给她一个惊喜。等生日晚宴开始，我把蛋糕盒打开的时候，女儿期待的眼睛突然黯淡下来，合拢抱在胸前准备拍打欢呼的双手竟然垂落下来。我说："维尼夫雷特，你难道不高兴吗？我们要开始吃蛋糕了呀！"维尼夫雷特迟疑地望着我说："妈妈，这个蛋糕太小了，玛吉过生日的时候，她妈妈给她买了一个这么大的蛋糕！”女儿一边说一边把双手张开，那样子至少比我们这个蛋糕大两倍。

我放下手里的蜡烛，蹲下身对维尼夫雷特说：“过生日，吃生日蛋糕，并不在乎它的大小，这只是表示爸爸妈妈爱你，以此祝福你健康成长。”女儿听了我的话，还是不开心，她说：“我觉得，蛋糕越大就表示爱越多，玛吉的妈妈更爱玛吉。而且，玛吉生日的时候，她的妈妈还给她买了一个布娃娃。”听了这话，我心里一沉，我依然耐心地说：“我们家已经有了很多的布娃娃，我觉得，这已经足够了。”女儿听了我的话似乎更不高兴了：“可是，卡罗尔家的布娃娃比我的还多！”

我很生气，但是，我没有发怒，我平静地对女儿说：“维尼夫雷特，我们很爱你，今天是你的生日，我希望你很开心。但是，妈妈不能给你更大的蛋糕，也不会再去给你买布娃娃，因为这和生日没有直接的关系，和我们的爱也没有直接的关系。”那个晚上，维尼夫雷特一直都是郁郁寡欢，直到睡觉我去给她讲故事的时候，她的脸上才露出微笑。

之后我对这件事进行了反思，维尼夫雷特的这种表现，并不是她的过错，而是我的过错。在以前，我们对她的种种物质要求从来没有拒绝过，我们觉得她还小，而且她要的东西也不是很昂贵。况且，每次看着她得到想要的东西时那种高兴的样子，我的心里也特别开心。所以，我现在才知道，父母对孩子过分的爱——也就是溺爱，如其说是为了孩子，倒不如说是在满足自己潜意识中的心灵愉悦。

可是，我们屡屡这样做，就在维尼夫雷特心里形成了一种错误的观念：我的一切愿望都是可以满足的，父母就应该满足我的愿望，我应该和别人一样得到想得到的东西……一想到这些，我心里就不禁感到害怕。孩子还小的时候，她只是凭着幼稚的心向我们索取，目的也很单纯，不过是为了高兴。当她长大成人，如果索求他人的习惯和心态依然不变的话，就会变成一种贪婪心和占有欲，而现实不可能像她小时候那样处处让她得到满足，这样她就会痛苦不堪。

我们家一个亲戚的女儿，小时候就像维尼夫雷特。不同的是，她的父母没有像我一样及早醒悟。在她 16 岁中学毕业时，她的爸爸妈妈带她到一家非常豪华的餐厅吃饭，还请来了她的很多朋友。为了让女儿高兴，她的父母那一顿饭花了很多钱。可是，就在毕业庆祝宴快要结束的时候，她对妈妈说：“我现在是大人了．我想要一只钻戒。”幸亏她的爸爸早有准备，从身上拿出了一个首饰盒，从里面取出了一条黄金项链。他们的女儿一看，顿时怒气冲天，一挥手就将首饰盒打落在地，并且大声叫道：“我说了，我要钻戒，不要这条丑陋的项链！”一场盛宴不欢而散。后来这个女儿离家出走，好多年都没有回家。

爱孩子一定要爱得有分寸，超出了分寸那就不是爱了。从小要把孩子当成家庭中的普通一员，不要让他们有特殊的感觉，家里的一切规则，大人要遵守的，孩子也要一样遵守，家里人要做的事情，孩子也要参与。

维尼夫雷特小时候，有一次晚餐后她要吃苹果，我一看橱柜里只有一个苹果，就给了她。她拿起来就准备吃，我说：“现在家里只有一个苹果，女儿想吃，或许爸爸也想吃呢，其实妈妈也想，你说该怎么办呢？”维尼夫雷特想一想，赶忙到厨房拿来水果刀，递给我说：“妈妈，你来分吧，我们三个人每人吃一块儿。”看着女儿真心诚意的样子，我就把苹果分了三份，当然，我和爸爸的一份很少，她的最多。我说：“你年龄小，在长身体，我们给你多一点，因为我们爱你。”我这样做的目的，是让维尼夫雷特明白，他是家里的孩子，但不是特殊人物，她多吃一点，是父母要照顾孩子的健康，并不是她就该享受更多。

父母爱孩子，还会经常犯另一个错误，一切包办代替，不让孩子做事。我坚决主张让孩子自己解决自己的事，如果父母过分呵护孩子，反而使孩子失去自信心。这样的孩子长大以后绝对没有独立的人格，更不可能有出色的成就。人要学会走路，首先要学会摔跤，而且只有经过摔跤，才能学会走路。

维尼夫雷特 1 岁多的时候，我就开始让她自己学着穿鞋子，然后逐渐学会自己穿衣服。3 岁的时候，我就让她每天收拾家里的垃圾。到了五六岁，她就可以帮我在厨房里做事，有时候还能自己做沙拉披萨之类的吃的。其实，让孩子帮忙做事，还没有家长自己做来得简单快捷，正因为这样，很多母亲宁愿自己做也不让孩子插手。这样的父母，实际上是在剥夺孩子学习的机会，剥夺孩子成长的机会，是他们自己在偷懒！

在耶鲁大学每年的入学典礼上，校长都要向全体师生特别介绍一位新生，这位新生一定是在某个方面值得学习和推崇的学生。有一年，校长介绍了一位自称会做苹果馅饼的女学生，耶鲁不乏多才多艺之人，怎么会推荐一个特长做苹果馅饼的人呢？原来，每年的新生都会填写自己的特长，而几乎所有的同学都选择诸如运动、音乐、绘画、数学等，从来没有一个人会写“擅长做苹果馅饼”。

想一想，什么样的孩子才会做苹果馅饼呢？校长问这个女孩：“你是怎样学会做苹果馅饼的呢？”这个女生回答：“我们家有很多兄弟姐妹，小时候，爸爸妈妈为了养育我们十分辛苦，尤其是妈妈，她每天从早忙到晚，还是无法应付一家人的生活。为了减轻妈妈的负担，我从小就开始用课余时间帮助她料理家务。因此，我学会了带弟弟妹妹玩耍，学会了剪纸娃娃折纸飞机，还学会了做蛋糕，做面包，当然也学会了做苹果馅饼。”

这真是一个令人敬佩的学生。那些填写喜欢运动、音乐、绘画的人，可能也就是会打打羽毛球、吹吹口哨或者画几笔素描。由于他们只是会一些小孩玩耍的小技能，所以就用一个笼统的概念把自己的特长放大。而会做苹果馅饼的特长，不仅显示出一种天真可爱，同时也是一种自信。这件事不仅表明了这个家庭教育的成功，它还向我们倡导了一种美好的价值观：孝心、勤劳、质朴。

PART 2

把家庭变成学校

很多父母对“学习”这个词的理解很不全面，他们以为，孩子只有在学校从事的一切活动才是“学习”，其实，生活中的所有活动对孩子来说都是学习，而在家庭里的学习更为重要，家庭是最好的学校。

睡觉是学习。父母在孩子很小的时候，就要教他们遵守作息时间，养成良好的作息习惯，这不仅对他们的健康成长有好处，还能帮助他们养成自律、节制的好性格。在女儿小时候，我为她准备了一个小闹钟，并教会她看钟表。之后，我和维尼夫雷特共同制作了一张作息时间表，并贴在她看得到的地方，要求她每天一定要按照时间表去做。直到现在，维尼夫雷特的生活都很有规律，这使得她的学习比其他孩子更有效率。

吃饭也是学习。自从维尼夫雷特懂事之后，我们就注意在餐桌上对她进行教育。怎样拿刀叉，怎样喝汤，保持怎样的坐姿。我们还给她讲食物的制作方法，介绍不同粮食作物的生长特征和营养成分，这样，女儿就知道了食物对人的重要性，也知道了食物来之不易。有一天，我们又在谈论这个话题的时候，女儿突然对我说：“妈妈，我们应该爱惜食物，因为食物多么不简单啊！”有了平时潜移默化的引导，孩子自己就可以推论和归纳出生活的真理，这比父母生硬地告诉他们要如何爱惜粮食、珍惜物品肯定好得多。

玩更是一种学习。孩子们喜欢游戏，喜欢泥土和蚂蚁、蝴蝶，这也是学习，只不过所有的教材都来自大自然。如果我们仅仅把这看成是他们淘气贪玩的表现，那就大错特错了。从前有一个孩子，在学校时的功课差极了，老师总是批评他。看上去，他的确有些沉默寡言，他可以一个人坐在屋前的花园里，对着花草小虫凝望很长时间。他的父亲教训他："除了猫、狗、蚂蚁、老鼠、花草以外，你什么都不操心，将来会有辱你自己，也会辱没整个家族。"他的姐姐也看不起这个成绩不佳、行为怪异的弟弟，他在家庭中成了一个不受欢迎的人。

但是，他的母亲却不这样看他，她想，如果孩子没有一些自己的乐趣，那他的生活还会有什么色彩？她对丈夫说："你这样对他不公平，让他慢慢成长吧，他这样或许也是在学习呢。"丈夫说："你这是怜悯，不是教育，你会毁了他的一生。"但母亲相信儿子，她知道，孩子需要她的安慰和鼓励。

妈妈支持儿子到花园，还让他的姐姐也一同去。母亲耍了一个小心机，她对儿子和他的姐姐说："比一下吧，孩子，看谁通过花瓣先认出是什么花？"儿子总是比姐姐认得快，母亲每次就吻他一下。这对孩子来说，是多么令人兴奋的一件事啊——他能够回答出姐姐无法回答的问题，他能够说出许多植物和昆虫的名称，他甚至能通过观察蝴蝶翅膀上斑点的数量，判断它们的类别。

就是这位醉心于鸟虫花草的孩子，多年后成了生物学家，创立了著名的"生物进化论"。他就是 19 世纪英国最伟大的博物学家、生物学家查理·罗伯特·达尔文。

很多人不知道，孩子一出生父母自己就变成了老师，家庭就变成了学堂，无论你有没有准备，无论你是否情愿。所以，有了孩子之后，我们就要对自己的行为有所反省和觉悟，不要由于忘记了自己的角色，教出不合格的学生。

要想把家庭变成一所合格的学校，父母的和睦也是非常重要的。为了孩子，父母应该尽量做到不争吵，不赌气，不彼此伤害。维尼夫雷特从小对我和爸爸之间的关系就非常敏感，有一次，我和丈夫因为一件小事发生了争执，当时是早晨，女儿还在睡觉，所以，我们就没有像平时那样收敛。结果，到了晚上睡觉时，女儿忧心忡忡地问我："妈妈，你和爸爸爱我吗？"我一愣，孩子怎么问这样的问题呢？"怎么不爱你呢？当然爱呀！"女儿听了我的话，似乎还不满意，又问："那你爱爸爸吗？”我说：“肯定爱呀，要不我们怎么会结婚呢？”

女儿抿了一下嘴唇，问了一个让我惊讶不已的问题：“那么，你们不会离婚吧？”我张大嘴，半天都不知道如何是好。“怎么会呢？我们怎么会离婚呢？”可是女儿还是满脸疑惑，她终于说出了问题的根源：“那你们为什么吵架呢？我早晨都听见你们吵架了。”

原来，维尼夫雷特同班一个女同学的爸爸妈妈不久前离婚了，那个同学告诉她说，她的父母经常吵架。所以，女儿认为，父母一吵架就会离婚，而这样的设想，对一个孩子来说是非常沉重的打击。我告诉维尼夫雷特，每个家庭的父母都会吵架，吵架并不代表他们不相爱，只是表达方式不够好而已，而且吵架也不一定就要离婚，那样的结果只是极少数的情况。

这件事给了我很大的触动，我知道了女儿对父母的关系是多么在乎，于是我和丈夫商定，以后绝不吵架，即使万不得已无法控制，也要等女儿不在场的时候。有了这种心灵自制，我们之间的关系比原来好了很多。由此我发现，吵架并不是不能避免，如果你心里装着孩子，真的爱自己孩子的话，我相信父母之间什么样的关系都是可以改善的。

有了温馨的家庭环境，还要有一个良好的读书氛围。孩子的成长离不开读书，而且读书应该成为一个人终身的习惯。不幸的是，很多父母要求孩子读书，可是他们自己从来不读书，甚至连陪在孩子身边看他们读书都做不到。这样的父母，怎么能培养出优秀的孩子呢？

很多父母不读书，并不是因为没有时间，而是不愿意“吃苦”，如果家长自己把读书当成苦差事，你还怎么要求孩子认真读书呢？有些父母不读书，因为他们很“忙”，也许是一场重要的商务应酬，也许是一次生日聚会，也许完全是满足自己的一场娱乐……无论如何，在他们心里，这些都比陪孩子读书重要。

有一个人值得我们学习，那就是“费利斯的父亲”。费利斯的父亲出身贫苦农家，只读到五年级，家里就要他退学到工厂做工去了。从此，世界便成了他的学校。他对什么都有兴趣，他阅读一切能够得到的书籍、杂志和报纸。他爱听镇上乡亲们的谈话，以了解这个偏僻小镇以外的世界。父亲的好学精神和强烈的求知欲望，不但随同他本人远渡重洋带到美国，后来还传给了他的家人和孩子——他决心要让他的每一个孩子都热爱知识，接受良好的教育。

费利斯的父亲认为，人最不可宽恕的事情是，当晚上睡觉时，还同早晨醒来时一样无知。他常说："该学的东西太多了，虽然我们出世时愚昧无知，但只有蠢人才永远如此。"为了防止孩子们堕入自满的陷阱，父亲要大家每天必须学一样新的东西，晚餐时间就是他们交流新知识的最佳场合。

"费利斯，告诉我你今天学到了什么？"费利斯马上站起来说："我今天学到的是尼泊尔的人口……"餐桌上顿时鸦雀无声。费利斯一向都觉得奇怪，不论你所说的是什么东西，父亲都不会认为无聊琐碎。"尼泊尔的人口？嗯，好！"接着，他的父亲会看看坐在桌子另一端的母亲，说："孩子他妈，这个答案你知道吗？"

母亲的回答总是会使严肃的气氛变得轻松起来："尼泊尔？"她说，"我非但不知道尼泊尔的人口有多少，我连它在世界上什么地方也不知道呢！"当然，这种回答正中父亲下怀。"费利斯，"父亲又说，"把地图拿来，我们来告诉你妈妈尼泊尔在哪里。"于是，全家人开始在地图上寻找尼泊尔。

费利斯当时只是个孩子，一点儿也觉察不出这种教育的妙处。如今回想起来，父亲给他的是一种多么生动有力的教育啊。在不知不觉之中，他们全家人共同学习一同长进。

费利斯进入大学不久，便决定以教学为终身事业。在求学时期，他曾追随过几位最著名的教育家。最后，他完成大学教育，具备了丰富的理论与技能，但令他感到非常有趣的是，他发现那些教授教导他的，正是父亲早就要求他知道了的东西。

学习如果只是孩子的事情，它可能就是一种奴役；学习如果是孩子和父亲或母亲共同的事情，它就变成一种乐趣；当学习成为一个家庭每个人日常的事情，它就成为一种生活。这样的家庭，当是世界上最优秀的学校了。

PART 3

身教是最直观的教材

孩子在2~12岁阶段，是最重模仿的阶段，也是最容易被外界塑造的阶段。他们很大一部分行为是从直观上获得楷模，然后按照楷模的样子直接学习。父母是孩子最早的行为楷模，如果能够抓住孩子的这种特点，父母就可以在孩子面前用直观的行为教导他们，无论是说话还是做事，都按照正确的方式展示给孩子，这样，孩子能从父母的那里学到很多好的东西。

不少父母喜欢对孩子说教，用空泛的道理或者“别的孩子怎样怎样”这样的话要求孩子。这样的要求在年龄更大的孩子身上或许能发生一点作用，但对于幼小的孩子则比较困难。父母所讲的道理对他们来说是一种间接的指引，如果要产生行为效果，则需要一个很长的心理过程。从“听到道理——理解道理——发动行为——产生行为”，这个过程比“看到行为——模仿行为”要复杂，行为的产生当然更困难。这个过程中还可能因为孩子的理解能力、毅力等因素而影响行为的最后效果。所以，对孩子影响最直接的“课本”，是他周围成人的“行为”，尤其是家人、好友的“行为”。

在家庭中，如果家长的行为教导有方，孩子也能产生相应的优良行为模仿。而家长如果说的多，做的少，孩子产生行为效果就比较困难。一个勤奋、努力的父亲，可以刺激孩子努力学习，获得成就；一个耐心、细致的母亲，正是孩子克服马虎习惯的好老师。

当然，在身教中我们还要善于引导孩子学习、模仿，让他们关注父母身上优秀的东西，并且激励他们亲身实践。一个重于身教的母亲，绝不只是自己做勤奋的女仆，还要懂得如何带领孩子一起行动。

很难想象，在一个整天充满吵闹的家庭中，孩子能够变成心平气和的人；也很难想象，父母生活都没有规律，孩子怎么理解生活规律的概念；而一个自己都没有读书习惯的家长，又怎能说服孩子好好读书，并体会到读书的乐趣？身教的说服力是任何方法都无法比拟的。没有天生就会教育孩子的父母，但从为人父母那一刻起，我们的一言一行就成了孩子学习的课本。

我认识一个母亲，她多次对我抱怨说："我的儿子现在变得非常糟糕，动不动对我大声吼叫，有时还摔东西。我真是太痛苦了。"她的儿子只有 6 岁，这么小的孩子为什么有这么大的脾气呢？

有一次我到她家做客，正遇上他儿子不小心把一杯水泼洒到地上了。这位母亲气愤地叉着腰，大声叫道："难道我没告诉过你吗？要你做事小心，小心！你小心没有！你是不是故意和我作对？是不是！"儿子刚才还有些愧疚，见我在一旁，低着头有点害怕。听见母亲这样，他突然昂起头，对母亲分辩道："我不是故意的，我的手滑了。"

母亲一听，更加气愤，一巴掌击打在桌子上，吼道："你还敢狡辩！你每次都是这样，你看你干了多少坏事！"孩子用力跺了一下脚，脑袋一偏，叫道："我不是每次都这样，我不小心，我没干坏事！"

面对着这样的场景，我立刻把孩子拉到另一个房间。看我没有责备的样子，他一头扑在我的怀里，委屈地哭了起来。他说，妈妈总是这样恶狠狠地吼他，有时候还打他。"她那样吼叫，却不让我大声说话。我不是故意的……"

之后我告诉孩子的母亲，我说："现在，我知道你的孩子为什么有那样的脾气了，不知道你自己有没有找到原因。"她说："这是他们家族遗传的性格，他的爸爸也是火爆脾气。"我说："这和遗传没有关系，这是你们教育的结果。"

她一听很不高兴："难道我把他教育成这样子吗？我希望他言行举止文雅得体，希望他做事认真，我每天都要提醒他上百次！我怎么会教他那样？"我说："你每天都在用行动训练他，他的那些举动都是向你学的。"

这位母亲顿时愤怒了："你怎么这样说话呢？我是那样吗？我教他狡辩了吗？我教他对父母咆哮吗？"

我说："你看，你现在就在对我怒吼，而且面对事实，还在申辩，你的孩子不就是这样吗？"

这就是缺少反省的父母，而且也是一个非常典型的例子。当孩子出现问题的时候，她没有从自己身上寻找原因，然后通过自我教育，自我完善，达到改变孩子的目的。多数人都是直接教训孩子，指责孩子的过错，这样的教育很难见到好的成效。

在我童年的时候，我的母亲每天都读书给我听，并常常带我去图书馆，每次都要借回很多书。我清晰地记得，我第一次读书给母亲听时，她的眼里竟然闪烁着泪花。在我生了维尼夫雷特后，我也一直读书给她听。这样做其实就是学习我的母亲。

维尼夫雷特起初很好动，一会儿也坐不下来。但是，当她喜欢读书之后，一切都改变了。在她两岁半以后，每天夜里都要抱一摞书放在自己的床边，挑选最喜欢的阅读。她为什么会这样做呢？因为我有这样的习惯。

我的丈夫平时很忙，但是每天他一定和家人一起用早餐。不仅如此，他还会给大家讲几个笑话，或者说几段趣闻，让一天的生活在轻松快乐中开始。到了晚上，他喜欢拉着手风琴，给女儿唱歌。这个爱好源于他的母亲，当他还是一个孩子时，他的父亲就喜欢给他唱歌，用歌声陪伴他入眠，用琴声启迪他幼小的心灵。所以，当他自己做了爸爸，自然也要把这些美好的感受传递给维尼夫雷特，让她生活在美妙的音乐之中。这样的传承我希望永远继续下去。

母亲是孩子最重要的导师。孩子们在有意无意之中，观察着你的行为，看你是如何对待他人，如何处理各种事情。在他们出生后的头几年中，母亲是孩子最主要的模仿对象之一，所以当我希望自己的女儿友好对待他人时，我自己首先要做到。

父母对孩子的影响有时候真是非常微妙。有一次我到学校拜访维尼夫雷特的老师，她对我讲了女儿在学校的情况，当然很多都是让人高兴的事情，比如说她善于思考，喜欢阅读，心地善良……最后老师委婉地告诉我说，维尼夫雷特有一个小毛病，就是每次回答老师提问的时候总要先咳嗽几声，然后才开始说话。当我听到老师这么说的时候，一下子脸红了，原来，我自己平时就是这样，每当要陈述一个自己觉得很重要的事情时，我就会下意识地咳嗽一下。而且，刚才和老师讲话的过程中，我有好几次都是这样。

老师也许已经发现了这个秘密，所以，她与其是在说女儿，还不如说在间接地提醒我。没想到这样一个小小的动作，竟然成了如此不堪的“榜样”！

从那以后，我开始改正这个毛病，同时我也慢慢观察女儿的变化。神奇的是，当我不再这样讲话的时候，女儿的毛病也消失了！

PART 4

给孩子一个梦想

孩子的世界就像是一片美丽的原野，里面有五彩缤纷的星星和云彩，因此，孩子的心里永远都装满了幻想和美梦。哪怕是一粒小石子，孩子也会把它想象成一个精灵；一片树叶，在他们心里也可以变成一张飞毯。他们能够在一块沙地上找到自己无穷的乐趣，可以面对一只蚂蚁，消遣几个小时的光阴。这些在大人的感觉中似乎无聊的事情，在孩子的成长岁月里却是非常重要的东西。

为了给孩子一个富有想象的空间，父母应该在他们刚刚接触世界的那一刻就开始用心营造。维尼夫雷特还没出生，我就开始思考怎样装饰她未来的居室，我觉得婴儿的卧室对他们感知环境、形成对世界的第一印象非常重要。如果孩子一出生就能看见五颜六色的图画，听见美妙的音乐，他们的心灵一定会更加充盈丰满。

我接触过一些富有想象力的母亲，她们为孩子的成长做过很多值得夸赞的事情。一个活泼好动的小男孩的妈妈，是一名摄影家，名叫迪肯，她利用自己在艺术方面的灵感，为儿子打造了一个非常别致的小家园。她把不同纹理和颜色的碎绒布缝合在一起，做出一张拼接地毯，这种鲜艳而柔软的地毯，很适合到处爬动的婴儿玩耍。她把墙壁用儿子最好玩的照片和图画装饰起来，床边的墙角放着叮当作响的旧铁桶和具有艺术感的靠包，空中悬吊着几架飞机，有风吹动的时候，飞机能够来去飞动。

还有一个母亲，在孩子的房里专门做了一面成长墙，在那面墙壁上，到处都是孩子与她共同完成的艺术品，手印、水彩画和指画，还有全家福照片，生动地讲述着孩子成长的故事。而她最骄傲的创意，是用一副布帘把孩子杂乱的储物柜变成了一座城堡。"为孩子创造的房间，应该给孩子们发言权，让他们把自己喜欢的放进来，这对他们来说，是梦想的一部分。"

还有一位名叫艾莉的妈妈，她给孩子设计了一个恐龙书架，这座书架不仅可以放置孩子的图书，还可以让孩子在上面攀爬。更有趣的是，孩子竟然可以坐在恐龙的身上读书，因为上面安装有几个小坐凳，还有一些不同颜色的灯泡。在恐龙的脖子上，还悬挂着一个小秋千。对于年纪较小的孩子来说，在玩耍中读书似乎更加有趣。

有位母亲为女儿做了一个固定在墙壁上的转动饰品架，每一个小小的挂钮都可以在轨道中顺滑地移动，轨道被设计成北斗星座的样子，当女儿的小玩具在每个挂钮上轻轻摆动的时候，仿佛就是一颗颗闪动的星星。在床前的地毯上，她还为女儿设计了一个用精美手工艺品做成的小花圃，里面放着各种手工小制品，花朵、蝴蝶、甲壳虫……中间还有一面漂亮的小镜子，看起来像是一个小湖。

这些小小的心思，虽然看起来简单，可是，并不是所有的父母都愿意去做，大多数人也许从来都没有想到做这样的事情。其实对孩子来说，这是很有意义的。

维尼夫雷特小时候经常问我："妈妈，我将来是什么样的呢？我长大做什么呢？"每当她问我这些问题的时候，我就看见她的目光中闪耀着迷人的光彩，那是一个孩子对自己未来的憧憬和盼望。

每个孩子都会有自己的梦想，有梦想的孩子才可爱，有梦想的孩子才有生活的力量。作为父母，要珍惜孩子的各种想法，无论那种想法是多么不可思议。

记得在三年级的时候，维尼夫雷特的老师赛利亚在课堂上给大家布置了一项作业，要求每个人写出一个自己的梦想。全班同学都非常踊跃，老师一共收集了上百个梦想，这些梦想千奇百怪：拥有一只属于自己的蚂蚱，到月球上睡一次懒觉，和青蛙讲一句悄悄话，建一座专门招待奶牛的餐馆，发明一种会写作文的机器，拥有一座会飞的房子……维尼夫雷特一口气写了10个梦想，其中有两个非常可爱，一个是要嫁给一个王子，另一个是给地球挖一条隧道。

第二天，老师让学生做另外一个游戏，拍卖自己的梦想。这一次，大家却没有先前那么积极，因为每一个人的梦想都是自己最喜欢的，哪怕有人出很多钱也不愿意卖掉。这说明，对孩子来说，梦想是价值连城的珍宝。

孩子的每一种梦想，都代表他们的一种期待。我曾经参加过一个慈善活动，在那里，每个需要救助的孩子都可以写下一个愿望，其中有这样一些内容我至今记忆犹新：一个 7 岁的男孩说，我希望有一个小书包，里面装满了好看的文具；一个 6 岁的孩子想要一辆小汽车，这样他就可以成为一名真正的司机；一个 8 岁的小女孩说，她希望和别人一样有一个爸爸，每天陪她上学，陪她做作业；一个 12 岁中度智力障碍的女孩说，她希望有一个小朋友，哪怕是一只小猪都行；一个 9 岁的孤儿，希望有一本钢琴乐谱，因为他希望将来能有一架钢琴；一个 11 岁失去视力的男孩，希望能够和自己喜欢的歌星一起唱一首歌……

我们一定要尊重孩子的梦想。如果一个孩子说，我将来要当州长，我相信很多母亲都会高兴。如果孩子说，我希望将来做一名清洁工，父母会不会感到失望呢？可是，现实中总会有人做清洁工啊。我问过很多小女孩，她们的梦想是长大后当面包房或者糕点店的售货员，有些男孩子最想成为警察和司机，因为他们觉得这两个职业很神气。

女儿有一次对我说：“幸亏我只想做个普通人，没有要当总统。”我问：“为什么幸亏呢？”她说：“当总统其实并不一定开心，选举的时候许多人支持他，一旦当上总统，马上就会有很多人指责他，只要一件事没有做好，就可能面临危机。”我一想，真是啊，总统有时候想和家人一起进餐都不容易，想出去散散步都得有人护卫。

还有一次，我带女儿去邮局寄信，出来的时候，女儿说：“妈妈，我长大了要去做个邮递员。”我问：“为什么呢？”她说：“因为邮递员可以看到各种各样的邮票，说不定还可以向别人要几张最喜欢的珍藏起来呢！”

如果孩子有了梦想，父母要帮助他们，这样的人生一定非常美丽。

有一个名叫波利的男孩，晚饭后父亲问他："你的未来有什么志愿？"孩子想了很长时间，然后告诉父亲说："我长大了，要拥有自己的农场，在农场中央，我要建造一栋漂亮的房子，在房子周围，有很多很多的牛羊和马匹。"母亲听后，嘲笑地对他说："我说波利，你不觉得这样的想法只是白日梦吗？你最好每天把作业做好，不要总是得一个C。"

孩子很难过，父亲见他这样，摸着他的头语重心长地说："儿子，你的梦想很有意思，如果你真的这样想，就不要怕别人嘲笑，哪怕是自己的母亲。只要你不放弃，梦想就一定可以实现。"儿子听后，牢牢把这句话记在心底。

20年后，他真的拥有了一大片农场，在这座农场的中央，真的建造了一栋舒适而漂亮的房子。在这座美丽的房子里，他们一家人幸福地生活在一起。

这就是梦想的力量！梦想，是人对美好事物的憧憬与向往，是深藏在我们心中的秘密，它能点燃希望，能激活潜能和力量。每个人都应该有自己的梦想，并且要努力使梦想成真。有的人，他们名动天下，创造了光辉的业绩；也有的人，还在路上，仍在努力。但无论他们多么平凡，只要心怀梦想，他们的人生就堪称伟大！

当我即将完成这部著作的时候，我14岁的女儿维尼夫雷特已经是"美国少年和平同盟会"的会长，而此刻在我面前放着的两本书，《我在动物园里的朋友》和《我与动物园的朋友聊天》已经是她几年前的作品。看着她的今天，再回想过去的那些日子，我总会被一道梦的光环所萦绕，我觉得，我和女儿走过的路，正是一条充满梦想和期待的长途。

和大多数母亲一样，我只是一个普通的人，我没有任何值得炫耀的财富和地位传承给我的女儿。但是，我给了她耐心的陪伴，给了她发自心底的爱，给了她奔向未来的梦想。我坚信，给了孩子一个梦想，就等于给了他们整个世界，就等于给了他们灿烂的人生！这就是我的骄傲，也是我永远的欣慰！